韦庆远 著

韦庆远说

隆庆皇帝

北方联合出版传媒（集团）股份有限公司
万卷出版公司

ⓒ 韦庆远 2020

图书在版编目（CIP）数据

韦庆远说隆庆皇帝 / 韦庆远著 . —沈阳：万卷出版公司，2020.1
　　ISBN 978-7-5470-5271-6

　　Ⅰ . ①韦… Ⅱ . ①韦… Ⅲ . ①明穆宗（1537-1572）—人物研究 Ⅳ . ①K827=48
中国版本图书馆 CIP 数据核字（2019）第 265131 号

出 品 人：刘一秀
出版发行：北方联合出版传媒（集团）股份有限公司
　　　　　万卷出版公司
　　　　　（地址：沈阳市和平区十一纬路25号　邮编：110003）
印 刷 者：辽宁新华印务有限公司
经 销 者：全国新华书店
幅面尺寸：145mm×210mm
字　　数：250千字
印　　张：8.75
出版时间：2020年1月第1版
印刷时间：2020年1月第1次印刷
责任编辑：张洋洋
装帧设计：李　雪
责任校对：高　辉
ISBN 978-7-5470-5271-6
定　　价：49.80元

联系电话：024-23284442
传　　真：024-23284448
E－mail：vpc_tougao@163.com
网　　址：http://www.chinavpc.com

常年法律顾问：李福　　版权所有　侵权必究　举报电话：024-23284090
如有质量问题，请与印刷厂联系。联系电话：024-31255233

目 录

第一讲　隆庆皇帝其人和隆庆时期的历史背景 /001
　　一个经历坎坷、心态复杂的人物 /002
　　一个处在兴衰分岔口上的时期 /006

**第二讲　从两道《遗诏》、两道《登极诏》看明代中
　　　　　后期政治的大起伏 /011**
　　弘治皇帝的《遗诏》与正德皇帝的《登极诏》/012
　　弘、正交替的大动荡 /016
　　正德皇帝的《遗诏》与嘉靖皇帝的《登极诏》/027
　　正、嘉交替的大反复 /034

第三讲　皇父嘉靖 /041
　　"大礼议"与政治权力、名分的争夺 /042
　　迷信道教，对人间富贵与天上荣宠谋求兼得的迷幻 /058
　　恩威不测、尚权多疑、果于戮辱的暴君 /071

第四讲　皇室家庭关系的畸变 /083
　　嘉靖皇帝求子心切 /084
　　隆庆皇帝身世有难言之恫 /093

第五讲　皇位继承危机和嘉、隆交替间的复杂形势 /105
　　二王争立 /106
　　分封立储联结着政治风云 /111
　　朱载垕登极前的处境和"好皇子"形象的塑造 /117

第六讲　隆庆登极 /123
　　隆庆初元的严峻形势 /124
　　《嘉靖遗诏》的出笼与隆庆初政的走向 /132
　　隆庆新政 /136
　　对家庭伦理关系的重新颠倒 /153

第七讲　登极后劣根性的大暴露 /159
　　在时局转折关头的出奇怠懒 /160
　　追求游幸玩乐，好色成癖 /166
　　贪婪嗜财，无限制地勒取国库银两以供挥霍 /170
　　酷爱黄金珠宝，狂热追求物质享受 /175
　　宠庇宦官，用为心腹爪牙 /180
　　双重人格和心态畸变 /189

第八讲　"丞相政治"与隆庆朝政局的嬗变 /197
　　嘉隆以来内阁权力的上升 /198

　　　　隆庆内阁"九相"的浮沉 /205
　　　　徐阶、高拱、张居正的三角恩怨和倾轧 /210

第九讲　隆庆时期进行的重大改革 /231
　　　　隆庆改革的起点 /232
　　　　高拱和张居正主持改革的纲领 /236
　　　　改革人事制度，整饬吏治 /241
　　　　取得俺答封贡、擒斩汉奸赵全、"款市事成、西北弛备"
　　　　的胜利 /247
　　　　以清丈土地和推行一条鞭税制为中心的赋役改革 /250
　　　　有关恤商惠商的建议和措施 /252
　　　　兴修水利与恢复海运方面的措施 /255

附　　录　隆庆皇帝大事年表 /261

第一讲

隆庆皇帝其人和隆庆时期的历史背景

一个经历坎坷、心态复杂的人物

这部传记的主人翁,姓朱,名载坖,是明代世宗嘉靖皇帝的第三个儿子,继位为明皇朝第十二代皇帝,年号隆庆,谥号穆宗。他长眠在北京郊外大峪山的山麓上,坟茔称为昭陵。

这本书是研究隆庆皇帝很不平凡的一生的,研究隆庆时期这样一个很不平常的时代。

一个本是平庸,但经历坎坷、心态复杂的人物,面对着的是一个波涛急涌、大起大伏、几经巨变,而又处在兴废继绝分岔口上的时代。多少冠冕堂皇的诏令文告,多少呕心沥血的陈词,多少临危不惧、冒死犯难的忠贞,多少智深勇沉的谋划,多少阿谀和专断、自私和暴虐,皇室伦理关系的逆变,君臣、父子、兄弟、夫妇关系的扭曲,人际之间的真挚善良和丑恶构陷,权术阴谋和肝胆相照,都在隆庆皇帝朱载坖一生中反复交错地出现过,而且相当一部分是围绕着他的身份、地位、权力和人品作风而上演的。他长期处在极端复杂微妙的境遇中,沉浮在政治和人海的惊涛骇浪中,铸造成特殊的心态和认知,前后翻异的性格和作为,显然值得史学工作者对之认真、全面地进行分析和评估。

隆庆时期上承正德、嘉靖两帝为时六十一年荒唐怪诞的统治。局势危机四伏,已面临崩解的边缘。但即使在正、嘉时期,虽然权臣奸佞辈出,而有志扶危济倾、着手进行调整改革的人物亦代不乏人，他们一再厘抉蠹政，为抢救明皇朝出过死力，两方面的斗争此进彼退，彼长此伏，云谲波诡，极其激烈复杂。而在被誉为"救时"正人诸如徐阶、高拱、张居正等人之间，又为个人名位、权势和政见、学术见解等的纷争连续不断，合纵连横，拉帮结党，玩弄权术，各扼对方之咽喉，欲置之于死地，竟然成为常态。有时，其激烈程度甚至不亚于正邪之间的决斗。隆庆政治是正、嘉政治的延伸，宫廷和官场中许多关键性的事件，诸般是非恩怨，都是在正、嘉时期萌发，在历史遗留的基础上发展起来的，对此，也是在研究隆庆皇帝传记中绝难回避的。当然，更要从不同事态中找出它们相区别的歧异之处。隆庆时期政争的特点主要是在"救时"人物中进行。他们都曾致力于匡扶隆庆，力图在统治系统内进行必要的自我调节，以至进行较为全面的改革，客观上为未来的万历初年大改革奠下基础。在论述他们的融合和冲突、是非和功罪时，就不能不格外审慎，评价他们对隆庆其人和隆庆时期正面和负面的影响时，必应力求恰如其分，既不能拔高，亦不能厚诬。隆庆时期，实际上是隆（庆）、万（历）大改革的第一阶段。

隆庆皇帝朱载垕生于嘉靖十六年（1537）元月二十三日，在嘉靖四十五年（1566）十二月二十六日继统登极，翌年改元隆庆，死于隆庆六年（1572）五月二十六日，在位五年半，享年三十六虚岁。正由于在他一生中，有六分之五的时间是在嘉靖朝度过的，而在这长达三十年的岁月中，他亲历嘉靖时期所发生的许多大事，父皇的癖好异行，当权辅臣的不同政见和倾轧，朝议的动向，宫廷关系的歧变，以至时局的危殆，民生的憔悴，南倭北虏的侵扰，往往又与他有着直接或间接的联系和影响。特别是他与嘉靖皇帝异乎寻常的父子关系，皇储位置的长期空悬，心理的"朝夕危惧"，等等，都是很值得认真进行探索的，为此，在本书中，不能不以相当的篇幅论述嘉靖时期，特别是与隆庆皇帝嗣位前有关联的史事，但是，笔者是希望能以隆庆为主干论述有关的嘉靖朝事，避免与其他论著过多重复，希望能从较新的角度观测这一对心怀叵测、各有本身利益和不同追求的父子皇帝。

  在有明一代的皇帝中，隆庆帝是比较不显眼的。一因在执政的全过程中，他"临朝无所事事"①，"端拱寡营"②，本人谈不上有什么鸿猷伟略、嘉言懿行，亦没有什么功业可记；二因就其在位时期的表现，不外以庸碌无能且嗜财好色多欲见称；再加以他享祚甚短，又夹在两个长期在位的皇帝中间，其父明世宗嘉靖皇帝朱厚熜在位四十五年，其子明神宗万历皇帝朱翊钧在位四十八年，两长夹一短，更显得隆庆一朝只不过是一个转瞬即逝的过渡；隆庆皇帝朱载垕只不过是扮演着来去匆匆的过客角色。他既无法追踪自己的远代祖先明太祖朱元璋，以及成祖朱棣那样艰难创业、戡乱摧强、弘烈神武、威德遐被，甚至也不能比拟前几代的先皇，"宽大如仁庙（按，指明仁宗，年号洪熙的朱高炽），而精勤不若也；安豫如宪庙（按，指明宪宗，年号成化的朱见深），而控纵不若也"③。但是，论荒唐怠政、胡作非为的程度，他还不像他的从堂伯父明武宗，年号正德的朱厚照那样狎近群小，长期匿居豹房肆行淫乐，弄到朝纲紊乱、冠履荡然；也还不像他的亲老子明世宗，年号嘉靖的朱厚熜那样迭兴议大礼、兴大狱、多疑倨傲，而又幻听幻觉、执迷修玄，将明皇朝推入崩解的边缘。如此说来，这位勋业无闻而恶迹又不甚昭彰、

---

① 谈迁：《国榷》卷67，李维祯曰。
② 张廷玉等：《明史》卷19《穆宗本纪赞》。
③ 《国榷》卷67，何乔远曰。

缺乏棱角、少露锋芒的一代君主，难道就仅仅是以平庸著称，就真是无声无臭、乏善可陈地了其一生，仅仅是在明代帝系中留下一个纪元的年号而已吗？

事实绝非如此。

隆庆皇帝朱载垕的人生经历并不平常。他经历过一般帝王罕有的辛酸和坎坷。独特的境遇涵育出他独特的性格和心态特征。他将对切身权位利益的关切包装在貌似冷漠麻木的外表之下，将深藏在内心的愤激怨懑粉饰为恭顺孝悌，将任何逆反情绪都强自压抑在最初的萌芽状态之中。这是一个汇聚着许多矛盾，心理和性格都异常复杂的人物。既有庸碌猥琐的一面，又有朝夕未忘求夺皇位的一面；既有自卑谦抑的一面，又有骄傲尊亢的一面；既有俭约朴素的一面，又有奢侈纵欲的一面。特殊的宫廷和政治环境导致了朱载垕性格和心理上的扭曲，导致了他在登极之前和之后言行作风的突变。他是一个心态异常的人，但终究仍然是一个有血有肉、有爱憎情欲、有希冀愿望的人；是一个经受过严重挫折和失落，却具有过人承受逆境的应变能力而又终于跻登大位的皇帝。从朱载垕头三十年的个人经历中，可以较清晰地窥视到明代宫廷生活，父子、夫妇、兄弟等伦常关系的畸变，隐藏在温情脉脉、彩色斑斓的帷幕背后的悲欢和冷酷；政坛风云、官场恶斗，亦与他个人政治命运有着密切关系。从他正位九五之后又可看到，此人灵魂深处的真正追求，各种长期被掩饰着的劣根性的充分宣泄，权力和地位对人性的腐蚀。作为帝王，隆庆对明中后期政局的正负面影响，等等。

本书传主隆庆皇帝朱载垕短促而多变的一生，时局政治转折的特点，一些与他关系密切的人物的活动和影响，是本书试图探索的问题。

一个处在兴衰分岔口上的时期

朱载堉生活在16世纪中叶，明皇朝统治的中后期。当时的国势正处在衰颓日甚、乱象已成的紧急阶段。嘉、隆交替是在危机四伏、关系着政权存亡断续的非常时期进行的。洪（武）、永（乐）的鼎盛辉煌已经是遥远的过去；"仁宣盛世"的光华早已褪色；自英宗朱祁镇在正统年间"土木之变"以来，明皇朝的国力已滑入衰退的深谷。特别是，经过武宗正德皇帝朱厚照和世宗嘉靖皇帝朱厚熜历时六十一年的一系列倒行逆施，国家的元气大伤，各种矛盾山积，明皇朝好似一只载重逾量而又百孔千疮的朽舟，正颠簸在骇风恶浪的汪洋大海之中。

是被波涛卷沉于海底，还是修补抢救以前航，是正、嘉时局的关键。

正德和嘉靖时期的社会政治危机是非常深重的。

在财政和民生方面，由于正德皇帝的纵欲放荡，巡幸耀武，普建行宫，甚至修建豹房以为长期匿居的淫乐窝；也由于嘉靖皇帝大规模地持续营建坛观宫殿，蓄养方士神棍，为了满足这些额外开支，只好加紧聚敛。正、嘉时期向人民勒收赋税的名目日多，数额日增，除原有的土田税粮丁银等"惟正之供"外，还陆续加设了诸如盐课、茶课、金银课、铁课、鱼课、商税、船钞、皮角、翎毛、油漆、竹木、厨料、牲口料等苛捐杂税①。在田亩税收方面，又有所谓加征、加派、预借、当官平市等额外征敛，"正额之输，上供之需，边疆之费，虽欲损毫厘不可得"②。正是由于"供亿日增，余藏顿尽"③，造成了极其窘困的局面。嘉靖末叶和隆庆初元担任内阁首席大学士的李春芳曾痛陈当时财政亏蚀、入不敷支的危险：

> 臣等看得，祖宗朝国用边饷俱有定额，各处库藏尚有赢余。自嘉靖二十九年虏犯京师之后，边费日滋，各处添兵添马，修堡修城，年例犒赏之费，比之先朝，庶几百倍。奏讨请求，殆无虚日，加以连年水旱灾伤，百姓征纳不前，库藏搜刮已尽……计每岁所入折色钱粮及盐课赃赎事例等项银两，不过二百五十余万，而一岁支出之数乃至四百余万，每年尚欠一百五十余万，无从措处。……生民之膏血已罄，国用之费无经。④

李春芳作为总揽国政的大臣，将各种开支的巨耗、收入的萎缩、人民生活的困苦都摆出来，表示出极度的焦灼和惶惧。赤字连年急增，将何以缓解？当时一些灾区，"百余里不闻鸡声，父子夫妇互易一饱"⑤。连最起码的温饱尚不能维持时，铤而走险者必然增多。遍布在十多个省份的农民起义此伏彼起，兵变遍及南北，社会正处在重大的动荡之中。

---

① 参见何塘：《民财空虚疏》，载《昭代经济言》卷4。
②《明史》卷227《贾三近传》。
③《明史》卷214《刘体乾传》。
④ 李春芳：《请停止钦取银两疏》，载《明经世文编》卷251。
⑤《明史》卷223《王宗沐传》。

官吏的贪虐和富豪的盘剥，更加重了社会的危机和矛盾的激化。当时广大农村的情况是，"差繁役重。财尽民穷，有司无优恤之仁，吏多科害之扰。丁户已绝，尚多额外之征；田土虽荒，犹有包摊之累；里甲浪费，而日不聊生；刑罚过严，而肌无完肤。民不能堪……"①

尤其不能忽视的，是权贵富户等多与衙门的官吏紧相勾结，采取欺瞒、飞洒、诡寄、漏派等不法手段，逃免自己的负担，而将税款劳役都转嫁给贫弱下户，造成日益严重的赋役不均。以赋税言，富豪们"操其赢以市于吏，有富之实，无富之名；贫者无资以求于吏，有贫之实，无贫之名。州县皆然"②。"富者田连阡陌，坐享无田之利；贫者地无置锥，反多数外之赔。富益富，贫益贫。"③以徭役言，无偿征派的名目愈来愈多，一切重役苦役俱落在一般无权无势的贫民身上：

　　民当农时，方将举趾，朝为轿夫矣，日中为扛夫矣。暮为灯夫矣。三夫之候，劳而未止，而又为纤夫矣。肩方息而提随之，稍失夫驭，长鞭至焉。如此而民奔走之不暇，何暇耕乎？④

这说明，当时的广大农民不但过着衣不蔽体、食不充腹的生活，还经常被迫空着肚子像牛马一样服各种无偿的差役。

中国自古以来的历史一再证明，凡是贫富差距悬殊、庶民无以

---

① 王邦直：《陈愚衷以恤民穷疏》，载《明经世文编》卷251。
② 顾炎武：《天下郡国利病书》卷32《山东下》。
③ 顾炎武：《天下郡国利病书》卷92《福建二》。
④ 柯仲炯：《上太守李公书》，载《天下郡国利病书》卷33《江南》。

为生的情况，再加以天灾人祸相交连接，必然是大动乱的前奏。嘉靖初年，"江北、江南并湖广等处水旱相仍，地方饥馑，人民相食，所在盗贼成群"①。山雨欲来，全面性的社会危机正在加紧酝酿，唯待引爆而已。

再加以北南边防俱在告急。自嘉靖中期以来，蒙古鞑靼俺答汗连续内犯，一再攻大同，从间道陷古北口，直逼北京，成为北边的大患，首都多次戒严。与此同时，倭寇勾结沿海破产无业游民，组成武装船队，对中国沿海地区的侵扰亦日益猖獗。他们杀人越货，以劫杀作为抢掠的手段，不少地方迭受蹂躏，"数十里外血流成川"②。明朝虽然调兵遣将，一再追加军费，但堵房防倭，均无实效。甚至为此诛杀大臣，但总未能解除警报，威胁反日益加重。嘉靖三十年（1551），锦衣卫经历沈炼激于义愤，上疏弹劾弄权奸佞、赃私狼藉的首席辅臣严嵩，因此被杖责和流放塞外，他虽身处逆境危地，但仍保持着对时局安危的最大关切，往往中宵拍案，"伤心而泣下"。他写信给自己的儿子沈襄，沉痛地说：今南倭北敌，旱魃连年。天变人灾，四方迭见，当此之时，不可为无事矣。"③沈炼之言，确实是嘉、隆交替前后时事政治的真实写照。

阴霾蔽天，电击雷鸣，风雨如晦，警笛齐鸣，久在待位的朱载垕披戴衮冕，登上龙庭了。

---

① 《明世宗实录》，嘉靖三年二月庚申。
② 谷应泰：《明史纪事本末》卷55《沿海寇乱》。
③ 沈炼：《青霞集》卷10《与长儿襄书》。

第二讲

从两道《遗诏》、两道《登极诏》看明代中后期政治的大起伏

弘治皇帝的《遗诏》与正德皇帝的《登极诏》

历史仿佛滔滔逝水，一切人物和事件都是在上继前代余绪、下开后代规模的基础上持续发展的。研究隆庆其人及隆庆朝事，绝不能孤立地就隆庆言隆庆。必须将之置于16世纪初叶以至七八十年代明代社会政治的总体中进行考察，必须注意到在其之前政局的嬗变，矛盾的积累，先皇的政绩和个人特点，留存的政治遗产及其正负面影响。

16世纪初叶，即从明孝宗弘治皇帝朱祐樘临朝的中后期，历经正德和嘉靖两朝以至隆庆皇帝正位九五的七十余年间，是明代历史又一次大变局①。

随着在位帝王的交替，这七十多年中间，明朝的政局出现过三次大变动、大起伏，即在弘、正之间，正、嘉之间和嘉、隆之间都有着政治格局和执政方针的大转变。

弘治、正德、嘉靖三个皇帝的《遗诏》（含遗命）以及《登极诏》，都集中反映出每次大变动大起伏的动向和主要内容，都是研究这一时期历史矛盾和转折具有标志性的资料。

明孝宗弘治皇帝朱祐樘是明朝第九代皇帝，在位十八年（1488—

---

① 按：笔者认为，英宗正统皇帝朱祁镇在正统十四年（1449），听从宦官王振之议，御驾亲征蒙古瓦剌也先部。兵败被俘，即所谓"土木之变"，是明代前期由治及乱、由盛入衰的一次明显变局；到正、嘉两朝弊政败行踵接，局势更趋衰朽危殆，是又一次大变局。

1505），他在嗣位初期，曾经有限度地纠正明宪宗成化皇帝朱见深的荒怠放纵等积弊，本人尚能听言讷谏，比较节俭，比较循规蹈矩，能够选用和信任比较持正的大臣，凡事不为己甚。特别是与他的祖父明英宗朱祁镇和他的父亲明宪宗朱见深相比，在个人作风和对朝政的治理上，确有些不同之处，《明史》评论，明朝的皇帝，除太祖朱元璋、成祖朱棣之外，"可称者仁宗、宣宗、孝宗而已"[①]。评价是很高的。至于有人认为弘治"兴灭继绝，忧勤惕励，始终不渝"，"财以足民为富，兵以薄伐为威，刑以缓死为恩，礼以随时为大，可谓与民休息，培植元气者矣"[②]。这些评价，虽然有溢美之处，但亦可看到，弘治帝所得盛誉，除了有其本身素质的原因外，亦有其历史的客观的因素，"盖酷冬之后企盼阳春，苛虐之后翘望宽和"。正因为如此，弘治继正统、成化之后，即使是有限度地拨乱反正，亦受到当时舆论及后世史家的好评。其实，弘治在其政治生涯中，亦存在着许多失误和可议之处，他本人算不上大有作为之君，智商才能亦无显著过人之处。加以晚期渐忘忧患，趋向荒怠，而且也颇好修斋建醮以祈福求佑；他惧内成性，纵庇皇后张氏家族的张鹤龄、延龄兄弟等人"招纳无赖，网利贼民，势如翼虎"；也曾经宠信一些宦官，任其聚敛和擅作威福。总的说来，是一个瑜瑕互见，但其瑜略过于瑕的中等偏上之君。

如果说，弘治帝以其平稳宽和部分缓解了正统、成化以来的矛盾，那么，其宝贝儿子正德皇帝朱厚照却是以其僻戾荒唐的作风，突出的淫秽放荡，将各种矛盾推向全面激化。

朱厚照是朱祐樘的独生子，是皇位的唯一继承人。他刚满周岁，

[①]《明史》卷15《孝宗本纪》。
[②] 谈迁：《国榷》卷45，孝宗弘治十八年引郑晓语。

便被立为皇太子,成为当今皇帝之下第一人。此人性好嬉游,追求享乐,自小就受到惯纵,养成任性妄为的习惯。弘治皇帝对于这根独苗儿非常溺爱,对朱厚照一些小聪明也特别欣赏,"游幸必从",甚至将朱厚照身上尚处在萌芽状况的恶癖坏习给予美化和赞誉。朱厚照好打扮,喜欢穿戴"奇巧靡丽"的袍服,弘治帝却认为不失皇储威仪;朱厚照特别喜好嬉戏,在宫中建有一个"蹴园亭"以踢球弄球。更喜与几个习武的小太监耍枪弄棒,驰马射箭,弘治帝却认为这是"安不忘危"的"尚武精神"。凡此种种,都使朱厚照肆无忌惮地恣情放纵,养成了敢于不顾一切胡作非为的性格。

但终究知子莫若父。弘治帝晚年对于"吾儿不肖"也多少有些觉察,对朱厚照的过度醉心嬉戏生活,亦未尝不引为隐忧。弘治十八年(1505)五月,弘治帝在弥留之际尤其以此为忧,他召令内阁大学士刘健、谢迁、李东阳三人至乾清宫东暖阁,委命他们为顾命大臣,坐在榻上做出临终嘱咐,既回顾自己即位以来的始末,又托请他们三人尽心扶持幼主,辅导他读书成才,继承祖业。他紧握着刘健的手,殷切地说:"东宫年幼,好逸乐,先生辈善辅之,令成令主。"[①]这是一番肺腑之言,说朱厚照"好逸乐",可谓切中他的要害,亦是弘治皇帝遗命中最具有实质意义的精粹[②]。刘健等闻言饮泣,沥表忠忧,但弘治帝本人以及顾命诸臣,都没有想到朱厚照登位之后,"好逸乐"竟然恶性发展至乌烟瘴气、无法无天的地步。

[①]《明孝宗实录》卷224,弘治十八年五月庚寅。
[②] 又据《明孝宗实录》卷224,弘治十八年五月辛卯条的记载,弘治皇帝去世当天早上,还召谕朱厚照,切嘱他"毋荒怠"。到中午,弘治皇帝便"驾崩"了。当天发布的《遗诏》中,亦谕示厚照"务守祖宗成法","任贤使能,节用受人,毋骄毋怠"。类似语言,与对刘健等的临终嘱咐相符,都是有针对性的。

接受顾命的刘健、谢迁、李东阳三人，都是弘治朝的重臣，他们对于朱厚照存在一些突出毛病是早有了解的。早在朱厚照尚居储位之时，谢迁即曾"上疏以亲贤远佞勤学戒逸为皇太子劝"①。故此，当弘治帝去世、朱厚照将接登大宝之际，他们即企图利用代起草孝宗《遗诏》和武宗《登极诏》的机会，将一切重要的政策方针和君主应遵循的规范、弘治朝应办而未办妥的政事等俱纳入诏书之内，以此作为新朝施政的基础，并对新皇帝有所约束。"武宗嗣位，（刘）健等厘诸弊政，凡孝宗所欲兴办者悉以遗诏行之。"②因为《遗诏》是先帝的留训，嗣皇帝理应恭谨恪行；而《登极诏》则是以当今皇帝名义颁布的政策宣言，本人更应信守。在这些诏书中，强调嗣位皇帝必须遵守祖宗成规，执行先帝遗训，应该正身清心，戒除好尚、崇俭朴、节财用、慎兴作、勤政务、公赏罚、远宦竖、近正人等，实无异给刚上台的正德皇帝设置出一系列行为准则。

《登极诏》除循例宣告大赦、蠲免拖欠赋税等内容外，还将革除成化、弘治以来积累的许多社会和官场陋弊作为重要的内容。诸如大力裁减冗余的军官、太监，禁止皇亲勋戚之家恃仗权势奏讨盐引等以牟取暴利，接受投献以侵夺土地。对宫廷的过量消费也大加削减③。刘健等人的意图是，利用弘、正交替的时机，做除旧布新的部署，将弘治皇帝晚年希望削弱某些权贵近侍特权，对宫内朝内一些弊政进行整顿的设想付诸实现，并在此基础上辅佐幼君以臻富强。"正德改元，力赞新政，百度肃然，期于正始，以

---

① 费宏：《大学士谢迁神道碑》，载《国朝献征录》卷14。
② 《明史》卷181《刘健传》。
③ 《明武宗实录》卷1，弘治十八年五月壬寅。

承弘治之盛。"①

但是，一贯习于放纵、桀骜不驯的朱厚照，当此骤登大宝、正在兴头之际，难道会甘受束缚于这两纸诏书，甘受制约于这几个前朝老臣的谆谆劝导吗？

弘、正交替的大动荡

弘治皇帝去世，朱厚照从一个浪荡皇太子即位为大明帝国的君主，执掌着至高无上的生杀予夺大权。假如说，在储待位之时，尚有皇父的约束，如今恍似一只终于挣脱开最后一根绳索的野性猢狲，大可以忘其所以，恣意妄为了。

本来在弘治时期，在明朝中央即存在两派政治力量的较量，一派是以儒生官僚为主的阁部大臣，其代表人物为内阁大学士刘健、

---

① 贾咏：《大学士刘健墓志铭》，载《国朝献征录》卷14。按刘健、谢迁、李东阳等在代起草的《登极诏》中，将厘革弊政的锋芒指向宫中朝中高层的既得利益阶层，而且也涉及限制皇室消费。诸如减少征集乐工、技艺人匠，减免向各地王府及镇守官员索要财物土产等，执行起来是有很大阻力的。即使当年弘治皇帝在位时也难以认真贯彻。《明史》卷181《谢迁传》载："孝宗晚年，慨然欲厘弊政，而内府诸库及仓场、马坊中官作奸蚀法。不可究诘。御马监、腾骧四卫勇士自以禁军不隶兵部，率空名支饷，其弊尤甚。（谢）迁乘间言之，帝令拟旨禁约。迁曰：'虚言设禁无益，宜令曹司搜剔弊端，明白奏闻，然后严立条约，有犯必诛，庶积蠹可去。'帝俞允之。"但根据史实，"搜剔弊端"的部署并未得到落实，仍然是不了了之。因为弘治末叶，君臣间企图尽行厘革的诸弊，主要存在于宦官和禁军系统，这些人近在帝扆，埋得很深，勾结很广，处置起来往往投鼠忌器，非常棘手。而且弘治皇帝的决心也是有限度的，故终其世也未能解决。刘健等企图秉新旧交替之机，期望得到新皇帝的支持，将废革的锋芒指向勋贵亲幸人员，完成弘治朝未能完成的事业，但最终证明这只能是一种不切实际的政治幻想。

谢迁、李东阳,以及一些各部尚书、侍郎,掌握风宪监察权的御史、给事中等。他们之中有许多人都怀有儒家传统致君泽民的理想,而且对成化时期宠信汪直、放纵西厂、弄兵残民的往事心有余悸,而对弘治时期较为宽缓、注意给军民休养生息的统治方式十分赞同。当新君正位之后,切盼他能继承先帝的既定方针,并在此基础上除弊革新,大力振作。另一派则以勋戚贵族及宫内掌权的近侍宦官为主,并勾结某些禁军统帅和边将,文官中一些佞幸之徒,亦结成了不容忽视的力量。早在弘治帝当政之时,他们便已利用弘治帝的软弱和执政后期荒怠,钻政策和法律的空隙,不择手段地攫取土地财富,窃据权位,形成既得利益集团。当朱厚照尚在东宫时,即特别宠爱一些贴身太监,其首要人物是刘瑾、马永成、高凤、罗祥、魏彬、丘聚、谷大用、张永八人,号称"八虎"①。他们长期与朱厚照厮混在一起,迎合朱厚照喜好嬉戏的癖好,伴随他驰骑射猎,以良鹰名犬讨取其欢心,引导他沉溺于享乐,绘声绘色地介绍宫外的繁华声色,诸般花花世界。这对于一个本身有恶癖又处在成长期的少年皇太子来说,起到了不容低估的坏影响。朱厚照登极后,"八虎"便成为御前最受亲近、进言最有分量的特殊人物,他们很快就与宫内朝内的腐恶势力沆瀣一气,紧密勾结,形成为一派重要的政治力量。

两派政治力量都必须争取正德皇帝的信任,取得他的支持,然后才能施展抱负,达到自己的目的。几乎从正德登极之日起,两派的斗争即非常激烈和表面化。

问题在于,正德皇帝一旦掌权,即毫不掩饰地倒向以"八虎"为代表的邪恶势力一边。他把三位顾命大臣等要求他亲贤远佞、勤

---

① 参见《明武宗实录》卷18,正德元年十月戊午;《明史》卷181《刘健传》。

学问、戒逸豫并主持革除弊政等建议，均视为迂腐的逆耳之言。尚在热孝期间，"八虎"即引导这位少年天子日事游戏，寻欢作乐，早将《遗诏》及《登极诏》置于脑后，"诏条率沮格不举"。"左右宦竖日恣，增益日众。享祀郊庙，带刀被甲拥驾后。内府诸监局金书多者至百数十人。光禄日供骤益数倍。"① 目睹新皇帝诸般倒行逆施，其劣根性迅即暴露和飞速膨胀，刘健等焦灼如焚。他们在正德帝上台的最初几个月中，还企图祭出先帝的《遗诏》，以及当今皇上的《登极诏》，以吁求正德皇帝注意自正其德，幡然悔悟，勉为圣君。弘治十八年（1505）八月，即距孝宗去世仅两个多月，刘健等即上疏力言，顾命大臣等所有施政，"悉以遗诏行之"，希望皇上能尊重遗诏，即所以礼敬先皇。之后，又剀切陈奏：

> 陛下登极诏出，中外欢呼，想望太平。今两月矣，未闻汰冗员几何，省冗费几何。诏书所载，徒为空文。此阴阳所以失调，雨旸所以不若也。如监局、仓库、城门及四方守备内臣增置数倍，朝廷养军匠费巨万计，仅足供其役使，宁可不汰？文武臣旷职偾事，虚縻廪禄者，宁可不黜？画史、工匠滥授官职者多至数百人，宁可不罢？内承运库累岁支银数百余万，初无文簿，司钥库贮钱数百万，未知有无，宁可不勾校？至如纵内苑珍禽奇兽。放遣先朝宫人，皆新政所当先，而陛下悉牵制不行，何以慰四海之望？②

此疏有据有理，摆明事实，充分说理，反映出刘健等三人寓焦

———
①②《明史》卷181《刘健传》。

灼于沉痛，并未掩饰对新皇上的失望。一连几个"宁可"，可谓义正而词严，而且对皇帝的督责既殷切而又严肃，颇有倚老卖老的口吻。这是正德君臣在君权和阁权上迅即出现矛盾的明显标志。最早的时候，正德帝迫于众议，还在表面上敷衍一下，以"温诏答之"。但在实际上却是纹丝不改，照样狎近群小，愈加放纵。正德元年（1506）春夏，皇权与阁权即由冲突发展至决裂，终于全面爆发。

几乎在所有重要的政务上，都存在着各执己见的对峙。诸如刘健等阁臣及户部尚书韩文等要求由地方官负责对近畿皇庄的管理和征课，以减少宦官管庄扰民。但正德帝却谕示仍在各庄保留宦官一人，侍卫十人；吏、户、兵三部及都察院均先后上疏控诉宦官近习等侵扰其职权，内阁拟旨取缔，但正德帝却不接受。连上四疏，均被驳下，刘健等又将原疏照原拟原意再次封进，并沥陈当今"内贼纵横，外寇猖獗，财匮民穷，怨谤交作。而中外臣仆方且乘机作奸，排忠直犹仇雠，保奸回如骨肉。日甚一日，愈甚于前"。他们警告说："祸变之来恐当不远。"① 重复递上原疏，公然表示对皇帝裁决的异议；奏章中的用词极其严峻，意味着两者已难有调和的余地，但正德帝对他们的奏章一概"留中不报"，即不批不答，搁置不理②。至此，刘健、谢迁、李东阳等只好以去留作为终极的陈情手段，三人联名

---

① 《明史》卷181《刘健传》。
② 夏燮：《明通鉴》卷40亦载有部一级官员对正德皇帝主政后重用宦官近侍等的异议，正德帝对这方面的意见材料均拒不接受。早在弘治十八年十一月，即已发生兵部尚书刘大夏为遵照《遗诏》奏请裁汰镇守中官及传奉武臣而屡受驳回的事："方上之践阼也，刘健等厘诸弊政，凡先帝所欲兴罢者，悉以遗诏行之。而四方镇守中官易置者多，仅撤均州齐元，而韦兴复夤缘代均州。于是，兵部尚书刘大夏复议上应撤者二十四人，又奏减皇城、京城守视中官，皆不纳。顷之，刘上传奉武官当汰者六百八十三人，报可。大汉将军薛福敬等四十八人亦在汰列，于是，福敬等故不入侍以激上怒，上遽命复之，而责兵部对状，欲加罪。……至是，复以兴故。大夏等再三争执，皆不听。"由此可见，对于正德皇帝来说，弘治先帝的尸骨尚未寒，贯彻其意图的《遗诏》已经不起作用了。

上疏。痛言：

> 臣等遭逢先帝，临终顾命，惓惓以陛下为托。痛心刻骨，誓以死报。即位诏书，天下延颈，而朝令夕改。迄无宁日。百官庶府，仿效成风，非惟废格不行，抑且变易殆尽。建言者以为多言，干事者以为生事，累章执奏谓之渎扰，厘剔弊政谓之纷更。忧在于民生国计，则若罔闻知；事涉于近幸贵戚，则牢不可破。臣等心知不可，义当尽言。比为盐法、赏功诸事，极陈利害，拱俟数日，未蒙批答。若以臣等言是，宜赐施行，所言如非，即当斥责。乃留中不报，视之若无。政出多门，咎归臣等。……若冒顾命之名而不尽辅导之实，既负先帝，又负陛下，天下后世其谓臣何？伏乞圣明矜察，特赐退休。①

这一封请辞书，不啻为正德初元政情紊乱、风气败坏、皇帝昏聩的严重程度，从侧面作一写照。在此之后，刘健等仍不断"历数政令十失，指斥贵戚、近幸尤切"。对于正德皇帝本人诸如停止进修学习的经筵日讲，动辄宣布免朝以便在宫中嬉戏，沉溺于弹射钓猎、鹰犬狐兔，甚至在宫中操练内侍为兵，装备弓矢甲胄，当时更单骑驰驱于郊野，或燃炬鼓乐以泛舟等不符合帝范君德的事直言谏评。正德帝既无意接纳，又认为这些指责有损君威，使自己下不了台，对刘健等人便由倚重转变为讨厌，甚至发展为仇视。

刘、谢、李以及众官等都知道助长正德帝放荡荒怠，引导他加

---

① 《明史》卷181《刘健传》。

速堕落的是刘瑾等所谓"八虎",故此连章请诛之以谢国人,以挽回国运。九卿言官等亦伏阙力争,但"八虎"恃宠,他们环泣帝前,反坐朝臣以挑剔帝过、孤立君主之罪。正德帝偏听偏信,不但不惩处"八虎",反而批准刘健、谢迁退休,实际上是逐出朝班,取消顾命权责。到正德二年(1507)三月,竟进一步将刘健、谢迁为首的五十三人诏列为奸党,榜示朝堂。正德皇帝遂愈陷愈深,更加放肆淫乱,以特有的心态和方式追求享受以及所谓威望和荣誉,成为明代甚至在中国历史上罕有的荒唐皇帝。

正德帝在政治和个人生活癖好各方面,都存在一些不符合人情常态的怪诞行为活动。

他蔑视朱明皇朝的祖宗成法,绝不顾忌朝议舆论。早在正德二年(1507)八月,他就在北京西华门内"别构院御,筑宫殿,而造密室于两厢,勾连栉列,命曰豹房"①。自此之后,他便"日昵豹房,万机悉委(刘)瑾"②,经常纠集一些贴身内侍、得宠番僧、美女、乐工等人,不分日夜地寻欢作乐,名为"豹房祇候"③。自此之后,一直到死亡时未再入大内。豹房其实是御用的特设淫窝,同时又是实际上的权力中枢。他又命仿照市井模式,在城西开设各式酒肆商铺摊贩,"以内帑金银杂物设为交易之事"④。有时更身穿商贾之服,持簿握筹以经营买卖。他溺信佛教,但不排斥道教。正德二年(1507),一次即"度僧三万人,道士万人"⑤,自取法号为"大庆法王西天觉道园明自在大定慧佛",并指令,凡以大庆法王开具的法帖,均具

---

① ③ 毛奇龄:《明武宗外纪》。
② 李贽:《续藏书》卷20《傅珪传》。
④ 吴晗:《朝鲜李朝实录中的中国史料》上编卷13,朝鲜中宗三年,明正德三年二月。
⑤ 谈迁:《国榷》卷46,正德二年五月戊午。

有与御旨相同的地位①。这些荒诞不经的行为，连当时外藩派往中国的使臣也惊诧不已，他们连续奏报本国国王，谓"皇帝视朝甚稀，百事陵夷"②；又谓"中原之事，至为扰乱"③。甚至还具体形象地反映：

> 皇帝出游行院，与养汉的游戏无度。行院是养汉的所聚处也。帝又屡幸会同馆，小靰子、回回等诸酋相戏，使回回具馔物，帝自尝之。或着夷服。以习其俗，出幸无常，太监小宦等轮次递宿于此。帝常以游戏为事，一不视朝，都察院文章谏止，不听，游戏自如。六部尚书率僚属亦极论列，帝以越职论事……自郎以下诸员，令于午门外长跪五日，随其罪之轻重而杖之。自此，朝无谏之者。④

朝鲜使臣的情报工作应该说是相当细致而且符合实情的。是亦可见，正德皇帝的丑闻秽行实已传闻内外。

正德皇帝既不正而又失德，首先在于将国政视同儿戏。他特派刘瑾任司礼监掌阅章奏，提督团营，"势倾中外，公侯勋戚，莫敢钧礼。诸司、科、道以下私谒，率相率跪拜"⑤。刘瑾更深知掌握特种镇压部门的重要，故在原有东、西厂之外，又加设内行厂，亲自掌之；又命其党谷大用、丘聚等分别掌握东、西厂，臣民的生死予夺均在其控驭之内。又怂恿正德帝以敕命扩大各地镇守太监的职权，"悉

---

① 夏燮：《明通鉴》卷43，正德五年二月庚子。
②④ 吴晗：《朝鲜李朝实录中的中国史料》上编卷13，朝鲜中宗七年，明正德七年三月。
③ 吴晗：《朝鲜李朝实录中的中国史料》上编卷14，朝鲜中宗十四年，明正德十四年九月。
⑤ 夏燮：《明通鉴》卷42，武宗正德二年四月。

如巡抚、都御史之制,干预刑名政事"①。"各处镇守猛如狼虎"②。甚至将神机营等精锐京军亦委交太监统率③。由此,中央和地方的军政实权均转入宦官或"深结阉宦以自固"的焦芳等人之手。

正德五年(1510),因都御史杨一清联合另一得宠宦官,原为"八虎"之一、素与刘瑾有矛盾的张永,用计揭发了刘瑾一系列罪行,诸如矫旨以侵犯皇权、假借皇命以大量聚敛等,正德帝诛杀了刘瑾,斥逐其党尚书焦芳等,但旋又重用另外一些坏人,如江彬、钱宁辈。江彬原是大同游击,不过是一个低级军官,但此人骁勇险狠,喜谈兵,善窥测帝意而巧为迎合之。钱宁本是刘瑾余孽,因善于观察风色而紧急转舵,故得逃脱追查,而又以最擅谄媚而邀宠。江彬深知正德此人具有狂热的虚荣心理,总希图以军功立威,身为帝王而又羡慕将帅的威风,于是建议正德帝在内廷操练内宦为兵,调边兵入卫,又屡导正德帝出塞,长驻山西宣府,美名为御驾巡边。他为正德帝在宣府修建行宫——名为镇国府第,"辇豹房珍玩女御其中,时时入民家益索妇女以进,帝乐之忘返"④。正德帝竟称宣府是他的"家里"⑤。

十三年(1518)八月,因宁夏边塞有警,正德帝竟忽发狂想,要过一下上将军拥旄西征的美瘾,享受帝王而兼元戎的双重荣耀,居然正式发布敕文,诏封自己是"威武大将军镇国公朱寿",拟任命江彬为威武副将军扈行,随同征讨,甚至演出持剑逼迫内阁大臣

---

①② 夏燮:《明通鉴》卷42,武宗正德二年三月。
③ 谭希思:《明大政纂要》卷43。
④ 谷应泰:《明史纪事本末》卷49《江彬奸佞》。
⑤ 王世贞所撰的《国朝丛记》中刊载了一篇出自正德帝亲撰的敕文,惟肖惟妙地将他灵深处的追求和爱憎情绪暴露无遗,说:"我在宣府家里等处住坐,暖衣饱食身闲心乐,欢喜自在。见今在京内外答应,不许将不要紧大小冗事及泛言等文书,并懒惰躭滑供事激恼朝廷,惹我生气生恼。……如违,重治不饶。"

起草制书的闹剧。到翌年六月，宁王朱宸濠以清君侧为名起兵造反。本来在八月间即已由汀赣巡抚王守仁率军平定，并已擒获宸濠，此事理应结束。但正德帝为炫耀自己的武功迈乎二祖，勇冠三军，居然到九月仍下诏动员九边诸军及京营精锐数万人，浩浩荡荡直奔江南，要"奉天征讨"那个早已关在大牢里的叛王。他装模作样，摆出一副大敌当前亲赴前敌的样子。本人戎服铠胄、金盔银甲，手执兵仗，高擎着"大将军朱寿"的帅旗，设行辕于南京。为迎合正德帝这种极端虚荣的心理，江彬甚至策划要将宸濠"纵之鄱湖，俟上亲与遇战，而后奏凯论功"①。这样的"御驾亲征"，无非是经过彩排然后上演的一出闹剧，既为了捞取虚名，更为了借此南游宣淫。劳师往返，共用了一年零三个月的时间，直到正德十五年（1520）十二月才"大获全胜"，兴尽而返。于是颁诏自吹我武维扬，皇威远镇，并赐勋授爵，厚赏从征平叛的所谓有功人员，"张皇国门，有同儿戏"②。不过，乐极生悲，他本人回到北京即重病在身，连献俘大典也未能参加，拖到正德十六年三月便一命归阴，结束了自己荒诞至极的帝王生涯，年仅三十虚岁。

　　正德帝在品格和心态各个方面，显然都存在着严重的失衡。他的许多悖乎常理常情的想法和作为，由于据有了皇帝的特殊地位，可以不受制约地滥用权力，充分发泄近于神经性的亢奋冲动，类似狂人。此人极端重视名位威望，狂热地崇尚武功，对叱咤风云、指挥千军万马以临战阵有空想式的向往。本人无能，仍不惜编造弥天大谎，以冒充得之。南行之役，旌旗蔽天，精锐尽出，指向一个已关在囚笼内的敌人，未经一战，未发一矢，但却示意王守仁重新修

①② 谷应泰：《明史纪事本末》卷47《宸濠之叛》。

改奏稿，着重铺设皇上神武、指挥若定的"战果"，宣称"皇上亲征宸濠，生擒而来"①。看似煞有介事，其实是军民人等俱洞然了解的假戏真做。正德帝自认为经此一番造作，此行必可光垂史册，既发扬皇威，又满足了自己的反常心理。于是，在班师"凯旋"仪式上更大肆铺张。据目睹正德皇帝率同文武随从及护卫军伍回到北京的朝鲜使臣李和宗的报告，说这位皇帝兼威武大将军镇国公又兼大庆法王的朱厚照，骑着高驷白马，高牙大纛，披挂全套铠甲，俨然是一个百战功成凯旋而归的大将元戎。他有意将所谓在阵前斩得的一大批敌兵的头颅排在御驾前列。所斩首级，担以架子，每一架子盛放两个头颅，"虽只骸骨，皆盛网子"②。其后，又押解所谓在战阵中生俘的敌兵及罪臣人等，每人首插白帜，排列成行，"罪人皆双手背绑，衔枚骑马，又持杖四人随之。……先行于驾前，连亘道路"③。他自以为，以这些骷髅头和"战俘"开路。足可证明自己武功盖世，战绩昭彰，能够起到莫大的威慑力量。为进一步大造声势，除了大搞人头游行以外，御前的诌媚者还在回京沿途再做安排。另据朝鲜使臣向其国王的奏报：

> 自通州至京，处处设行殿，皆用簟席为之，以纱、罗、绫、缎结饰，大书金字曰"功盖乾坤，福被生民"或书曰"气吞山岳，威震华夷"……其颂功德，写以金银字者，不可胜记，每于行殿之前，设高桌、置匹缎百匹于其上，以纱笼覆冒。

---

① 吴晗：《朝鲜李朝实录中的中国史料》上编卷15，朝鲜中宗十六年。明正德十六年一月。

②③ 吴晗：《朝鲜李朝实录中的中国史料》上编卷14，朝鲜中宗十五年，明正德十五年十二月。

皇帝过行时，惟其所欲与者而给之。其有功者，以金银作牌，书曰"有功之牌"，贯以红丝，悬挂于有功者之项，领项挂此牌者不知其几也。①

历史上露骨地弄虚作假，以人民的涂炭改塑为讴歌赫赫功业，正德末期可以说是登峰造极了。

还必须指出，正德皇帝的宠遇番僧，主要也并不是由于宗教信仰的原因，此人除了过度执迷自信、敢于胡作非为以外，实在不会真正相信任何神佛和人物。他宠信番僧，无非是为了要从这些人手里取得特效春药和传授房中攻战之术。他好微行，喜巡游，建豹房，长住宣府，甚至亲履江南，等等，很重要的原因是为了追求淫乐。照说他在六宫三院中拥有着大批妃、嫔、宫人，已完全能满足正常的色欲，但他对正式的皇后、妃、嫔、宫人等一律冷淡，甚至长期不入大内，却在北京、昌平、宣府、大同、南京等地"夜望高门，则驰入索妇女"②，一再示意爪牙们在各地"搜妇女""进美人""括少女，充离宫"，甚至专门喜好寡妇、孕妇、土娼野妓，掠夺臣下的妻女而强暴之。"野花偏艳目，村酒醉人多。"③他巡行到宣府，将沿途抢来的妇女数百人，强迫她们与和尚等分别合乘数十辆大车随行，以御前军卒押解之，"妇女各执圆球，车既驰，交击僧头，或相触而堕。上大乐之"④。以至"民间妇女惊避"⑤，社会上"樵苏不继，至毁庐舍，白昼闭市"⑥。引起城乡动荡，士民悲愤，"远

---

① 吴晗：《朝鲜李朝实录中的中国史料》上编卷14，朝鲜中宗十五年，明正德十五年十二月。
②④⑥ 谈迁：《国榷》卷50，正德十二年九月甲戌。
③ 曹春林：《滇南杂记》卷12。
⑤《明史》卷181《毛思义传》。

近骚动,所经多逃亡"①。将拆散臣民家庭、以被侮辱妇女的呻吟哭泣作为自己恣意宣淫的特殊享乐,此与强盗悍卒掠取民妇而奸污之实如出一辙,这显然是一种施虐淫和色情狂相结合的变态性欲,与其在政治上的反常宣泄是一致的。当时"天下岌岌",正是这样的昏君乱政导致的必然结果。著名历史学家谈迁对正德帝曾经有过结论性的定评,谓此人"帝阍沈沈","违玉几之先谕,耽左珰之近娱,朝讲寝废,刑赏无章,致祸溢朝野,狂焰四沸,鼎轴摧折,钩党之狱几起,甘露之变将形"②。谈迁的意见近于全面否定,但以正德其人其事衡量,却是符合实际、并非苛剔的。

正德皇帝的《遗诏》与嘉靖皇帝的《登极诏》

明武宗朱厚照在正德十六年(1521)暴卒于豹房,广大臣民在内心深处未尝不以他的崩逝而引为国家的大幸。十六年来狎弄佞幸,巡游不息,兵革时起,"骄帅跋扈不恭,剧盗纵横日炽,强藩称乱相望"③。国无宁日,民生憔悴,确有偕汝俱亡之痛。当此暴君猝死之时,人们殷切企望自此突破阴翳,恢复晴朗祥和。

由于正德皇帝无子,内阁大学士杨廷和、蒋冕、毛纪等与朱厚照之母张太后商定,按照伦序,迎取远在湖广安陆的兴献王世子朱厚熜为嗣皇帝。朱厚熜的父亲朱祐杬是宪宗成化皇帝朱见深的第四

---

① 毛奇龄:《明武宗外纪》。
②③ 谈迁:《国榷》卷51,正德十六年三月丙寅,引雷礼言。

子，孝宗弘治皇帝朱祐樘的异母兄弟，故此，朱厚熜是武宗正德皇帝的堂兄弟。杨廷和等人是按照宗法制中兄终弟及的原则册定朱厚熜继承皇位的。朱厚熜受迎取来京，在四月二十二日即帝位，年号嘉靖，谥号世宗。

杨廷和等人之所以在同亲同辈宗室中挑选朱厚熜继位，显然有其政治上的用心，一因朱厚熜时年才十四岁，以为他的可塑性还比较大，有可能接受辅导，吸取正德皇帝倒行逆施的教训，能够拨乱反正，摆脱正德时期的消极影响；二因朱祐杬父子早已就藩安陆。与朝内宫内的勋戚贵族权臣以及宦官较少联系，较易于走上正道，勉为圣君[①]。

在派遣钦使奉迎朱厚熜来京，以至他抵京登极前的一个多月中，杨廷和暂总朝政。在此期间，杨及他的内阁同僚充分利用颁布正德皇帝《遗诏》及嘉靖皇帝《登极诏》以作为推动新政的杠杆。

杨廷和等代拟的《遗诏》是经过精心斟酌然后定稿的。这份《遗诏》实质性内容有两个方面：一方面是册定朱厚熜继位为嗣皇帝；另一方面则为大力革除正德时期的严重弊政，诸如"罢威武团营，遣还各边军，革京城内外皇店，放豹房番僧及教坊司乐人……释系囚，还四方所献妇女，停不急工役，收宣府行宫金宝还内库"[②]等。所有以上两方面都牵涉到今后政治格局和政策的走向，以及触犯到

[①] 杨志仁在所撰《大学士杨廷和行状》中，详细记述了围绕在册立朱厚熜为嗣皇帝时存在着的复杂情况和尖锐斗争："（五月）十四日早，少监陈严仓皇来报驾崩矣，公（按，指杨廷和）即语严曰：'急启太后，取兴长子来继统。'……初闻，公先命闭阁门，时权奸各欲立非次以贪功避罪，相求如市贾，皆不得人。……议定，奉所拟懿旨及大行皇帝书人启毕，就左顺门宣谕，朝廷众皆跃然大呼曰：'天下事大定矣。'"（载《国朝献征录》卷15）由此可见，朱厚熜之能顺利得立为嗣皇帝，是杨廷和与张太后当机立断的结果。

[②] 参见《明武宗实录》卷197，正德十六年三月戊辰；《明史》卷16《武宗本纪》。

在正德时期一些当权人物的权益，也必然会引起激烈的冲突。在商议迎立朱厚熜继位时，与江彬有交情的吏部尚书王琼就曾排掖门入，厉声质问杨廷和等人，"此岂小事，我九卿顾不预闻乎？"①此举显然是代表着原既得利益集团的权益，拟另谋册立对他们有利的对象。至于如何铲除正德后期最大的奸臣、且手握兵权的江彬及其党许泰、神周、李琮等腐恶势力，更是一场激烈已极的斗争。杨廷和等人顶住王琼等的干扰，又依靠张太后的支持计诛江彬等，才为大政转向铺垫出道路。

所谓《遗诏》，自然是用去世皇帝的名义发出。但以正德皇帝的腔调，全面取缔他本人生平最主要的活动，推翻了他本人恃以为最得意的主张，当然是很不自然的。这样的自我否定，显然是由他人捉笔，强加给死皇帝头上的。这样做，明显地是从明皇朝根本统治利益出发考虑的。一则是通过一些自责和纠偏以稍微挽回朝廷的威信；二则，在位的当权大臣们可以高举《遗诏》，"以先帝末命行之"，立即采取一系列措施，大刀阔斧地除旧布新，拨乱反正，以正德皇帝的名义扫除正德时期的腐臭，这其实也是为这个以荒淫放荡为主要个人特点的死皇帝进行最后一次欺骗，似乎他在临殁前一刻，尚有幡然改悔之心，尚有罪己自责的勇气，借以缓和普遍存在于臣民之间的愤懑，稍为恢复对明皇朝统治的信心。

当朱厚熜已迎接来京，尚未就位之时，内阁大学士杨廷和、蒋冕、毛纪等人都希望新皇帝能勤政爱民，成就中兴大业。为此，他们精心草撰了一道登极诏书，以作为新君登位后的第一道政治宣言、

---

① 谈迁：《国榷》卷51，正德十六年三月丙寅。按，王琼此人在任兵部尚书时，"头戴爪刺，身着帖裹，亲至豹房与朝廷饮酒"（参见《国朝献征录》卷15《杨廷和传》，是正德时期大臣中最能奉承趋附的一人。

执政的指针。

这道《登极诏》共有八十条,全诏强调革故鼎新,除宣布大赦、恤录正德时期因言事被杖谪革职诸臣、免除逋赋等之外,还着重厘剔在先朝民愤最大、祸国最深的蠹政,将其一一宣布废除,对中贵、义子、恩幸、传陞官以及军伍余冗之员,大半均斥退①。计革去锦衣卫等、内监各局的旗校工役十四万八千七百人,减少漕粮一百五十三万二千余石②。朝野咸称"新天子神圣"③。可见,这一道诏书确曾起到过一定的改善朝廷形象、引导舆论动向的作用。时人称颂说,"中兴一诏,朝野肃清"④,"收已涣之人心,奠将危之同脉,实在登极一诏"⑤。这样的评价是很高的。

但是,在起草和颁布《登极诏》的过程中,各派政治力量之间的斗争也是极其炽烈的。

任何对旧事物的取缔,任何触犯到既得利益阶层的权益,必然都会遭受这一部分人的顽固抗拒和反击。主持改革大计的杨廷和更成为这一部分人集中仇视的对象。"怨者汹汹,谣曰:'终日想,想出一张杀人榜。'"⑥意即杨廷和行新政绝了他们的生路。当时,"诸失职之徒衔廷和次骨。廷和入朝有挟白刃伺舆旁者"⑦。

不论在宫内的大宦官或位列九卿的朝臣,都有人出头来进行阻挠或攻击。

---

① 《明世宗实录》卷1,正德十六年四月癸卯。
② 谈迁:《国榷》卷52,正德十六年四月癸卯。
③ 夏燮:《明通鉴》卷49、纪49,正德十六年四月癸卯。
④ 谈迁:《国榷》卷53,嘉靖三年二月,凌稚隆语。
⑤ 《明史》卷192《安磐传》。
⑥ 赵贞吉:《大学士杨廷和墓祠碑》,载《国朝献征录》卷15。
⑦ 《明史》卷190《杨廷和传》。

在宦官方面：

> 初，廷和草诏上之，报可。司礼诸大珰以切内政，求削数则；廷和曰："往者吾侪不得职，公等谓出上意，今亦出新天子意耶？不然。吾侪贺登极后惟一去，且叩之上，谁削诏草，必有当之者"大珰语塞。①

在场的蒋冕、毛纪"亦相继发危言"②，内阁诸人表现出高度的一致和坚决，才总算把这些当年"口衔天宪"、气焰熏天的大宦官顶了回去。

在朝臣方面，由于廓清旧弊，必然要在人事上进行较大幅度的调整，有必要斥革或降调一些助纣为虐或不称职的官员，当时便将后军都督府左、右都督谭祐、张举，吏部尚书王琼，礼部尚书刘恺，顺天巡抚刘迪、宣府巡抚宁杲，以及一批侍郎、寺卿等均予免职甚至下狱，当然也引起这一部分人的抗争。王琼即上疏对杨廷和进行激烈的人身攻击，指廷和专制震主。此事因新皇帝对王琼撼拾妄奏而切责之，暂告一段落。

在杨廷和的一篇传记中，具体而详细地记述着起草和颁布嘉靖《登极诏》过程中的曲折：

> （廷和）承虚庑总……十六载弊政奸人，皆拟于即位诏除之。公日夜殚尽心力，草置函中。公侍行殿，蒋（冕）公先归阁中正理文书。诏条内若军门、皇店、官校、豹房、

---

① 谈迁：《国榷》卷52，正德十六年四月癸卯。
② 《明史》卷190《杨廷和传》。

番僧、写亦、虎仙数事,公别书密缄之,不敢露草。蒋至公家,谕家童取去,莫知何文书也。

黎明时进稿,请嗣君批红,出方鸣鼓。是日向晨,文书官来言,欲去关切中人者数条。公曰:"数年以来,事有龃龉,不曰西边不可,则直称朝廷不从,今嗣君至便有此,乃知前日负大行多矣。即此,廷和便当去,今日拜贺新天子,明日即跪奉天门前乞休,且问皇上初至,何人于左右欲更诏书,虽死亦甘心也。"蒋(冕)、毛(纪)二公皆力言之,文书房官知不可,乃持回。(原注:力争不易新诏)

久之,鸣鼓,批红犹未下,公与三公①亟趋华盖殿后,往来玉阶间,不见一人,乃复趋奉天殿下,见直殿者,要文书官来相见。语之曰:"亟去!万一误事,我辈且有说。"或言:"批红不下。明日开读亦可。"

公曰:"自古人君即位,虽草昧中亦须下诏改元,以新天下之耳目。今日若无诏书,不知所改是何年号,人心惶惑,恐有他虞,谁任其咎?"文书官惧,乃入奏批红出,改明年为嘉靖元年。诏下,宿弊尽革。读罢,满朝士夫、京城老少皆踊跃欢庆曰:"真天子也。"②

这段史料虽然较为冗长,但极其生动形象。它是由杨廷和嫡亲孙子杨志仁,据其祖父的回忆写成的,可信性也很大。从中可见杨廷和、蒋冕等人从起草诏书之时开始,既保持着高度的警惕和戒备,而又特别注意保密。这是正、嘉交替之际,各派政治势力拼死搏斗

---

① 应指当时同任内阁大学士的蒋冕、毛纪、梁储三人。
② 杨志仁述:《大学士杨廷和行状》,载《国朝献征录》卷15。

的产物。因为这样一份新君施政宣言，将在相当程度上影响到各有关方面的权势变动和切身利害，故此，各有关人等都力图在诏书中反映自己的主张，维护本身的利益。而诏书又必须经过皇帝认可（批红），才算完成了法定的程序，发生实效，所以各派又必然围绕着皇帝来打转。在宣诏当天，杨廷和、蒋冕等人天未曙明即亲自入朝进递稿本，并立等"批红"，随即发生以御前宦官任职的文书官出来劝阻，提出删去有关不利于宦官条款的要求，经当面交锋后，杨等将其驳退。谁知删改的要求未遂，文书官竟敢采取拖延战术，不肯将诏书稿本按时送达，等于是将登位宣诏大典架空。身为顾命内阁辅臣、并已在过渡期间总理朝政、定策册立朱厚熜的杨廷和等人，因无法径达御前，也只能气急败坏地奔走于华盖殿和奉天殿之间，几经焦灼才找到当值的文书官，并对之严词谴责，坚拒暂缓宣诏的意见；还以必追究责任作为威慑，才在举行登位大典前一刻，取得新皇帝的批红，才能够如期如拟宣读诏书。如此针锋相对，如此艰难曲折，真可谓惊心动魄。这既反映出正德统治时期的旧恶势力虽经打击，但仍然庞大有力，仍在负隅顽抗，且谋反噬，与图谋整顿改革势力是营垒分明，分毫不让的。另一方面，在当时体制下，所有至高无上的权力牢固掌握住君主手里，不得到新皇帝以《登极诏》的形式认可和支持，一切厘革弊政、重整朝纲的策划都不过是空谈；前此在过渡期间，杨廷和等人打着正德《遗诏》所推行的一切兴革，亦必失去依据。作为权力中心的嘉靖皇帝，从他步上政治舞台开始，其品格、器识、癖好等个人特点，必将直接影响着今后较长期的政局走向和朝政兴衰，亦必然严重影响到本书传主隆庆皇帝朱载坖的一生。

正、嘉交替的大反复

正德皇帝崩逝以后，朝野军民都热切瞩望于新君，希望嗣位皇帝带来新的作风，树立新的气象，建立比较正常的统治秩序，给广大人民一个喘息休养的机会，以逐渐恢复社会元气。

但是，冷酷的政治现实很快就冲淡了对"好皇帝"的幻想。从内阁辅臣杨廷和、蒋冕、毛纪直到芸芸众生都过分相信《登极诏》之类皇家文件的实际价值了。以为使用这类堂皇文件有助于塑造一个拘礼守法、兴道致治、革故鼎新的"圣贤之君"，这一想法肯定是不实际的。一个好用心思而倔强有主见，刚愎揽权而多疑，沉溺特殊迷信而执迷不悟，果于驱斥杀戮而从不真正信任任何人的少年皇帝，正步上16世纪的中国政治舞台。

这就是明世宗嘉靖皇帝朱厚熜，亦即本书传主明穆宗隆庆皇帝的生身父亲。

朱厚熜之所以能正位九五，需要从他的祖父明宪宗成化皇帝朱见深说起。朱见深共生十四子，但长、次二子均早殇，故由其第三子朱祐樘继承皇位，是为明孝宗弘治皇帝。朱厚熜的父亲朱祐杬是成化皇帝第四子，弘治皇帝是他的异母哥哥，成化二十三年（1487）被封为兴献王，就藩于湖广安陆州，到正德十四年（1519）去世，朱祐杬是以皇子、藩王身份终其一生的，从未与帝位发生过任何关联，但由于其侄武宗正德皇帝无子，又无亲兄弟，故在正德帝去世之后，按照昭穆伦常次序,要在朱厚照的诸堂弟中挑选一人,按"兄终弟及"的原则入继大统,朱厚熜作为兴献王世子,便以此血缘关系跻登皇位。

嘉靖皇帝朱厚熜被迎立时只有十四岁,但他在其父兴献王朱祐杬去世后不久,即由其母蒋太妃奏请,由厚熜以世子资格摄理藩国事。当时,他处世待人亦颇中规矩,因此在政治上是比较早熟的。在登上皇位之初,他也确实是较为振作,能够信任并支持内阁大学士杨廷和等人清除正德时期诸多弊政;当时也能及早上朝,风寒无间,颇有发奋中兴的干劲。但应该指出,嘉靖在御极之初,颇能勤政和支持正气,其实也有其客观背景和局限,第一,作为一个从外藩入继大统的皇帝,本身与旧腐势力和诸多恶迹并无任何牵连,故对其厘革较能坚定下手,且可博得美誉;第二,作为一个新登大位的皇帝,鉴于前朝先帝因其荒怠放荡而激发起的臣民公愤,不敢不注意克制审慎,不敢过分放肆;第三,嘉靖的"力除一切弊政,天下翕然称治"①,也仅是保持了一个很短的时期,大体上到嘉靖三年(1524)之后,振作勤政的表现就逐渐为他的特殊迷信偏私和固执所淹没,美迹难闻了,与其长期执行的悖乎情理、加深社会危机的行为相比,其初期的振作仅占很小的比例,《明史》谓嘉靖"亦中材之主也"②的定评,显然是溢美之词。

特别要指出的是,他很快就悖离了以自己名义颁布的《登极诏》的主要精神,集中主要精力谋求个人以及兴献王系统的名分和地位,即所谓"争大礼"。又将从安陆州藩王府带来的对道教某些教派的迷信扩散于宫廷,"颇事斋醮"③。更逐渐追求享受,强令内阁草敕以派太监督办织造等,在一系列问题上,迅速地与以杨廷和为首的

---

①②《明史》卷18《世宗本纪》。
③《明史》卷190《杨廷和传》。

内阁展开正面的冲突。

早自朱厚熜登极开始,皇权与阁权的矛盾斗争即由隐蔽以至逐渐公开化,并日趋激烈。回溯正德初年,皇帝对受顾命的内阁大学士刘健、谢迁、李东阳的打击摒弃,正以不同的形式出现在嘉靖皇帝对当时的内阁大学士杨廷和、蒋冕、毛纪之间,其打击力度亦近似①。

有关嘉靖皇帝争大礼以及迷信斋醮,以至兴大狱诸端,都是贯彻到嘉靖在位四十五年的大事,需要用专门章节论述,在本节里,先集中评讲发生在嘉靖初期的政治风云突变,在朝政上出现的大反复。

杨、蒋、毛等人都是崇尚孔孟之道的儒生官僚,他们入仕从政,都是要尊奉所谓"佐君为圣贤"之道。三人在正德朝虽已先后任职中枢,但均能洁身自爱,不屑谄媚助恶,且都在关键问题上数进诤谏之言,在朝野间均享有较高的威望。更因有定策册立嘉靖帝之功,本以为可以凭此渊源,运用内阁的职权,导君以正,大力推行新政。但事实的发展却完全出乎他们的想象。新皇帝虽然没有旧皇帝那样的怠懒放荡,但其擅权专制、执拗迷信却是超过旧皇帝的。嘉靖刚站稳脚跟,便施展君威,断然翻脸,使他们之间短暂而脆弱的政治蜜月期顿时告吹。

斗争是围绕着君臣间在一系列问题上的争议展开的。有关嘉靖与杨廷和等人交恶的过程,史传多有记载:

先是大礼议起,公首执议,召对,面言不可者三,封

---

① 按,另一大学士梁储在嘉靖登极后不久即退休。

还御批者四，执奏三十余次，司礼太监奉命来阁中讲论者三十余次,公执不可。用是，左右得以间之，是后所言多不及。

道士陈应楷、李云容夤缘进用蛊惑，公疏论唐虞三代之兴，梁武、（宋）徽宗之亡，请行拿问，明正其罪。

工部郎中叶笕因为皇亲陈万言建第迟期下狱，公疏论救之。又论谷大用混占产业，干没官银百万之罪。江彬党李琮行赂左右，临刑将贷，公疏请急诛之①。

除杨廷和以外，蒋冕在"大礼议"问题上，亦"固执为人后之说，与廷和等力争之"②。毛纪及其后补充入内阁任大学士的石珤等也"复执如初"，"帝欲去本生之称，纪与石珤合疏争之"③。在其他诸如谏阻执迷斋醮、拒不草拟派太监任织造敕书等方面，他们的看法也是高度一致的。于是，几乎从新皇帝嗣位起，君臣之间在一系列重大问题上即争执顶撞不断，意见两歧，难有调和的余地。杨、蒋、毛、石以及广大朝臣逐渐醒悟到，他们精心选立并为其登极执政作了周密安排布置的"圣上"，原来与"大行皇帝"各有其不同的恶癖，是一对难兄难弟。

杨廷和等人本以为，自己是出于耿耿孤忠，是基于对明皇朝的最大忠诚，才坚持己见，尽谏诤之言。其敢于批鳞忤旨，拒绝草敕，并一再封还御批，当面争议，当然有恃册立之功之处，但更主要的是依据儒家勉为直臣的教义。他们的言论间有迂阔，但总的说来仍不失为自负气节，持正耿直。这几个人的操守也是无可訾议的。不

---

① 杨志仁：《大学士杨廷和行状》，载《国朝献征录》卷15。
② 《明史》卷190《蒋冕传》。
③ 《明史》卷190《毛纪传》。

过言者谆谆,而听者藐藐,当此"上下扞格弥甚"①之际,"帝常忽忽有所恨"②。有些善窥上意、一意迎合的风派御史、给事中,如史道、曹嘉等人便交章攻讦杨廷和等"无君"。"邪臣伺隙,离间日生。"③杨、蒋、毛、石等亦自知难以再立朝中,相继乞休。到嘉靖三年(1524)正月,旨准杨廷和退休,以蒋冕代任首辅,但不过两月,又斥去蒋冕;再以毛纪为首辅,亦不过三月,亦被斥去。石珤旋亦乞归。于是,内阁中凡不顺承嘉靖意向的人相继被罢免,改委趋奉御意的人进入中枢,朝局大变。

嘉靖皇帝气量狭窄,报复心强,对于这些曾为拥立自己出力的人,仅因意见冲突,便一一予以残酷打击。杨廷和休去时,帝"责以因辞归咎,非大臣道"④。其后,因廷和之子修撰杨慎率群臣伏阙反对将孝宗弘治皇帝改称为皇伯,将杨慎两次廷杖后,又谪戍云南;又借势利小人王邦奇诬讦廷和及其次子兵部主事杨惇及女婿修撰金承勋有所谓交关请属,俱逮捕入狱。到嘉靖七年(1528),竟追论廷和反对议礼,指其"自诡门生天子,定策国老,法定僇市,姑削职为民"⑤。蒋冕、毛纪二人同时亦被"追论夺官"⑥,石珤甚至被王邦奇讦告与杨廷和结奸党,被削夺一切恩典⑦。

经此一番大反复,嘉靖初元的政局便演变成为一切由皇帝恣意自专,成为长达四十五年昏聩混乱朝局的起点。"自时厥后,政府日以权势相倾。或脂韦涊涊,持禄自固"⑧,"自〔石〕珤及杨廷和、

---

① 《明史》卷190《蒋冕传》。
②④⑤ 《明史》卷190《杨廷和传》。
③ 谈迁:《国榷》卷52,嘉靖二年正月,徐学谟语。
⑥ 参见《明史》卷190《蒋冕毛纪传》。
⑦ 《明史》卷190《石珤传》。
⑧ 《明史》卷190赞语。

蒋冕、毛纪以强谏罢政,迄嘉靖季,密勿大臣无进逆耳之言者矣"①。"自世宗以来,宰相未有能保全身名而去者"②。

① 《明史》卷190《石珤传》。
② 孙承泽:《天府广记》卷10《内阁》。

第三讲

皇父嘉靖

"大礼议"与政治权力、名分的争夺

世宗嘉靖皇帝朱厚熜是本书传主穆宗隆庆皇帝朱载垕的生身父亲。朱载垕在世的三十六年间,其中有六分之五的时间,即长达三十年之久,是在嘉靖朝度过的。他在正位之前,经历过嘉靖时期的社会动荡、政潮起伏、宫廷中复杂离奇的变化,特别是围绕着他能否、应否继登大宝,宫中朝中隐蔽而激烈地进行的尖锐斗争,他的性格、心态以及品格特点都是在这样特定的形势和环境中形成的,风风雨雨总关情。他曾备尝人情冷暖,伦理乖方,恩怨爱憎交织和变幻,集至尊至贵与极卑极贱于一身,集热中冀盼与沮丧失意于一心,从一个被冷落、被侮辱、被损害的处境骤然跻登九五之尊,其地位和心理的转变幅度是何等巨大。这是一出喜剧,又是一出悲剧。朱载垕作为剧中的主角,茫然而又惶然地被卷进起伏跌宕的剧情之内,跟跄地登上历史的舞台。

一个庞大的阴影笼罩着朱载垕的一生,一个阴谲的幽灵始终在朱载垕的身边徘徊,这就是父皇嘉靖皇帝。隆庆朝是负荷着沉重的包袱接替嘉靖朝的。

正因为如此,要较为透彻地研究隆庆其人及隆庆时期,就必须较具体地析述嘉靖其人及嘉靖时代的特点。

嘉靖皇帝在位将近半个世纪,除了初元一个很短时期颇有振作外,他一生主要干了三件大事:一、发动"大礼议"以攫夺最高的权力和名分；二、执迷崇信道教，对人间富贵与天上荣宠兼而得之的狂热迷幻；三、紧握并滥用权力，导致社会政治危机的严重深化。

在本节里，先论述"争大礼"的问题。

这是嘉靖前期政治生活中最为重大的事件，也是引发起明朝统治高层内君臣之间，朝臣中不同理论见解人员之间以及整个社会舆论，最为激烈和持久纷争的重大事件。

这场大冲突大体上可以分为三个阶段：第一阶段是从正德十六年（1521）四月，朱厚熜接嗣帝位起到嘉靖三年（1524）六月左顺门事件止，约三年的时间，是双方冲突的始发阶段；第二阶段是从嘉靖四年（1525）三月诏修《兴献皇帝实录》起，到七年（1528）六月下诏追夺反修礼诸臣官爵止，是双方尖锐对抗、大争论与对政治人事进行大调整的阶段；第三阶段是从嘉靖八年（1529）至十九年（1540），可以说是以嘉靖皇帝为首的修礼派依靠政治力量取得胜利后制礼作乐，和扫荡传统派反修礼残余势力的时期。到十九年，追奉曾经否定建文帝朱允炆帝统的明太宗朱棣为成祖，将兴献王从献皇帝再加谥为睿宗，入太庙，正式尊奉为宪宗成化之后，与孝宗弘治并列的皇帝，配享玄极殿。自此之后以至嘉靖去世以前，暂时压制住异议，"大礼议"的争论表面上归于沉寂。在这场长达九年之久、以礼议争论为形式的政治斗争中，朝野之间都付出了沉重的代价。

如果上述的阶段划分大体上可以反映出历史的真实，那么，就必然会提出一个问题，即在斗争最激烈的始发阶段，当时的嘉靖皇帝实际上只有十五至十八岁，还处在从少年过渡到青年的时期，何以有如此巨大的气魄和倔强，面对着原来掌握着朝纲、几乎包括全体朝臣在内的强大势力而不惧，顽固地坚持己见，不惜囚禁若干人、杖死若干人、贬退若干人，甚至敢于将对自己有策立功、资深位重的大臣推向对立的地位，不顾朝野舆论的强烈非议，表现出绝情割义和刚愎残虐，决不妥协，坚决将"大礼议"进行到底。在这方面，嘉靖皇帝有什么个人心理特点，是依靠什么样的精神力量得以支撑的？

嘉靖发动"大礼议"的主要动因之一，是政治上的考虑。故此，"大礼议"发展的全过程，都是与政局、朝政人事的升贬调整密切结合的。首先，嘉靖因以旁支入继，由此产生着某种身份上的自卑感，总觉得不如直接继承皇帝嫡传基业为尊贵和正统。儒家宗法理论的大宗小宗之分，在当时有着巨大的社会影响，小宗即使有幸入大宗，但总觉得比按谱系嫡传的大宗低人一等。嘉靖之所以千方百计地要将自己的生身父亲抬上正式的皇帝地位，强调自己是作为所谓睿宗兴献皇帝的嫡长子，是理所当然的大宗继承人，是正常的顺序登位，绝非继自孝宗弘治皇帝和武宗正德皇帝。正是为了撇开这重关系，而取得更高的正统地位，作为淡化以至消除自卑的唯一途径。在蔑视传统遭受到强烈的阻挠反对后，自卑心理往往会变异为过度亢奋的自尊，会迸发为特殊的恐惧、敏感和仇恨情绪，对自认为权位受到侵犯的高度警惕和焦虑，因而大力加强自我防卫，甚至采取极端的手段以镇压异见者。他在将近二十年的"大礼议"风波中的所作所为，正是沿着这样的轨迹滑动的。

其实，朱厚熜作为兴献王世子的时期，他和他的母亲蒋太妃，以及王府亲近谋士们，未尝没有觊觎皇位之心。

因为正德皇帝无子，皇位继承存在空缺危机的问题在亲贵之间早就是公开的秘密，并已经引起了各方人士的关注和揣测。正如上章所述，正德皇帝乃是一个心态异常且有变态性欲的人，他虽然早在十五岁时即纳夏氏为后，并依照惯例广置了妃嫔，但刚到正德二年（1507），他便移居豹房，偕同番僧、义子等与抢掳来的妇女土娼等日夕宣淫，群奸群宿，过着极其糜烂的生活。由于过度戕伐，丧失了正常的生殖能力，以至到他三十一岁去世前，竟未能生育过儿子。早在正德十年（1515），朝野间即为此操切，纷纷吁请妥筹对策。时任南京国子监祭酒的石珤即因"上无嗣"疏，请"在宗藩中择其亲而贤者育于宫中，代行温清蒸尝之礼"①。差不多同时，首席大学士梁储偕同其他辅臣亦于一年之内两次上疏，谓"国本未定，请择宗室贤者居京师，备储贰之选"，"以国无储副，而帝盘游不息，中外危疑，力申建储之请"②，但正德皇帝均置之不理。如此密集地议论立旁支为候补的意见，必然会引起多方面有关人等，特别是按伦序属于入选之列的亲藩们的高度注意，有所动心。兴献王朱祐杬在弘治皇帝朱祐樘诸兄弟中最近，而朱厚熜与正德皇帝朱厚照在堂兄弟中最亲，自然属于首选之列。朱厚熜虽然年少但却早熟，他与安陆州兴王府的近侍人员，难免对皇位归属问题产生希冀，并有所谋划。

完全可以肯定，在正德皇帝去世之后。以至嘉靖正位之前约四十天的时间内，以朱厚熜本人及其母亲蒋太妃、藩府长史袁宗皋三人为核心，对于发动"大礼议"，所谓继统不继嗣之说，是早有定见、早有准备的。朱厚熜被册立为嗣皇帝时年才十五虚岁，但却早有历练，试观他受诏为嗣皇帝，立即仓促上道，便为确立本人以及兴献王一支的正统地位，立即投入顽固坚韧的斗争，处世执拗坚定，

---

① 佚名：《大学士石珤传》，载《国朝献征录》卷15。按：除石珤之外，如御史郑本公等亦有类似疏请，见《明史》卷192《郑本公传》。

② 《明史》卷190《梁储传》。

面对抗争不疑不惧，颇有章法和手段，且与蒋太妃、袁宗皋相互配合，就充分证明了这一点。

正德十六年（1521）正月，朱厚熜一行由湖广安陆州启程北上，"至京师，止于郊外。礼官具仪，请如皇太子即位礼。王（按，指当时仍为兴献王世子的朱厚熜）顾长史袁宗皋曰：'遗诏以我为嗣皇帝位，非皇子也。'"这是第一次发出的与众朝臣有原则分歧的重要讯号，也是杨廷和等人以及张太后完全未料及的。从朱厚熜方面来说，认为如果以皇太子的身份行礼，就等于是承认自己的皇帝位是继自弘治皇帝一支，他本人是以旁支入继，仅是一个充数的"皇太子"，这是他决不愿意的。因此便按既定步骤毫不迟疑地顶回去，拒不接受礼官们已准备好的仪式，甚至以拒不登极、仍请归藩相要挟。如果这样做，实无异爆出一个天大的笑话，贻笑于天下，这是张太后和杨廷和等绝不敢承担责任的。他们只好妥协，比较笼统地答应朱厚熜以嗣皇帝位的名分入宫。朱厚熜在初次交锋中即夺得先声。

在这里，要介绍一下朱厚熜在了解到礼臣具皇太子仪注安排后顾而语之的袁宗皋其人。袁是弘治三年（1490）进士，翌年，因朱祐杬封藩安陆，被选任为兴献王府长史。自此之后，他任此职长达三十年之久，成为兴献王一家极为倚重的智囊谋士。他为朱祐杬办事"励精奉公，夙夜匪懈"，"事无大小悉裁决"[①]。在应以什么身份进入北京城这一问题上，袁宗皋便出了重要的点子，起了重大的作用。

朱厚熜等一行"跸次京城行殿，辅臣杨廷和固请由东安门入，公曰：'今上继序即帝位，可复行藩王礼耶？'因正色厉声呼开大明门入，登大宝"[②]。因为按照明朝的祖制规定，只有皇帝本人才有

[①][②] 温仁和：《大学士袁宗皋神道碑》，载《国朝献徵录》卷15。

权进出大明门，即使未登位的皇太子也只能从东门出入。袁以一个三品按察使衔的王府长史，竟然敢置当朝首辅的意见于不顾，敢于径令开启御用大门以奉朱厚熜入，正是以行动表明不屑朱厚熜居于皇太子之位，一开始即表现出对抗的态势和很高的气焰。袁氏一锤定音，其实是反映着安陆藩府的预谋。继统不继嗣之说，必为动议酝酿于奉到迎取诏书之初，而成型则在长达十余天的北上旅程之中。朱厚熜与袁宗皋胸有成竹，一触即发，就充分证明了"大礼议"虽爆发在抵达京城之日，但其药线则早埋藏于在安陆州之时。

因此之故，嘉靖本有意倚靠袁宗皋以逐步接任国事。他刚登位，即诏授袁为吏部左侍郎兼翰林院学士。二十天后，又转迁为礼部尚书兼文渊阁大学士，参预机务①。必须注意到，在明代中央的吏、户、礼、兵、刑、工六部中，照通常的情况，礼部属于仅循规守礼而无权无财的部门，其地位是不能与其他五部相比拟的。但在嘉靖前期，即在"大礼议"进行的全过程中，它却一跃成为最重要的关键性部门，礼部尚书事实上成为举足轻重的角色，因为引经据典以议礼，正是礼部的本来职任。委任袁宗皋为礼部尚书兼内阁大学士，既是为了安排藩邸亲信进入中枢，亦为让他掌握职能部门以预备议大礼。可惜的是，袁宗皋虽然积极参与了"大礼议"的最早阶段，但到九月间便因急病一命呜呼。嘉靖虽然在袁氏遘疾时数遣御医抢救，蒋太后亦亲临视疾，可惜并未能挽回这位身居宾师之位忠实谋士的生命。

发动"大礼议"的另一主要人物，是嘉靖皇帝的生母蒋太后。这个女人很不平常。朱厚熜在离开安陆上京前，泣别蒋氏，蒋氏叮嘱说："吾儿此行，荷负重任，毋轻言。"帝曰："谨受教。"②此

---

① 参见印鸾章、李介人：《明鉴纲目》卷5《武宗毅皇帝》，正德十六年五月。
② 《明史》卷115《兴献皇后》。

一番话言简意赅,即一切必须谋定而动,切不可轻于表态轻于许诺。嘉靖皇帝即位后第三天,即派钦使前去安陆奉迎母亲来京,但是,蒋氏来到京郊通州,却停步不前,明确表示要搞清楚自己是以兴献王妃的身份,还是以兴献帝皇后的身份转为皇太后,才肯入宫。她公开声言:"安得以吾子为他人子。"又斥责侍从官员:"尔曹已极宠荣,献王尊称胡犹未定?"① 此一语暴露了天机,原来母子和长史的一切动作,其终极目的都是为了要将兴献王挤入皇帝的序列之内。母亲在通州要价,儿子则从另一角度再次摆出要挟的态势,"帝启张太后,欲避天子位,奉母妃归藩"②。这样一来,张太后和全朝文武都慌了手脚,"群臣惶惧"③。因为不管怎样说,总不能让刚诏告天下,正式改元,已继位为皇帝的人因此而再转为藩王。为了避免出现大闹剧,张太后及群臣只好又做了很大的让步,由张太后出面进朱祐杬为兴献帝,蒋氏为兴献皇后,她才答应入京进宫。但在仪注问题上又大闹别扭。礼臣们初按传统体制规定,奏请用王妃的仪仗,由崇文门入东安门,皇帝迎于东华门,嘉靖不许;再议由正阳门入大明、承天、端门,从王门入宫。因为王门是专为诸王设置的出入门户,嘉靖也斥为有失身份,又不准。下敕说:"圣母至,御太后车服,从御道入,朝太庙。"④ 这一敕文下达后,引起"朝议哗然,以妇人无谒庙礼,太庙非妇人宜入"⑤。嘉靖如此敕示,无非是为了特别抬高自己父母的身份为窜入帝系埋一伏笔。经此一番周折,蒋氏便逐渐取得与弘治妻子张太后平起平坐的地位。其后,更

---

① 谷应泰:《明史纪事本末》卷50《大礼议》。
②③《明史》卷115《睿宗献皇帝传》。
④《明史》卷115《兴献皇后传》。
⑤ 谷应泰:《明史纪事本末》卷50《大礼议》。

明显地凌驾于张太后之上，掌握住宫禁的实权，并用以有力支持争大礼的活动。嘉靖元年（1522），改称兴国太后；三年，上尊号为本生章圣皇太后；同年，又去本生二字，尊为圣母章圣皇太后；七年，上尊号曰慈仁。蒋太后的地位和尊称逐步升级，是与"大礼议"的逐步进入高潮，并取得继统不继嗣之说的胜利同步的。

由此可见，朱厚熜本人及其母蒋氏、与以袁宗皋为代表的藩邸谋士之间的配合是非常密切的。他们从不同角度扮演着不同角色，共同串通，上演一场为争夺更高贵、更正统名分地位的戏剧。"大礼议"的争论是有预谋的爆发，而非偶然的即兴表态。史学家沈德符正确地指出："盖上继统不继嗣之说，早已定于圣心、张（璁）、桂（萼）等建白，不过默窥其机耳。……命治母后仪注以往，此时仪注已俱云圣母，又何待嘉靖三年之称本生皇太后，与夫七年之直称圣母皇太后而始定耶？诸臣纷纷哭谏伏阙者，自取修谴耳。"①徐学谟亦认为："时礼部以典出旷举，仓猝草创，不暇致详，而上心已确有定见，所谓继统不继嗣之说，实权舆于此矣。"②帝既加隆所生，中外献谀希恩者纷然遝至"③。这些看法均深辟入里，见解是较为透彻的。

果然，嘉靖登位才第六天，便急不可待地命礼部召集群臣会议，要求追尊自己的生父朱祐杬为"皇考"。但以杨廷和为首的朝臣们依据传统的儒家宗法理论予以拒绝，认为不能接受，上疏力争。杨廷和等人认为，所谓统，是指皇朝体系的合法继承；所谓嗣，则是指家族习惯的血统继承或过继袭承，此两者之间应该是统一的。他

---

① 沈德符：《万历野获编》卷2《世宗入绍礼》。
② 谈迁：《国榷》卷52，正德十六年四月癸卯，引徐学谟语。
③ 《明史》卷197《席书传》。

们尊崇北宋哲学家程颐的权威解释。程氏认为，凡为人后的，应以所后为父母，而称所生为伯、叔父母，认为这是千古不能改易的人生"大伦"。对于亲生父母，可以别立殊称，如皇伯、皇叔之类以尊仰之，但不能改变大宗的系列。大宗与小宗必应区别的说法，正是儒家宗法理论的基础。皇嫡长子为大宗，是当然的帝统；其他皇子为小宗，为旁支，只能居于藩王的地位。遇到大宗无子，需要由小宗入继帝位时，小宗也必须过继给大宗，才符合正确的继位顺序。因此，正德皇帝无子，改由旁支兴献王朱祐杬系选入为嗣，就必须立为大宗之后，即朱厚熜应以弘治皇帝朱祐樘为父，称之为皇考，对自己的生父母，只能称之为皇叔父母，自称为侄皇帝。嘉靖对于程颐和杨廷和等人的意见非常反感，说："父母可更易乎？"①将杨廷和、蒋冕、毛纪和礼部尚书毛澄等联名上的奏章驳回，但杨等仍然坚持以弘治为考、以兴献王为叔的意见。双方看法无法调和，对立日趋尖锐。由于宗法观念在儒生官僚中具有根深蒂固的影响，故此朝臣中的绝大多数都是赞同杨廷和等人的意见，并认为这是亘古以来不能改变的，关系万世纲常的大事，许多尚书、侍郎、御吏、给事中、翰林学士等官为此一再集体上疏，申明见解，不啻是对新皇帝连续施加压力。杨廷和等人更先后封还御批，原件原文再上疏奏，嘉靖这个人本来就是一个主观性极强，脾气执拗，只知要求别人驯顺服从，而决不肯听人摆布的人。更加以新就帝位，正在心骄气盈，极欲申张皇威之际，岂肯屈己以纳言？当此相持不下的关头，有一些善窥风向的人，诸如一连七次科场落败、年逾四十才幸中进士的张璁、南京刑部主事桂萼、吏部员外郎方献夫、巡抚湖广都御史席

---

① 谷应泰：《明史纪事本末》卷50《大礼议》。

书等人，都看准了这是一个搞政治投机、迎合皇帝以图优擢的好机会，分别上疏，并引经据典为嘉靖崇祀兴献王为皇考提供论据。他们对统与嗣的解释与传统的说法截然不同，认为应将统与嗣严格分开，嘉靖所继承的是朱氏的皇统，并不意味着必须过继给已去世的先皇弘治，更无须拘泥于大小宗之说，改称自己的父母为叔婶，认为不但不应因继承皇位而"自绝其亲"，反而应明确宣布以兴献王为皇考，上帝号，为之立圣考庙于京师，尊生母为皇太后，"使得隆尊亲之孝，且使母以子贵，尊与父同"①。这样的陈词完全符合嘉靖的旨意，说出了嘉靖未能系统表达的话，不但可用以抵挡朝议，而且进一步煽高了嘉靖为父母争尊号的情绪。因为附和有人，加强了对抗的决心，所以他才说："此论出，吾父子获全矣。"②

从正德十六年（1521）四五月间开始，将兴献王朱祐杬及其妃的称号一再拔高，先是由王而帝，由妃而后；继又加尊为兴献皇帝，兴献皇太后；再又进一步称为本生皇考恭穆献皇帝，本生母章圣皇太后；之后，又下诏删去本生二字，完全按照已去世皇帝的规格，称其父为皇考恭穆献皇帝、其母为圣母章圣皇太后。最后，对此尚感不足，又再加尊朱祐杬为恭睿渊仁宽穆纯圣献皇帝，谥号睿宗，入祀太庙，改题神主恭奉册宝，纂修实录。蒋氏则为章圣慈仁皇太后。这一来，兴献王一系便成为宪宗成化皇帝朱见深之下，与孝宗弘治皇帝朱祐樘并列为另一帝统。兴献王既为"皇考"，弘治皇帝便只好降为"皇伯考"，正德皇帝朱厚照虽然仍称"皇兄"，但已失去"兄终弟及"的意义。因为嘉靖是上继其父献皇帝而得位的。于是，当年曾对正德皇帝称臣的朱祐杬，便一跃成为居于正德皇帝之上的

---

①②《明史》卷196《张璁传》。

先皇，一个死藩王一变而成为正式插入朱明帝王系列的一代令主。

从现代的眼光看来，当时的称号论争，其实仅是茶杯里的风波，无甚意义。但在当时绝大部分儒生官僚看来，则是"变乱宗庙、毁灭纲常"的大逆不道问题。他们义愤填膺地贬斥张璁、桂萼等人为"奸佞"，为"小人幸进"，"立心险恶"①；张、桂等人也公开攻击杨廷和等为"任己私""背祖训"，为"奸臣"②。两派都各取所需，各以己意诠释和引申儒家的经典和朱明祖训，互相丑诋和攻讦，但决定胜负的因素是高踞在上的皇权。传统派因与皇权抵触而逐渐丧失了在朝占据显位的优势，以至于落败；而议礼派则因趋附皇权换取宠信，一再被拔擢，逐步当政，地位扶摇直上，终于取得"大礼议"的胜利。议礼迅速从理论论战演变为政治上的激烈斗争。

从嘉靖三年（1524）开始，一方面，是传统派的抗争仍络绎不绝，具有逐步加温升级的趋势；另一方面，是嘉靖采取了进一步严峻的镇压手段以对付异己。二月，杨廷和被罢相；五月，蒋冕随罢；七月，毛纪亦罢。当年主持册立朱厚熜为帝的内阁大学士皆以"致仕"名义离休而去，其后又皆被追论"罪状"，夺爵罢斥为民。但思想舆论结合政治的斗争并未因阁臣更迭而中止。在四月间，翰林院编修邹守益，修撰吕柟，御史段经，陈相，吏部员外郎薛蕙，鸿胪寺少卿胡侍等相继因请罢为兴献帝称考立庙、言大礼未正等被逮捕入狱，下锦衣卫镇抚司拷讯。到七月，又爆发了所谓左顺门事件，廷臣等因反对删去兴献帝"本生"之称而集众伏阙固争。他们认为，保留着"本生"二字，犹可谓仅为表示亲亲之恩，尚未完全取消了以弘治皇帝为皇考，尚未达到改变帝统的程度，一旦取消了"本生"，

---

① 《明世宗实录》卷40，嘉靖三年六月戊戌。
② 《明世宗实录》卷40，嘉靖三年六月壬寅。

朱祐杬夫妇便俨然成为正式帝后，可以公然插进帝系，而将本来的正统皇帝朱祐樘和朱厚照父子挤入旁支了。他们认为，这是议礼斗争的最后关头，非拼死力争不可。一天早朝罢，由侍郎何孟春、杨廷和之子编修杨慎和翰林学士丰熙等为首，鼓动群臣二百余人一起跪伏在左顺门，放声高哭，呼唤太祖高皇帝，孝宗敬皇帝之灵冥临，吁请嘉靖皇帝俯允他们的主张，切不可改易帝系。嘉靖帝派司礼监遣退众人，众人不从；到中午，又命登记姓名，并逮捕了丰熙等八人，但其他人仍然跪伏，"撼门大哭，一时群臣皆哭，声震阙廷"①。嘉靖下令将五品以下官马理等一百三十四人逮捕下锦衣狱。十天之后，又命将他们以及初次逮捕时奔匿的追捕回来，共二百二十余人概予"廷杖"，被伤先后致死的有十七人②。

这一次在朝臣中哄闹起来的风潮具有一定的群众基础。在发动时，杨慎大呼："国家养士百五十年，仗节死义，正在今日。"③编修王元正、张翀亦慷慨激昂地说："万世瞻仰，在此一举。今日有不力争者，共击之！"④甚至连当时尚在位的内阁大学士毛纪、石珤亦赴左顺门跪伏。这样包括阁部大臣、六部九卿、言官儒士等人在内的联合请愿，不但在明史上，就是在其他朝代的历史上也是罕见的。

但朝官的激情实在无法抵御皇威的高压。嘉靖继又下诏，将杨慎、王元正、刘济等戍边，毛纪罢官，庙廊几空。而支持议礼"急图柄用"的风派人物，则陆续拔擢担任显职，一言拜相。张璁被提拔为少傅兼太子太傅、吏部尚书、谨身殿大学士；桂萼先后任礼部尚书、吏部尚书、加少保兼太子太傅、武英殿大学士；方献夫亦拜

---

① 查继佐：《罪惟录》列传之四《兴献王传》。
②③ 谷应泰：《明史纪事本末》卷50《大礼议》。
④《明史》卷17《世宗本纪》。

礼部尚书、太子太保、武英殿大学士，均加官晋爵，成为显赫一时的新贵。这些人的人品不尽相同，但，"乃至遭时得君，动引议礼自固，务快恩仇。于是知其建议之心，非有惓惓忠爱之实，欲引其君于当道也。"① 张璁、桂萼都是构陷杨廷和等打头阵的打手。在这些人中，同以投机议论为晋身之阶，因观点与利益一致而结合，但利尽则交疏，又因利益冲突而龃龉龉龉。嘉靖朝的政事遂长期处于动荡之中：

> 大礼议起，廷臣不当上旨，元辅去，礼卿去，诸曹言者去，继而谏臣杖，百司杖，文学侍从又杖，且戍且死，而二三憸人方奋袂蹻缨，横肆丑诋，以钻上心，此其时犹烈焰之不可撩，沸鼎之不可探也。②

"大礼议"是嘉靖皇帝躁狂抑郁情绪的大发作。表面看来，他似乎是基于孝思不匮，尊亲之念诚笃，是为了夺取继统之正，缓解以旁支入嗣的自卑心理，但其实只是部分的原因。除此之外，还在更深层次内，有着现实的政治考虑。他从安陆州入京进宫登位，应该说是缺乏履行统治的实力基础的。面对着的是弘治皇帝遗孀，辈分最高而颇具果断能力的张太后，以及已控制住阁部权力、威信很高、有"定策国老"之称的杨廷和及其助手蒋冕、毛纪等人，满朝文武和御史、给事中等言官，大都对杨廷和等马首是瞻。张太后和杨廷和等人利用正、嘉交替的短期空隙，成功地清除了宦官权贵的势力，大刀阔斧地扫荡污浊，拨乱反正，已能较稳固地掌握朝纲，实际上

---

① 《明史》卷196论赞。
② 张时徹：《给事中杨言墓碑铭》，载《国朝献征录》卷88。

已经形成一定的统治核心，建立起由上而下庞大的统治网络，只静待新皇帝登上御位而已。这是嘉靖本人和安陆藩邸集团所难以接受的。如果承认弘治皇帝为"皇考"，则对张太后谊属母子，只有恭顺孝敬，唯命是从；如果承认这套现成的结构齐全的国家机器，又深惧有被架空为"孤君寡人"、大权旁落之虞。恰好嘉靖其人，是自少至老一直好疑而尚权，以察察为明自诩而恩威不测，决不愿受命于人、受制于人的。更何况于安陆州启程之前，他与蒋太妃及袁宗皋等即早有谋议，要力争正朔，决不甘于屈为弘治之子，更不屑作为继承自正德的嗣君，当然，也不愿接受听由别人决策的政治现实，早就潜存着与现存格局相对抗的因素。未入都门，即闹别扭；甫登帝位，尚未启用新年号，立即展开以"大礼议"为主题的激烈冲突，正是两种势力争夺主宰权力的必然表现。黜除张太后作为当今皇帝母后的特殊尊贵身份①，解除自居为辅君地位旧有重臣的巨大权柄，捣毁原有的政权架构，建立以自己为首脑的新的统治秩序，不容阻挠地全面施展皇权，乃是急不可待地开展"大礼议"的主要原因之一。这是大题大做，而非小题大做；这更不是单纯的礼仪问题，而是具有十分深刻政治内涵的夺权斗争。

到嘉靖七年（1528）六月。嘉靖认为对旧有政要以及朝臣中反议礼派的斗争虽已取得很大的胜利，但仍需加强火力，以将之彻底击溃，消除其影响，又颁布一个《追夺议礼诸臣敕》。这道敕文措词严峻，对反议礼派人物的处理没有留下什么余地，无异是对原来执政人物的大清洗。再加上虽在敕文中未列名，但已受到杖死、逐戍和关押在狱的大批中下级官员，以张太后和杨廷和为首要的原体

---

① 邓士龙：《国朝典故》卷35载，嘉靖在背后曾诋骂张太后为"宫中久恶之妇"。

制确实已被冲击得溃不成军了。

经此一番大扫荡大动荡，嘉靖自以为通过贬斥声讨、廷杖、流放、牢狱以至杀戮，已经全面地压倒了异议，取得了彻底的胜利，"上心甚惬，大礼遂定"①。殊不知，战斗未有穷期。在思想言论方面，任何强力镇压，都只能得逞于一时。即使在当时，不满大礼议的意见仍此伏彼起，南京国子监祭酒崔铣仍疏言："议礼一事，或摈斥，或下狱，非圣朝美事。"②评事韦商臣也认为因争大礼而兴大狱，"上干天象，下骇民俗"③，视之为暴戾，譬之为不祥。

暴政往往会在社会各个层面中煽发起一股浊流，因为总有一些人甘愿投身于浊流中希图荣进。"一时士大夫俱以阿比取宠"④，膻附蚁集，在参赞大礼的堂皇名义下，不少人做过淋漓尽致的表演。早在嘉靖元年（1522）开始，听选监生何渊即闻风而起，连上八疏，数入京师噙泪泣求，"力请追考兴献王且加帝号"，"请立世室祀献考于太庙"，又匆忙呈进名为《祢庙正议》《大礼集议》《大礼续奏》等一系列所谓"著作"，且上疏表功谓"已倡议立庙之功数千万言"⑤，请求宣付史馆。如此这般"哓哓狂渎者"凡八年⑥，无非是为了独出心裁，为嘉靖争大礼炮制合法理论，"横恣求荣"⑦而已。另有一些人，因看到张璁、桂萼、方献夫等人因迎合议大礼得大用，亦极欲步他们的后尘，拾其余唾，冀分沾其余润，相继有山东历城县巡检方浚、致仕训导陈云章、革退儒生张少连、南京通政司经历金述、锦衣卫革职百户随全、光禄寺革职录事钱予、光禄寺厨役王

---

① 查继佐：《罪惟录》列传之四《兴献王传》。
②③ 夏燮：《明史纪事本末》卷50《大礼议》。
④ 谈迁：《国榷》卷57，嘉靖十九年十月已末，冯时可曰。
⑤⑥⑦ 沈德符：《万历野获编》卷2《世室》。

福,以及武举、马兵等数十人均"以议礼求升","建言求进"①。连嘉靖本人也认为这些人之所以一再上书请迁陵、建帝号、入庙等,无非是"有希冀"②。最可诧异的,竟有广平府教授张时亨其人,不但力申"皇考当有天下,请更定庙号称宗",建议"自皇上诞生之年,追改钟祥年号,不用正德纪年,以昭皇考受命之符。皇上当效古人刻木为皇考圣像,朝夕侍立,以决万几。仍请圣母改衣帝服,正位内廷,上执太子礼,关决政事③。这简直是要求重写历史,既建议腰斩正德二年(1507)以后的年号,改称"钟祥"元年,让兴献王以木像临朝;又要求嘉靖再补上当皇太子一课,由蒋太后摄行皇权,有如舞台闹剧。更有一个"素有文无行"④的原任通州同知的丰坊,他的父亲翰林学士丰熙,生前原是与杨慎等人率诸朝臣痛哭阙下,撼门长跪以反对兴献王称帝的主要人物,丰熙为此事被"廷杖濒死,下狱远戍"⑤。嘉靖十六年(1536),一度恩赦反议礼诸臣,但特别指出"独丰熙、杨慎等不宥"⑥。丰熙终赍志以殁于戍所。想不到,丰坊这个不肖之子,竟当父亲刚死、热孝在身之时,即连续上疏"请加尊皇考献皇帝称宗,祀明堂以配上帝";又上《庆云雅诗》一章以献谄⑦。由此可见,"大礼议"裏挟功名富贵而俱下,争大礼与廷杖狱戍偕行,正在全国各层人物中引起截然不同的反应,有不惜受罢官重囚远戍以殉自己信念的;亦有巧意迎合,炮制各种论说以插标自卖的。嘉靖发动的"大礼议",正自上而下地对整个社会做出强烈的冲击,促使社会中,特别在士人队伍的大分解。在现代看来不过是茶杯范围之内,掀起了巨大风浪,大小人物往往都在这场风

---

① ② ③ 沈德符:《万历野获编》卷2《嘉靖初议大礼》。
④ ⑤ ⑥ ⑦ 沈德符:《万历野获编》卷2《献帝称宗》。

浪中暴露出自己的品格和情操。专制统治是孵育这类风派人物的温床，诸如此类风派人物则是附着在专制肌体上的妖孽。

历史的演进最能冲刷一切。大浪淘沙，潮息烟沉。不论是何渊、张时亨、抑或是丰坊之流，他们的所作所为，四百多年来，一直成为讪评的对象，他们借以作为登龙本钱的所谓"论著"，也早被视同败履湮没无闻，未存一字了。

迷信道教，对人间富贵与天上荣宠谋求兼得的迷幻

综观嘉靖皇帝一生，其自少至老，都与迷信道教有着密切的关系，而在不同阶段，又反映着不同的着重点。

道教是在中国本土产生和发展起来的宗教，它继承和糅合了古代巫、史、祝、卜筮占吉凶、以符咒驱鬼治病、炼丹建醮、祈求长生不死等方术，塑造出自己的神仙系统和具有的无边法力，以人世间为原型，以各种历史人物为模特儿，在冥天之上存在等级森严、层次繁多、文武各司其职的神仙世界。并宣扬一切虔诚修炼而得道的人都可以升入仙界，成为这个神仙世界的一员，"蹑太清""朝玉京"、永享不死不灭的殊荣和幸福，长沐天恩。这样的想象完全迎合了上层贵族追求永远享乐的欲望。唐高宗李治诏封传说中的道教始祖老子李聃为"太上玄元皇帝"，宋徽宗赵佶甚至自号为"教主道君皇帝"，他们都曾诏天下访求道教仙经，礼敬方士真人，祈

求神灵庇佑，赐福降祥。而驱鬼祭神，疗病去疾，也易于得到下层群众的崇信，故此，自东汉时期开始，便逐渐发展成为可与儒、佛相抗衡的教派，被称为在中国传播最广、影响最大的三种宗教之一。

嘉靖皇帝笃信道教，有着深远的家庭影响，他是在道教宗教气息熏陶下长大成人的。他的父亲兴献王朱祐杬就藩湖广安陆，此人比较安分守己，无多大野心，"嗜诗书，好鼓琴，庄默自持"①。但其妻蒋氏却是一个颇有才能谋略的妇女，在她当王妃时即曾制作《女训》十二章以行世，而当兴献王去世奏请立未成年世子主政，以及正、嘉交替之际在议位尊礼等方面，她都起过不容忽视的作用。兴献夫妇都是道教的虔诚信徒，与当时在安陆州主持玄妙观的纯一道人交谊甚厚，甚至以为世子的降生，也是上天恩赐和纯一道人点化得来的。嘉靖皇帝从小随同父母经常参加玄妙观的祈祷礼拜，熟悉道教的道场斋醮仪式，全面接受道教的教义，培养出对宗教的信仰。当然，他当时强烈的崇道求仙愿望，主要还是出发于求取平安、祛病延年、永享富贵福禄的动机。

朱厚熜由藩王世子一跃得为嗣皇帝，当然也自认为是崇拜上天神祇的特殊赐予，必须加倍虔诚以酬谢神恩，祈求更沐大吉祥。嘉靖皇帝是带着浓厚的宗教信念和希冀登上皇位的。

正因此，他席未暇暖，又尚处在国丧和议礼大论争的高潮中，便已开始在宫中大力开展道教礼拜的活动。"顷闻紫禁之内，祷祠繁兴。乾清宫内官十数辈，究习经典，讲诵科仪，赏赉逾涯，宠幸日密"②。一个善于窥伺风向、原在正德朝有劣迹的太监崔文，更在这方面推波助澜，"挟邪术为尝试计"③。冷寂多年的宫闱深院，一

---

① 查继佐：《罪惟录》列传之四《兴献王传》。
②③《明史》卷192《张翀传》。

时符咒成诵，钟鼓相闻，俨然庙观景象。除了上告穹苍诸神，申谢成全帝位的恩意外，这位刚登极的少年皇帝，还在恣情享受崔文之流进奉称由道家专门配制的春药，"侧闻顷来嫔御女谒，充塞闺帏，一二點慧柔曼者为惑尤甚"。礼科都给事中张翀早在嘉靖元年即上疏劝谏："夫以斋醮为足恃而恣欲宫壶之间，以荒淫为无伤而邀福邪妄之术，甚非古帝王求福不回之道也。"①

与斋醮盛行密相结合的，是嘉靖自登极伊始，便已暴露出来的对女色的强烈癖好，"先女宠于册后"，"是女谒不可谓不盛也"②。他的尊崇道教，祷祀炼丹诸般活动，又是与其极度追求荒淫纵欲分不开的。

面对着"不斋则醮，月无虚日"③的反常状况，朝臣等对于新天子渐觉失望，对此的谏疏连续上奏，给事中安磐请立停斋醮并斩宦官韩文以绝祸源④。另一给事中刘最亦弹劾崔文"以左道蛊惑圣心，靡费内帑钱粮数多"，请予查究。不料嘉靖竟批示："刘最不谙事体，轻率妄言，本当提问，且饶这遭，着对品调好任。"⑤将一切劝谏净言全顶回去。当此新政顿受动摇，紫禁城中的道家方士逐渐代替豹房番僧，当今皇上正以新的形式"怠日讲，疏召对，政令多僻，起居愆度。小人窥见间隙，遂以左道蛊惑"⑥，在相当程度上重蹈先帝正德覆辙之际，身肩重任的内阁首辅杨廷和及蒋冕等人，虽因"大礼议"歧见已与嘉靖皇帝交恶，正处于困窘逆境之中，但目睹时艰，仍不禁拍案而起，于嘉靖二年（1523）闰四月递上了一道名为《请慎选左右速停斋醮疏》，沉痛而言：

陛下登极之初，臣等又当极言异端邪说，渎经乱伦，

---

①②③④⑥《明史》卷192《张翀传》。
⑤陈时明：《容直言霁严谴以广圣聪疏》，载《明文海》卷52。

伤风败俗，亟宜痛绝。又条奏慎始修德十二事写成牌匾，悬置殿壁，其一事谓斋醮祈祷必须豫绝，其端不可轻信。不意近来无故，不时修设斋醮，恩宠赏赉，过于寻常。远近传闻，无不惊骇。……

夫斋醮之事，乃异端邪说，诳惑时俗，假此名目，以为衣食之计。……在昔梁武帝、宋徽宗崇信尊奉，无所不至，一则饿死台城，一则累系金房，庙社丘墟，生灵涂炭，求福未得，反以召祸。……

夫何谗邪小人，公肆眩惑，不遵祖宗法度，不畏天下议论，致使宫闱之内修建斋醮，万乘之尊亲莅坛场，上惑宸聪，下诳愚俗，以为福田可种，利益可求，灾患可消，祥瑞可致。不知年来远近亢旱，风霾灾变，彼何不诵一经，不念一咒以消弭之乎？南北直隶、山东、河南流贼往来，焚劫杀戮，彼何不驱神兵鬼将以扫平之乎？陛下试以此验之，则其无益有损，不待辩矣。况陛下亲莅坛场亦甚劳矣，何不移之以御讲筵？修设斋醮糜费钱粮亦甚多矣，何不移之以赈穷困？①

此疏针对性强，词锋凌厉，论事有理有据，可谓掷地有金石声，代表着当时朝野的正论。杨廷和等在疏末又要求严究一切蛊惑引诱人员，从重惩办首恶，命光禄寺、内库等备查近来每次斋醮取用米面蔬果等数量以及布施银两等数目。凡此这些都是嘉靖绝不能接受的，且更增加了对廷和等人的反感。

---

① 杨廷和：《请慎选左右速停斋醮疏》，载《明经世文编》卷121。又查《明文海》卷56，此疏署名为蒋冕，想因是内阁诸臣联衔公疏，故《经世文编》与《文海》署名有所不同。

由此可见，谓嘉靖"御极之初，力除一切弊政"之说，其实为期是极短暂的，而且所除的也仅严格限制于与本人无涉的、能够容许的范围之内。因为新皇帝所特有的严重"弊政"，正接踵旧"弊政"而紧急上台。也可看到，以杨廷和为首的内阁诸臣，其与嘉靖皇帝的冲撞也不仅限于"大礼议"一事，反对迷信斋醮亦为重要的一端。皇权与阁权的矛盾已无可调和。半年多之后，杨、蒋、毛诸人便先后被逐出朝班，"致仕"去了。嘉靖成功地扫除了他"夺权"的主要障碍。

自此之后，嘉靖迷信道教的活动愈益升级，并且更将之与国事朝政密切联结起来。严格说来，嘉靖并不是一个真正虔诚、笃信道教教义、遵守其教义的信徒。道教尊老、庄为教宗。老、庄宣扬出世、无为、抱一、致虚极、守静笃，崇尚自然，倡导保持素朴人性，去私寡欲，认为"五色令人目盲，五音令人耳聋"，"信言不美，美言不信"，有些道教徒为了宁静修炼，甚至"摒弃妻孥"，终身伏处于深山幽谷之间，吸风饮露，过着极其刻苦的生活。凡此，都是嘉靖皇帝绝不向往也绝不能接受的。他所崇信入迷的乃是道教中以巫术符咒为主的一支派，这一支派以尘世方士为代表，他们自诩能祈福禳灾、趋吉避凶。而嘉靖所企盼的，是求聚财，求保位，求御女淫乐，求长生。简言之，即要求天神庇佑，永保人间至尊富贵而又能序列仙班，位居九五而又与天上荣宠兼得之。

自初年起，嘉靖即谕令于乾清、坤宁、朝天、立极、玄极诸宫殿及西苑、京内外各处普建醮坛，无分昼夜地上香诵经以祈禳。他执拗地认为，自己祈嗣而得子，遭火灾而幸免，长期生病而尚存，叛兵就擒，甚至宫婢杨金英等因不堪凌虐合谋弑杀之而获救，皆"神鬼有以默戮之"①，

---

① 谷应泰：《明史纪事本末》卷52《世宗崇道教》。

都是"赖天地鸿恩"。将一己的吉凶祸福,完全寄托在向神灵的乞请上。

为此,就需要重用方士以作为人神交通的中介。嘉靖先后宠信过方士邵元节、陶仲文、张彦頨、段朝用、蓝道行、王金等多人,诏封他们中一些人为真人,给一品服俸,赐白金、文绮、宝冠、法服、貂裘、玉印,甚至封为伯爵,任为礼部尚书,支大学士俸,加柱国、少师、少傅等荣衔,开有明一代从未有过的先例。

这些方士都是一些巧言善佞,以法术求荣进的骗子。他们投嘉靖之所好,或以代求皇嗣得子建功,或以妄言能化物为金银得宠,或以能用神咒却敌扶箕有验邀幸,或以用少女初来月经制炼名为长生灵丹、实为春药而受信任,或以附会祥瑞、进五色龟,灵芝等而得宠。林林总总,都因在不同角度满足了嘉靖内心的希冀和填补了精神的空虚,纷纷袍笏登场,炫耀廊庙,混迹朝堂。

为表达对天神的礼赞,申述祈求的愿望,嘉靖又特别重视编写在斋醮时奉献的祈祷词,即所谓青词。青词又名绿章,是用特制的青藤纸以朱笔书写,经诵读后焚化告天的文字。青词主要使用大量华丽辞藻以堆砌而成佞道文章,仿照类似赋体的骈文,讲究对仗工整,音节铿锵悠扬,其实是一些"聘词华于无益之地"[①]的文字游戏,与其说是为了敬神,不如说是以诳君,它的唯一功能是增强嘉靖皇帝的自我陶醉感,自认为这些精撰的青词有助玄修。必可博得天神的嘉悦,赐福降祥。但要写好这些青词,也需要一定的文字功底和技巧,更需要精到的揣摩迎合之术。上有好者,下必甚焉。官场中一些势利小人看准了嘉靖的心态,确认通过撰写青词是便捷的登龙之术。最早走此门路而获显擢的是礼部右侍部顾鼎臣,此人素性柔媚,又

---

① 徐师曾:《文体明辨序说》。

早有污佞之名,"帝好长生术,内殿设斋醮。鼎臣进《步虚词》七章,且列上坛中应行事。帝优诏褒答,悉从之。词臣以青词结主知,由鼎臣倡也"①,这位顾侍郎押宝中注,果然由侍郎而晋级为尚书,又由尚书兼文渊阁大学士,寻加少保、太子太傅,转为武英殿大学士,俨然宰辅了。顾鼎臣开了头,此一类型的人物便趋之若鹜,纷纷插标自卖,精心构思以炮制青词文字。原翰林院侍读严讷"所撰青词皆称旨"②,他便从侍读被超授为翰林学士,历太常寺少卿,礼部左、右侍郎,礼部尚书,吏部尚书,进而兼武英殿大学士,描绘出一幅依靠青词求宠的直线升官图。另一编修袁炜更无赖,此人有才而不羁,文思敏捷而利欲熏心,为求厚赏而不择手段。他曾被御史弹劾,但因"撰青词,最称旨"③,故受到嘉靖的庇护和特殊喜爱,每当要调迁其职务,他都忸怩作态,故意疏辞,表示仍愿留在御前供奉,以承欢色笑,因而更博得皇帝的欢心。短短六年之间,便从一个普通词臣,被手诏任为礼部右侍郎、吏部左侍郎兼学士,特破格赐用一品服,转升为礼部尚书,加太子少保,又以户部尚书入阁。但细考,他对阁部政事实无所作为,终年累月耗精费神以赴的,无非是入直听命,因事撰词而已。嘉靖死一爱猫,这位袁大学士居然写出"化狮为龙"之句,不但奉承了皇帝,而且还吹拍死猫。嘉靖四十年(1561),因二月和七月一连两次日食,嘉靖畏惧天心示警,颇有顾虑,袁炜乃利用所食较小,便挖空心思,逞其笔锋,将所谓灾异转说成吉祥,专门上疏言:"陛下以父事天,以兄事日,群阴退伏,万象辉华,是以太阳晶明,氛祲销烁,食止一分,与不食同。臣等不胜欣怃。"④在袁炜这些人的笔下,

---

① 《明史》卷193《顾鼎臣传》。
②③ 《明史》卷193《严讷传》。
④ 《明史》卷193《袁炜传》。

既无黑白，焉有是非？上述文字无非是一纸又一纸自我暴露卑鄙的招供状，是这类蠕动于政海中的斯文乞丐自画丑像而已①。

当时，另一翰林院修撰李春芳，亦因"简入西苑撰青访词，大受帝眷"②。不次特擢，亦入阁为大学士，时人鄙视之，谑称他与顾鼎臣、严讷、袁炜等为"青词宰相"。

有一些值得重视的现象，即最高当权者的奇癖恶好，很易于转化为整个政坛的反常风气。一代的政风必然严重影响到一代的文风，而一代的文风必然直接或间接地反映着当时的政治矛盾和冲突。玄修青词的泛滥对嘉靖朝政治产生过多方面的负面作用：

第一，自嘉靖中期开始，拔擢阁部大臣，很主要的条件之一是视其能否精撰青词，是否热衷赞玄。除上述顾鼎臣、严讷、袁炜等以外，活跃于嘉靖中后期的著名宰辅如严嵩、夏言、徐阶等人，无不是撰写青词的高手。"醮祀青词，非嵩无当帝意者"③，"据位二十余年，不至动摇者以此"④。夏言入仕之初，"撰青词及他文，最当帝意"⑤，他以"祗荐皇天上帝册表"⑥，受到破格的赏识。徐阶亦以此为进身

---

① 袁炜这类人一旦卖身有价，便盛气凌人，"贵倨鲜洟，故出徐阶门，直以气凌之"。"馆阁士出其门者，斥辱尤甚，以故人皆畏而恶之"（《明史》本传）。对于皇帝，则以文字奉承，无所不至。他曾在撰写的青词中夹载一对联，上联是："洛水玄龟初献瑞，阴数九，阳教九，九九八十一数，数通于道，道合元始天尊，一诚有感。"下联是："岐山丹凤两呈祥，雄鸣六，雌鸣六，六六三十六声，声闻于天，天生嘉靖皇帝，万寿无疆。"（引自《万历野获编》）卷2《嘉靖青词》以嘉靖比拟道教最高神祇元始天尊，既谀又妄，堆砌一串无据祥瑞，空洞无物，无非是专门迎合嘉靖既热衷人间极富极贵，又企盼序列仙班的奢望，巧舌如簧，真是文如其人。

② 《明史》卷193《李春芳传》。

③ 宋起凤：《稗说》卷4。

④ 范守己：《曲郁新闻》卷4《御龙子集》。

⑤⑥《明史》卷196《夏言传》。又，《万历野获编》卷2《进诗献谀得罪》载："乙未年（按是嘉靖十四年）正月朔大雪，上谕大臣曰：'今日欲与卿等一见，但蒙天赐时玉耳。'礼卿夏言即进《天赐时玉赋》以献上，上大悦，以忠爱褒之，甫逾年而入相矣。"

之道，"所撰青词独称旨"①，嘉靖帝甚至为此"不欲阶去左右"②。在嘉靖朝已初露头角而尚未主持大政，但其后在隆庆朝职任首辅、大力推动改革、被称为"救时良相"的高拱，早期也曾要求过进入撰写青词的班子，希望以此为进身之阶③。在万历朝推进全面改革、"起衰振堕"的张居正，在嘉靖时不过是一个翰林官，职任国子监司业，但也撰写过不少应制扈从斋坛、歌颂祥瑞，以至吹捧兴献帝夫妇的文字，均见于《张太岳集》有关各卷。除严嵩另作别论外，夏、徐、高、张都是各怀抱负、各有建树的重要历史人物。他们之中，夏言被冤早死，而在嘉靖去世后，徐阶在张居正协助下草拟《遗诏》，即将一切斋醮尽行撤废，一切方士尽行驱逐究处，可见他们当年撰写青词实有屈从和违心之处，高拱亦深以曾要求参与撰写为讳。由此可见，斋醮的乌烟瘴气，青词的连篇累牍，无非都是专制暴戾政治的畸形产物。在反常的高压统治下，卷入其内的人物，其人品、政见、功罪是各有不同的，似不能一概而论，亦不能攻其一点不及其余。贵在具体分析。

第二，在评论嘉靖朝政事以及官场的黜陟沉浮等问题时，必须将有关人物与参赞玄修的前后态度结合在一起考虑，这样的显著事例是很多的。诸如，夏言以"议礼骤贵"，又以善拟青词得重用，但亦因跻登高位后疏忽于此而成为失宠的重要原因之一。嘉靖身为至尊，本应顶戴专用的帝王冠冕，但他却改戴道士冠，又命尚方司特制道教形式的沈水香冠以赐夏言、严嵩、朱希忠等重臣。严嵩不

---

①②《明史》卷213《徐阶传》。
③ 据《国榷》卷65，隆庆元年四月癸卯己条的记载，高拱曾批评徐阶"在先朝草青词媚上，徐阶答曰：'青词固我罪，独不记在礼部时，先帝密札问我，拱有疏愿得效力于醮事，可许否？此札今尚在。'拱乃愧沮"。

但即时戴用以赴朝会,且覆以轻纱巾以示郑重。夏言则不但拒不肯用,且"独密疏谓非人臣法服,不敢当",激至"上大怒"①。嘉靖命夏、严各撰青词,而又密派心腹"夜瞰言、嵩寓直何况,言时已酣就枕。嵩知之,故篝灯坐视其词草"②。不仅如此,夏言虽然当年借精撰青词为进身之阶,但逐渐对此厌倦,有上命则命门客捉刀,对代拟之稿亦不复认真检阅,有时甚至以旧作呈交以搪塞,嘉靖发觉后每每掷之于地,弃之不用。夏言率骄,而严嵩卑伪,夏言渐将主要精力用于军国,严嵩则集中注意力以赞玄固宠,故夏、严的斗争,终以夏败严胜为结局,其中对玄修及撰作青词的态度,实亦占有相当分量,嘉靖因夏言的骄亢而恶感日增,以后虽因追究夏赞同曾铣议用军力恢复河套之案而杀夏言,但在最后决定将夏处斩时,"犹及言前不戴香冠事"③。可见,不戴香冠实亦为夏言的一道催命符咒。

严嵩虽狡黠,善事上,但本人贪而横,又卖官鬻爵,排斥异己,且纵庇其子世蕃、义子赵文华等作恶多端,"中外怨嵩父子刺骨"④。言官及中层官僚沈束、徐学诗、沈炼、赵锦、王宗茂、杨继盛、吴时来等皆义愤填膺,认为严氏父子党羽为祸之源、乱之本,他们相继拍案而起,冒死犯难以对之进行揭劾。虽因嘉靖的包容,被严嵩一一滑脱,言者亦罹牢狱之灾,甚至被刑戮于西市。但继起的大学士徐阶深沉有谋略,"阴乖不泄"⑤。严、徐矛盾虽紧随夏、严矛盾而激化,但徐采取慢功以撼树、后发制人的斗争策略,"柔分宜而倾之"⑥。他致力于窥测皇帝心意。利用皇上重方士,信笾乩的特点,

---

①②③ 王世贞:《嘉靖以来内阁首辅传》卷3《夏言传》。
④ 王世贞:《大学士严嵩传》,载《国朝献征录》卷16。
⑤ 《明史》卷213《徐阶传》。
⑥ 朱国桢:《皇明大事记》卷38《阁臣》。分宜,严嵩为江西省分宜县人,以分宜指严嵩。

再精心选择最佳的发动时机，借用言官作前驱，一举而促使嘉靖皇帝斥逐严嵩并谕准处死严世蕃。斗争过程的曲折复杂，颇有传奇色彩，而方士蓝道行的扶乩实起到决定性的作用。

原来到嘉靖四十一年（1562），严嵩入阁掌权已二十年，年纪亦达八十三岁高龄，精力渐衰，诸事均赖其子世蕃代为谋划和办理。当时，世蕃因其母之死服制，不能入嵩第值卢，嵩自己所亲撰的青词渐不如嘉靖之意，宠爱渐弛，徐阶的地位却因帝宠而逐步巩固。严嵩既声誉狼藉，又树敌众多，其必将崩败，仅待引爆而已：

> 是时，方士蓝道行以乩得幸上，与故有所问，密封使中官至乩所焚之，不能答，则咎中官秽不能格真仙。中官乃与方士谋，启示而后焚之，则所答具如旨。道行狡，乃伪为纸封，若中官所赍者，及焚而匿其真迹，以伪封应上。
>
> 一日，问："今天下何以不治？"对曰："贤不竟用，不肖不退耳。"则问："谁为贤，不肖？"曰："贤者辅臣（徐）阶、尚书（杨）博，不肖者（严）嵩父子。"上复问："吾亦知嵩父子贪。念其奉玄久，且彼诚不肖，上真胡以不震而殛之？"答曰："上真殛之，则益用之者咎，故弗殛也，而以属汝。"①

徐阶未尝不知，蓝道行之流无非也是以邪术兜售的骗徒，其与宦官勾结启封然后焚示以应旨的伎俩，亦为除嘉靖皇帝一人外，已为朝中公开的秘密。但要撼倒庞然巨憝的严嵩，以恶制恶，深知必

---

① 王世贞：《大学士严嵩传》，载《国朝献征录》卷16。

用方士之乩言才能收到最佳的效果,取得预期的胜利。乘蓝道行扶乩取信的良机,严嵩颓势已露,败象明显,"嵩子世蕃贪横淫纵状亦渐闻,阶乃令御史邹应龙劾之。帝勒嵩致仕。擢应龙通政司参议。阶遂代嵩为首辅"①。

徐阶在其宦海生涯中,是否也应用过致力赞玄和竭力撰写青词作为趋吉避凶、化难为祥的手段呢?答复是肯定的。徐阶深知,他与嘉靖以及严嵩的三角关系非常复杂微妙。他和严嵩受嘉靖宠憎有过不止一次反复,嘉靖亦有意在他们两者之间搞平衡和制约,利用他们的矛盾以更有效地控驭和驱策之。徐阶曾经过几次落败和危殆,均赖委曲将顺以缓解困窘。嘉靖二十九年(1550),嘉靖提出为已故方皇后神主入供太庙,时为礼部尚书的徐阶与礼科都给事中杨思忠提出异议,"上大怒,谓阶与思忠专之足矣。……督责阶甚峻。……内衔阶亡所发。乃发之思忠,于元旦摘其贺表误,廷杖之百而氓之,冀以怵止阶"②。又,嘉靖听信方士陶仲文之言,决定于邯郸建吕仙祠,使徐阶主持落成礼,为斋醮以祈福。徐阶表现消极,均引起嘉靖帝的不满,严嵩本来对徐阶已是又忌又恨,便认为这是击倒徐阶的大好时机。"谓阶可孽也,所以中伤阶者百方"③。有一天,嘉靖独召对严嵩,与嵩屈指论群臣优劣,说到徐阶时,严嵩阴阳怪气地说:"阶所乏不在才,乃才胜耳,是多二心。"④所谓多二心,是指徐阶曾奏请立太子,中了嘉靖的大忌,因为嘉靖是极不欲立现存长子朱载坖(即日后的穆宗隆庆皇帝)为嗣的。当时,"阶危甚,不知所为,惟益

---

① 《明史》卷213《徐阶传》。又,《国榷》卷63,嘉靖四十一年五月壬寅,记严嵩被革免时,论及徐阶以柔制刚,长期谋划倒严的经过颇为形象,"初,嵩欲螫阶,阶诎节卑礼,又沈几自将,嵩无如之何,而阴计挠嵩权者久矣"。

② ③ ④ 王世贞:《嘉靖以来内阁首辅传》卷4《徐阶传》。

精心斋词。以冀上怜而宽之"①。

借"精心斋词"以幸逃厄运,对于徐阶并非仅有的一次。嘉靖三十七年(1558)三月,刑科给事中吴时来、刑部主事张翀、董传策三人同日分别奏劾严嵩徇私纳贿,均被逮捕下镇抚司狱,被遣戍。而吴、张都是徐阶的门生,董又是徐的同乡,严嵩"密奏,时来等同日构臣,必有人使之"②。所指主使者,就是徐阶。当时,"几株及阶。阶既已免,每出值,辄称病,谢客不见,而益恭谨于应制笔札"③。

以"应制笔札"、精撰青词来改善政治处境,伺机再起,居然有效,一般说来似是荒谬的。但在嘉靖朝,"上崇尚焚修,辅臣悉供玄撰治"④,却又是人所共知、久已视反常为正常的事。上述夏、严、徐的突出事例,说明在嘉靖皇帝主政的全过程,即从正德十六年(1521)四月嗣位,以至嘉靖四十五年(1566)十二月"驾崩",前后达四十五年零八个月的漫长岁月中,以普遍受到诅咒的邪魔仪式进行政治统治,乃是一条贯彻始终的黑线。及至晚年,迷信白兔、瑞龟、嘉禾、灵芝、龙涎香、仙桃、仙药,大兴土木,修坛建殿以赞玄,在全国派出访仙御史。甚至在病重时,还梦想借南幸故里安陆州以"取气",裨佑长生。嘉靖帝真是到了幻听幻觉、如醉如狂的程度。君臣关系受到严重扭曲,普遍的善恶和是非观念被人为地颠倒了。妄图将一己的迷信转化为朝野社会性的全面信仰,"异言异服列于朝苑,金紫赤绂赏及方外"⑤,不惜因此而导致"天下吏贪将弱,民不聊生,水旱靡时,盗贼滋炽"⑥,"如人衰病已极,腹心

---

① 王世贞:《嘉靖以来内阁首辅传》卷4《徐阶传》。
②③ 谈迁:《国榷》卷62,嘉靖三十七年三月丙子。
④ 雷礼:《大学士张治传》,载《国朝献征录》卷16。
⑤《明史》卷209《杨爵传》。
⑥ 海瑞:《治安疏》,载《海瑞集》上编,第218页。

百骸，莫不受患"①。嘉靖皇帝其实是以大兴妖诞邪妄之术为自己身后受谴责受清算准备条件。即使在他在位时，如何善其后，如何涤除垢秽，已引起不少忧时之士的郑重深思。

恩威不测、尚权多疑、果于戮辱的暴君

嘉靖因以旁支得位，中怀不忿；又因自嗣位后即为议礼及修玄等问题将全国推入空前的大分歧大论争之中，他自知对己持非议者多，潜在的反对者多；又因自嘉靖二十一年（1542）十月发生宫女杨金英等多人因难忍凌辱，合谋乘其寐息，以绳索企图将其勒死未遂的所谓"大逆"案，虽将杨金英等十余人凌迟磔死，锉尸枭首，又株连端妃曹氏、宁嫔王氏，以及有关族属，俱处斩，类似这样"诸婢为谋已久"②，并实际动手谋杀皇帝的案子，是自古以来极为罕有的③。凡此种种，都使嘉靖心惊胆悸，认为朝内宫内都密布着阴谋敌对的势力，在心理上长期处在高度戒备之中。自宫女弑帝事件之后，他便移居西苑，直到去世之前的二十余年，"不复还大内"。

---

① 《明史》卷209《杨爵传》。
② 《国榷》卷57，嘉靖二十一年十月丁酉、戊戌；又参见《万历野获编》卷18《宫婢肆逆》。
③ 关于杨金英等密谋杀害嘉靖的事件，在国内外都引起很大的震动。嘉靖二十二年正月，朝鲜的冬至使崔辅汉等从北京回到汉城，朝鲜国王首先对他们说："中朝宫闱之变，闻之至为惊骇。"又询问突发此事的原因何在，崔辅汉答曰："皇帝笃好道术，炼丹服食，性寝躁急，喜怒无常，宫人等不胜怨惧，同谋构乱……"（载《朝鲜李朝实录中的中国史料》上编卷22）他所反映的情况，应该说是符合实情吧。

幽居深苑，长期不临朝，必然产生害怕皇权被侵削的疑惧。特别是嘉靖的为人，本来就是视权位为第一生命，他决不肯因此而稍微放松对权力的控制，相反，更要以独特、更强暴的专制方式滥用其权力。"晚年虽不御殿，而批决顾问，日无停晷。虽深居渊默，而张弛操纵，威柄不移。斋居数十年，图回天下于掌中。中外俨然如临。……大张弛、大封拜、大诛赏，皆出独断，至不可测度。"①

为了绝对掌握和独裁行使权力，嘉靖从不真正持久地信任任何朝臣。"所进用者。后多不终。"②往往骤贵之，而又骤贬斥之，亦有驱斥后而又再召用，复用后又再斥逐，甚至终于难逃杀戮。早期的杨廷和、蒋冕、毛纪等均有策立功，但仅在两年多的时间内，连续被斥退，以至被定为奸党，褫职为民，杨廷和的子婿等还多被戍谪。正德朝老臣杨一清、谢迁虽被宣召，但旋进旋退，难有展布，最后郁郁以归。张璁、桂萼虽以议礼邀得殊眷，一时气焰熏天，但二人都经受过被罢免革官后又被召还的曲折。中期的夏言曾先后三次被革职闲住，责令缴还敕书印记，但头两次都被原职起用，甚至更委以重责，最后一次，被削夺保傅勋爵，并被逮捕入狱，就刑于西市。严嵩得宠当权长达二十年，威福无两，但一旦宠衰爱弛，便以一纸敕旨罢免还乡，削职为民，抄没家产，贫病而卒。以上各人的人品素质、是非功过大有不同，但斥逐罪死，则均难求幸免。由此可见，嘉靖皇帝虽匿居玄殿，但仍然"皇威四讫"，随意耍弄诸功臣、能臣、幸臣、权臣于股掌之上。只有一些有官瘾而无个性，或只知顺承威严、缄默远祸而持盈固位之人，如李时、李本等人，才能勉强平安退位。徐阶以其特有的深沉恭谨、含蓄不露，得以在嘉靖晚期主持内阁，

---

① 谈迁：《国榷》卷64，嘉靖皇帝赞。
② 沈德符：《万历野获编补遗》卷2《二胡暴贵不终》。

但他在婉转以求保存善类时，在对严嵩的持续韧性斗争中，亦多次几乎失去嘉靖帝的欢心，陷于危殆。

不肯信任任何人，不给予任何人悖离自己的意旨拥有独立的权力，更决不能容忍对自己丝毫的不忠，便只有加强监视侦伺。对于职高权重的人物，更是倍加戒惕防备。嘉靖经常派遣小宦官或锦衣卫的小探子侦察官僚们的交往作息和言论。对于曾经得到过特殊重用的夏言和严嵩，更是监视的重点对象，"上或使夜瞰言、嵩寓直何状，言时已酣就枕；嵩知之，故篝灯坐视其词草。……以是，上益爱之"①。

为了显示绝对的权威和睿智天纵，嘉靖还时时搞些小动作，以对在位之人进行精神威慑。有不少这方面的记载，而且颇为形象。例如：

> 当是时，上坐深宫中，欲以威福远慑，连率大臣时时有所逮讯，若阮鹗、吴嘉会、章焕等多从重典，虽甚亲礼（严）嵩，而不尽信之，间一取独断，或故示异同，欲以杀离其势……②

又例如，隆庆、万历年间的历史学家范守己，也谈到他本身披览嘉靖朱批的体会，言：

> 臣于徐少师阶处，盖捧读世庙谕札及改定旨草，云："人尝谓辅臣拟旨，几于擅国柄，乃大不然。"见其所拟，帝一一省览审定，有不留数字者。虽全当帝心，亦必更易数字示明断。有不符意，则驳使再拟，再不符意，则谯让

---

① 王世贞：《嘉靖以来内阁首辅传》卷3《夏言传》。
② 王世贞：《大学士严嵩传》，载《国朝献征录》卷16。

随之矣,故阁臣无不惴惴惧者。……揽乾纲如帝者,几何人哉?①

说嘉靖帝信玄,毋宁谓之为信权。因为他的一切虔修笃信以礼拜上玄,其实都只是为了保权固位,谋求长生以无限度地延伸其掌权在位。因尚权而过分戒备警惕,因过分戒备警惕而疑虑多端,每每怀疑臣下怠慢不恭,时时处处害怕别人暗中作祟使坏,嘉靖皇帝有些心态其实已处于失衡的反常状况,对极其正常的事物作出迥异于常理的强烈反应。

猜惑多疑,讳忌多端,已经成为嘉靖帝的精神病态。历代帝王这方面的政治病历表明,他们都嗜好大搞文字狱,嘉靖朝这方面的恶例也是很多的。有些凶狡奸人、斯文无赖之辈,知道皇帝喜爱告讦,便投其所好,以类似狗类特具的嗅觉,在一般文字中挑剔出"刺君犯上"的所谓问题,用以报私怨或求恩宠。河南巡抚胡缵宗曾以事笞责阳武知县王联。王联怀恨,乃断章取义摘引胡缵宗的迎驾诗作中有"穆王八骏空飞电,湘竹英皇泪不磨"之句,诬控为谤讪,并故意攀连曾办理王联殴打生父并杀人等罪案件的巡按御史陶钦夔等百余人,嘉靖帝立即遣官将胡缵宗等逮捕下狱,命刑部尚书刘讱会同三法司严讯。刘讱严正执法,未按嘉靖之意滥兴大狱,但当他查明王联所告尽属不实之后,嘉靖仍革去胡缵宗之职,加杖四十,又嫌刘讱不体会意图,将他也革职,其他法官罚俸②。

更有甚者,这位皇帝经常疑神疑鬼,神经过敏,总怕有人借出题衡文或借议论时政,甚或借使用古典旧史事等以对他进行讥讪影

---

① 转引自《国榷》卷64,嘉靖评赞。
② 《明史》卷202《刘讱传》。

射。故此，他曾连续炮制出不少无辜冤案，专好在考题、考卷、公文程式以及诗作用典等方面找碴儿，搜索刑囚杀戮的对象。在嘉靖十九、二十、二十一等年（1540、1541、1542），俺答、吉囊等每每分道入寇，北方边防戒严告急，朝野均认为必须谋求抵御保安之策。但嘉靖帝反而讳疾忌医，迷信修玄能退敌，不乐、亦不愿闻问此事，采取驼鸟政策，粉饰太平，甚至竟为此兴起大狱。时在嘉靖二十二年（1543）：

> 上览山东所进乡试小录，手批其第五问《防边御虏策》，曰："此策内含讥讪，礼部其参看以闻。"于是，尚书张璧等言："今岁虏未南侵，皆皇上庙谟详尽，天威所慑，乃不归功君上，而以丑虏餍饱为词，诚为可恶。考试官教授周铲、李弘，教谕刘汉、陶悦、胡希颜、程南、吴绍曾、叶震亨、胡侨，率意为文，叛经讪上，法当重治；监临官御史叶经漫无纠正，责亦难辞；其提调官布政使陈儒，参政张臬，监试官副使谈恺、潘恩，均有赞襄之职，俱属有罪。"上曰："各省乡试出题刻文，悉听之巡按，考试教官莫敢可否，此录不但策对含讥，即首篇《论语》义继体之君不道。叶经职司监临，事皆专任，并周铲等、陈儒等，俱令锦衣卫差官校逮系至京治之。"寻逮经、儒、臬、恺、恩至，上以经狂悖不道，命廷杖八十为民，乃降儒等边方杂职。经遂死于杖下，及补儒等为宜君等县典史。寻贵州试录至，亦以忤旨，御史为民，右参政等各降三级。①

---

① 王世贞：《弇山堂别集》卷82《科场二》，嘉靖二十二年癸卯。

如此忝为君上，如此考虑和处理问题，真是难以常理、常情、常人来衡量。虏患日深，烽火连于边塞，上年，即在嘉靖二十一年，俺答入雁门关，犯太原，连寇朔州、潞安、汾州、襄垣、长子，守将战死①；今年，即嘉靖二十二年，亦是"俺答屡入塞"②。此正兵凶战危，主忧臣辱民困之时，乡试讨论防边御虏之策，正是切中时弊，为君同分忧，对考官考生等的忧时爱国热忱，不但未予嘉许，反而加以讥讪不道等重罪；逮囚谪降仍不足泄愤，又将监察御史叶经杖死于廷下；山东冤案未结，贵州之狱又兴。王世贞写此一段记载，如实勾勒出嘉靖皇帝疑猜暴戾的面目。讳言忧危，忧危绝不会因而消失，却必反而更加深加剧，这是嘉靖帝及其佞臣礼部尚书张璧之流所不敢承认的。

除上引两案之外，嘉靖还因广东所进乡试试录中，未将"圣谟""帝懿""四郊""上帝"等词目抬头，又称学者陈白沙、伦迂冈等人的别号有失君前臣名之义。乃下旨逮问学正王本才、布政司陆杰、按察司蒋淦、御史余光等治罪。"仍通行天下提学官，严禁士子敢有肆为怪诞不遵旧式者，悉黜之。"③同时，又因南京进呈试录，考官未填名字，"策题又以国家祀戎大事为问，所对语多讥讪"④。命锦衣卫将谕德江汝璧、洗马欧阳衢等人逮捕，所取生员不许会试⑤。"三十三年春正月壬寅朔，以贺疏违制，杖六科给事中于廷。"⑥嘉靖三十五年（1556）二月，"吏部尚书李默坐诽谤罪下锦衣卫狱，论死"⑦。李默到底犯了什么"诽谤"罪，以吏部尚书之尊竟至瘐死于锦衣狱中？原来他

---

① 《明史》卷17《世宗本纪一》。
② 《明史》卷18《世宗本纪二》。
③④⑤ 王世贞：《弇山堂别集》卷82《科场二》，嘉靖十六年丁酉。
⑥⑦ 《明史》卷18《世宗本纪二》。《明通鉴》卷60说六科给事中被杖，是因为失抬万寿字的原故。

为人博雅有才辩，且以气节自期许，对于当时权势正盛的严嵩经常不买账，毅然持正以驳争之，为严嵩所嫉恨，乃指默监试选题中有"汉文唐宪成以英睿兴盛世，晚节乃为任用匪人所败"句，指为影射当今皇上，而说到前代帝王晚节不终这一点，却恰恰触犯到嘉靖内心最忌讳之处，于是李默便像其他因文字罹祸的人一样，终于难逃一死①。

在臣民文字上吹毛求疵，无稽引申以罪人，企图借刑杖、牢狱以至屠刀、绞架以扼杀正常的思维和思想文字表达，历来只能逞威于一时，却遗臭于万代。嘉靖也难逃历史公论。

独夫的统治只能建立在群下惶惧、经常保持住恐怖气氛的基础之上。为此，嘉靖特别着重发挥作为御前特种镇压部门——锦衣卫的作用，破格抬高其地位：

> 祖宗时，凡遇常朝，内阁与锦衣卫官俱墀下侍班，而领敕者亦非翰林官捧给。嘉靖九年，上始定制，常朝毕，内阁官于东陛，锦衣卫于西陛，各以次升立于宝座之左右，捧敕用翰林官，日轮一员，立于内阁官之后候承旨，由左陛下至御道，授领敕官，毕，方回本监。盖自是阁臣愈严重，而锦衣亦日崇显矣。②

按照明朝的国家典章，锦衣卫虽然是御前警卫仪仗部队。但其正式官秩不过是一个正三品部门③。但从明太祖朱元璋起，即将侦伺

---

① 参见《皇明驭倭录》。
② 焦竑：《玉堂丛语》卷6《事例》；又参见余继登：《典故纪闻》卷17。
③ 参见万历《大明会典》卷118《兵部一·官制》。

逮治和关押鞫实犯人的任务交由锦衣卫负责。到永乐时期,成祖朱棣更"倚锦衣为心腹"①,下设南北两镇抚司,其中北司专管刑狱,"凡问刑、奏请皆自达,不关白卫帅。用法深刻,为祸甚烈"②。锦衣卫遂蜕变成为一个径直由皇帝直接统率的特种刑狱部门,与东、西、内行等由宦官主管的厂相表里,合称为厂卫。但在嘉靖之前,锦衣卫虽然权高势大,毒焰高涨,唯在规制上,仍不能与执掌中枢政务、号称宰辅的内阁并列,仍不能公然居于一切部、院、监、寺之上。嘉靖九年(1530),改定将锦衣卫与内阁分列于御座左右,既可显露其受亲幸,又可炫耀其特殊权威。嘉靖此举明确无误地表明,对特务机关要更进一步地倚重。

嘉靖帝特别重用锦衣卫左都督、大特务头子陆炳。陆炳及其父陆松都是自安陆州随侍入京的从龙人员,陆炳的母亲又是嘉靖儿时的乳母,故此与嘉靖有极深的渊源。他本人从嘉靖八年(1529)进入锦衣卫,从一个副千户,历升指挥使、都督同知、左都督,晋级为二品,加太保兼少傅,其地位的尊贵,是有明一代锦衣人员的纪录。

陆炳之所以能骤贵,是因为此人阴狠毒辣,"任豪恶吏为爪牙,多任耳目,铢两之奸悉知之。富民有过者,即榜掠文致成狱,没其赀产,所夷灭不可胜道"③,十分胜任鹰犬领班之职。嘉靖又利用以陆炳为首的锦衣卫以"阴操吏、兵二部权,每文武大选,岳牧进退,时时与之"④。陆炳"声势震天下"⑤,既有利于借特务机关以制约行政部门,又有力地威慑反侧,恫吓异己。故自嘉靖八年以至三十九年(1529—1560)陆炳去世之前的三十余年,陆炳之受宠一直未衰,而广大忠耿之士则天天处在其血腥恐怖威胁之中。

---

①②《明史》卷89《职官志·兵部一》。
③④⑤王世贞:《弇山堂别集》卷27《史乘考误八》。

终嘉靖一朝，一方面是部分朝臣言官不辞鼎镬，甘于批鳞碎首以抨击时政，直言进谏；另一方面，则是嘉靖忌讳多端，深恶逆耳之言，采取极端野蛮的办法，以图遏制，"晚年猜愎尤甚，进言者辄得重谴"①。初年，"世宗好神仙，给事中顾存仁、高金、王纳言皆以直谏得罪"②。太仆寺卿杨最更慷慨陈词："神仙乃山栖澡炼者所为，岂有高居黄屋紫闼、衮衣玉食，而能白日翀举者？"③嘉靖大怒，将他们俱逮入锦衣卫狱，又称诏狱，加以拷掠重杖，杨最被活活杖死。十一年（1532），南京御史冯恩因直劾大学士张璁（孚敬）、方献夫、都御史汪鋐等人奸佞，亦被论死，并株连主持公道的刑部尚书王时中等多人。嘉靖二十年（1541）御史杨爵疏谏符瑞，"帝震怒，立下诏狱搒掠，血肉狼藉，关以五木，死一夕复苏。所司请送法司拟罪，帝不许，命严锢之。……既而主事周天佐、御史浦鋐以救爵，先后棰死狱中"④。应该指出的是，周天佐、浦鋐二人，他们都"与爵无生平交"⑤，是在杨爵被捕处于危境之时挺身而出，直言杨爵无罪且有功，逮囚杨爵只能使"诤臣饮恨、直士寒心"⑥，吁请释爵以励劝忠贞。他们不以因受杨爵之狱株连而怨悔，"鋐赴征，业已病。既至，下诏狱，搒掠备至。除日，复杖之百，锢以铁柙"⑦。周天佐入诏狱，即被杖六十，他"体素弱，不任楚。狱吏绝其饮食，不三日即死"⑧。此两人不因官卑而避言责，沉毅仗义以赴死，南京万民号哭，北京"民有祭于枢而哭之恸者。或问之，民曰：'吾伤其忠之至而死之酷也。'"⑨

几乎与此同时，工部员外郎刘魁事先鬻棺以待，然后上疏谏止

---

① 王鸿绪：《明史稿》列传卷86《沈束传》。
②③《明史》卷209《杨最、顾存仁、高金、王纳言传》。
④《明史》卷209《杨爵传》。
⑤⑥⑦⑧⑨ 王鸿绪：《明史稿》列传卷88《杨爵、浦鋐、周天佐传》。

大兴土木以修玄殿，亦两度被囚禁于锦衣卫狱。礼科给事中沈束继之。此后，甚至在锦衣卫系统内，亦有职任经历的沈炼疾恶如仇，以十大罪名弹劾严嵩，被榜杖后谪佃塞外，被严嵩之党宣大总督杨顺诬陷为白莲教首领，斩首于宣府，并杖杀其二子①。嘉靖三十四年（1555），刑部员外郎杨继盛再列举事实弹劾严嵩并痛陈权奸当道，贿赂公行，百万苍生将陷于涂炭，吁请嘉靖迅即改弦更张，以免危亡。嘉靖阅奏震怒，将杨继盛逮捕入狱，痛杖之百，"创甚。夜半而苏，碎磁碗，手割腐肉。肉尽，筋挂膜，复手截去。狱卒执灯颤欲坠，继盛意气自如"②。几经周折，嘉靖帝终于下旨将继盛斩首于西市。当时，直言死谏与野蛮镇压相伴相随，相激相荡。在杨继盛罹难之后，又有桑乔、何维柏、徐学诗、王宗茂、周冕、赵锦、吴时来、邹应龙等踵接而起，他们的遭遇亦大体与刘魁、沈炼等相同，"重者显戮，次者长系，最幸者得贬斥"③。但是，刑杖圄圉，屠刀绞索，并未能遏制这些人士以国脉民命为念的热忱，凛然愤慨、冒死犯难的气节。故此，对斥逐罪死，均甘之如饴。儒家传统"文死谏、武死战"的教义策励着他们；"臣直君圣" "致君尧舜上"的理想哺育着他们；比干的典范、魏徵的榜样鼓舞着他们。明代中后期士风激昂，在一定程度上反映出广大人民群众的疾苦和爱憎，以他们的言论风采、鲜血和生命，敢于发出乱世的危言，正是这种精神力量的体现。可惜的是，昏聩的嘉靖皇帝略同于殷纣王帝辛，而迥异于唐太宗李世民，士人们一切披肝沥胆的陈词，却都付诸流水！

嘉靖四十四年（1565）十月，发生了户部主事海瑞上疏的事件。

---

① 参见《明史稿》卷88《沈炼传》。
② 《明史》卷209《杨继盛传》。
③ 《明史》卷209赞。

可以看作是部分朝臣抵制和抨击嘉靖乱政的压轴，又是对嘉靖执政四十余年，特别是中后期的简要总结。海瑞也是事先买备棺木，遣散奴从，辞别妻孥，然后递上名为《治安疏》的著名奏章。他不否认嘉靖帝"即位初年，铲除积弊，焕然与天下更始"的良好开篇，但又痛切指出：

> 陛下则锐精未久，妄念牵之而去矣，反刚明而错用之，谓遥兴可得而一意修玄。富有四海，不曰民之脂膏在是也，而侈兴土木。二十余年不视朝，纲纪弛矣。数行推广事例，名爵滥矣。二王不相见，人以为薄于父子；以猜疑诽谤戮辱臣下，人以为薄于君臣；乐西苑而不返宫，人以为薄于夫妇。天下吏贪将弱，民不聊生，水旱靡时，盗贼滋炽，自陛下登极初年，亦有之而未甚也。今赋役增常，万方则效，陛下破产礼佛日甚，室如悬磬，十余年来极矣。天下因即陛下改元之号，而亿之曰："嘉靖者，言家家皆净而无财用也。"①

海瑞的疏文措词锐利，概括性强。反映的问题既深又广。他与其他人的奏疏最重大的区别之处在于，全疏均直接针对嘉靖皇帝本人的主要失德过错，诸如迷信、苛断、猜疑、贪婪、浪费、刻薄寡恩等而言，指出"君道不正"。《治安疏》是有明一代最重要的政论文字之一。海瑞自言"昧死竭惓惓为陛下一言之"②，希望嘉靖帝能"反情易向"，以赎前愆。可是，这位"陛下"并无丝毫幡然觉

---

① 海瑞：《治安疏》，载《海瑞集》上编，第218页。
② 海瑞：《治安疏》，载《海瑞集》上编，第220页。

悟之心，反面急呼速将海瑞逮捕起来。想不到，他在要杀海瑞而尚未杀之时，自己却已一命呜呼，和他的西苑离宫、斋醮玄殿以及方士人等永别了。

嘉靖皇帝去世，留给他的继位人隆庆皇帝朱载垕的是一笔如蜩如螗、如沸如羹的政治遗产，一笔亟待清算的烂账，是一个内忧外患频接、矛盾丛生、乱萌猬集的局面。"其时纷纭多故，将疲于边，贼讧于内，而崇尚道教，享祀弗经，营建繁兴，府藏告匮，百余年富庶治平之业，因以渐替。"① 这是明政权可能由衰入朽的时期，可能面临总崩溃而解体的时期，能否振颓起衰，挽狂澜于既倒，对继起的隆庆朝以及隆庆皇帝本人，都是生死攸关的严峻考验。

这个一生以议大礼、兴大狱、执迷崇玄、反复耍弄权力、恩威不测的生身皇父，对隆庆皇帝产生过什么正负面影响；隆庆时期又是如何与嘉靖时期衔接交替；嘉靖与隆庆两代君王，在个人经历、人品、素质、心态特点、治道倾向等方面有何异同。都是本书要继续探讨的问题。

---

① 《明史》卷18《世宗本纪》赞语。

第四讲

皇室家庭关系的畸变

嘉靖皇帝求子心切

嘉靖皇帝在婚姻关系上也表现出刻薄寡恩。他刚到十六岁，在正位不久的元年（1522）九月，即举行大婚，立皇后陈氏。但他与陈皇后的关系非常恶劣，可能是陈皇后比较接近弘治皇帝遗孀张太后，亦可能是陈皇后不甚接受玄修之故。到嘉靖七年（1528）九月，陈皇后病重，她的父亲泰和伯陈万言要求容许陈后之母冀氏入宫视疾。这本来是人情之常，亦是历来宫闱不禁的。但嘉靖不但不准，反而借题发挥，数落了一顿，言："朕惟外戚自古未有入宫禁。假以视病为言，多有窥伺朝廷者，在彼为得计，在君为堕计。皇后作配朕宫，良医妙药岂无治病之具，何谓不见亲人不能得好？"①陈皇后终于郁郁以终。陈皇后死后，嘉靖帝尚且不饶，对内阁大学士等人说："前者初婚之期，皆是宫中久恶之妇所专主，而日夜言之圣母，圣母未之察耳。"②甚至对陈皇后的葬仪也有意一再降低规格。这显然不仅是对已死妻子的不满，而是将诅咒的发泄指向弘治皇帝的妻子张太后，恶诋之为"宫中久恶之妇"，将一己的婚姻与当时宫闱内张、蒋两太后的斗争联系在一起，陈皇后无非是一牺牲品而已。

陈皇后死后一个月，嘉靖皇帝即立顺妃张氏为皇后，这当然是出于己意，并得到蒋太后同意的。但他与张皇后的关系也非常恶劣，

---

①② 邓士龙：《国朝典故》卷35。

拖到十二年（1533）正月，又宣布将她废掉。张氏亦于三年后郁郁以终①。这个皇帝的喜怒无常，爱憎不一，在立后废后的问题上，也可见一二。

最令嘉靖帝和他的母亲蒋太后担心不已的，是嘉靖帝结婚后虽广纳妃嫔，但直到二十七岁，即到嘉靖十一年（1532），仍未有子嗣。蒋太后母子之所以焦急，主要是政治上的考虑，正德皇帝因无子，不得不将皇位传让给堂弟，又因此引发起一场震动朝野的"大礼议"纷争，竟使享国十六年的皇帝因绝嗣而绝统，一变成为旁支。前车可鉴，不由得不使蒋太后母子引为隐忧。特别是嘉靖帝婚后多年无子，已引起了朝野的密切注意。早在嘉靖九年（1530），就有福建平和县知县王禄上疏建议，挑选"宗藩之子有幼而歧嶷者，当预养宫中以备储贰之化"②。王禄以蕞尔小官，居然关心到皇帝继嗣的问题，并敢于提出"预养宗子"之议，可见此事已经引起较为普遍的重视。嘉靖帝当然不会容忍这样的议论扩散，怕引起新的一轮从另一角度提出的有关统嗣问题的讨论，故对王禄狠斥之，并命巡按御史逮治。但也确实害怕万一血脉中断，继位者也仿照自己的模式，又来一个继统不继嗣，将自己的神主扔在一边，历经艰难为自己父母争得的睿宗兴献皇帝以及皇太后的尊号也难以保存。为此，年未而立的皇帝便日夕服药求仙，企盼早生贵子。

直到嘉靖十二年（1533）八月，阎丽嫔总算诞育了一个儿子，这当然给嘉靖帝带来了莫大的喜悦和兴奋，为此举行了盛大的庆贺和命名仪式。在举行仪式的前夕，他先郑重行礼以答谢上玄赐子，又到太庙禀告列祖诸宗，奏报已经传嗣有人，解决了无后之忧。又

---

① 王世贞：《弇山堂别集》卷31《帝系》。
② 沈德符：《万历野获编》卷2《驳正大礼》。

精选所谓福寿双全而且多子的内夫人为婴儿剪发。举行仪式当日，嘉靖兴冲冲地穿戴冠冕礼服，御登乾清宫。由陈皇后偕同阎丽嫔具礼服，在赞乐声中带同皇子朝见，嘉靖降座执皇子右手，赐名为载塁，高兴地诏告全国："於戏！主鬯得人，允副慈怀之怡慰；承家有继，实召古代之通情。"① 他宣布"以皇储生，上祭服升告皇天，内殿告祖考。礼成，御奉天门，文武群臣致词称贺。仍诏视冬至贺例三日不奏事上封。次日奏事，仍不上封"②。又郑而重之将皇子名敕知礼部、宗人府，登之于玉牒，并通告藩国。他本以为自此香火有继，奉祀有托，皇储有人，心头上积压了十多年的一块石头便可以落地。讵料天有不测风云，这根独苗苗才活了一个多月，便告早殇。宫廷内一片哀痛愁云，嘉靖皇帝也为此大病了一场。十二月，为载塁行葬礼，奉安于享殿，谥曰哀冲皇太子。

　　载塁的去世，更增加了嘉靖帝的焦灼和彷徨。在这方面。嘉靖认为此乃冥冥皇天的安排，而非疾病健康的原故。为此，他召请了许多方士专门设坛以祷祀，祈求玉帝诸仙再赐给宁馨儿以延皇祚。其中，又以号称致一真人的方士邵元节卖力最勤，预言不久之后必能诞育，果然到十五年（1536）十月，皇妃王氏又生了一个儿子，嘉靖帝欢喜非常，做了更加隆重的安排，《世宗实录》连续有详细记载：

> 以皇子生，遣翰林院侍读屠应峻、华察，侍讲胡经，修撰杨瀹、陈节之，编修秦鸣夏、闵如霖，检讨郭希颜，左春坊左谕德张兖衮，右春坊右谕德张治、王用宾各赍书

---

① 《明世宗实录》卷153，嘉靖十二年八月乙未。
② 《明世宗实录》卷153，嘉靖十二年八月庚寅。

报诸王。①

上以宫人不谙保护皇子,命礼部选民间妇无夫子系累者二千余人入宫。②

上命皇子曰载壑,亲告于皇祖、皇考。遣武定侯郭勋、宗城伯卫錞、遂安伯陈镃、大学士李时、礼部尚书夏言、顾鼎臣、兵部尚书张瓒分告七庙。③

此外,他下诏蠲免了山东、河南、北南两直隶历年拖欠的子粒租银四分之一;免除京内外军卫有司亏欠的牛、马、驴;给文武百官各赐诰敕,"申布恩泽"④。为此,还颁诏朝鲜和安南等属国,派遣翰林院修撰龚用卿、户科给事中吴希孟捧诏书出使⑤。在当时,这是一种前所罕见的"创礼"⑥。

如此喧闹了两三个月,将载壑的出生作为君国的首要大事来操办,有些措施铺厉张扬,有意惊动国内外,显然是为了安抚久已悬念的人心。有些措施与其谓为珍护,毋宁谓为无知,诸如责成礼部精选二千余名无夫子牵累的民妇入宫以照顾此一稚子,真不知此二千余人如何着手以效劳,又如何有别于宫人们的"不谙保护"?但是,嘉靖皇帝最为虔诚铭感的,还是归功于上玄的恩赐。他对于方士们的祈求祷祀大加嘉勉,特别是对邵元节所做的预言灵验更深为感激。他竟认为,生育儿子并不是他本人和妃子正常生理的产物,

---

① 《明世宗实录》卷192,嘉靖十五年十月甲午。
② 《明世宗实录》卷194,嘉靖十五年十二月庚寅。
③ 《明世宗实录》卷194,嘉靖十五年十二月丙午。
④ 《明世宗实录》卷193,嘉靖十五年十一月戊午。
⑤ 谈迁:《国榷》卷56,嘉靖十五年十月壬子。
⑥ 查继佐:《罪惟录》列传卷3《庄敬太子载壑》。

而是邵元节功力通神的结果。因为邵曾竭力为皇帝求子设立专坛，礼拜上苍，而且据说在祈坛之上早晚有云气，应为必生贵子之兆。于是，嘉靖帝乃下令大修金箓坛于立极殿七日七夜，"以谢诸神"①；又加授邵元节为礼部尚书，给一品服俸，赐白金、文绮、宝冠、法服、貂裘。再授其徒邵启为等为各级禄秩②。将个人生子作为同脉所系，将自然的生理现象做出超自然的解释，就是这场大庆典大功赏的动力。

载壑出生后不久，嘉靖十六年（1537）正月，杜康妃又生了第三个儿子；二月，卢靖妃继又生了第四子。五月，嘉靖帝命名第三子为载垕，第四子为载圳③。这个载垕，就是本书的传主，日后的穆宗隆庆皇帝。载圳，就是在嘉靖晚年，一再图谋夺位的景王。

嘉靖十六年，是嘉靖广育子息的一年。八月，第五子、第六子相继出生；十二月，第七子生。可惜的是，这三个儿子都未到周岁便先后夭折。嘉靖帝对此是很伤心的，他曾亲撰过一首《思子歌》，分赐在廷文武勋戚诸臣，以表达哀思④。到十八年（1539）闰七月，又生了第八子，但也只活了几个月就去世了。终嘉靖皇帝一生，他共生育过八个儿子，但其中长、五、六、七、八等五个儿子都是在婴幼时期早殇的。

嘉靖十八年二月，他册立载壑为皇太子，封载垕为裕王，载圳为景王⑤。

嘉靖本以为，自此之后，不但皇嗣后继有人，而且又有两子已

---

①② 参见《明史纪事本末》卷52《世宗崇道教》；《明鉴》卷6，嘉靖十五年十二月。
③《明世宗实录》卷200，嘉靖十六年五月己卯。
④《明世宗实录》卷218，嘉靖十七年十一月庚辰。
⑤《明世宗实录》卷221，嘉靖十八年二月庚子朔。

晋王封，堪为屏藩栋梁，可释后顾之忧。他在十九年（1540）元月起即长期有病，打算长期静摄修玄，曾提出过让年仅三岁的皇太子"监国"，偶尔还说过要传位给皇太子的话，对群臣力谏，他反而严加申斥。

但切不可认为，嘉靖皇帝因为已立有皇太子，便有意放弃皇位或放松对权柄的控驭。事实绝非如此。在这位"当今圣上"的思想深处，长期存在着一对相碰撞的矛盾，那就是修炼得道与现实权力的冲突。神仙诚可爱，皇权价更高，若为自己计，两者皆不抛。要他割弃任何一种，都是决不情愿的。他的人生终极目的，是长生多寿以永踞皇位，既享受人生的极富极贵，而又得兼为地上神仙。故此，什么"监国""传位"云云，不过是久病当中一时焦灼的热昏胡话，是绝不会当真的。实际上，他对于自己的亲生儿子，而且是由自己亲立为皇太子的人，在权位问题上也是潜存着一种极其复杂的矛盾交织的心态，存在着一种非常敏感的戒备和嫉忌。有不少事例可以说明：

嘉靖十九年（1540）十二月，临将新岁前数日，"春坊赞善罗洪先、司谏唐顺之、司经局校书赵时用各上疏言：'来岁元日，朝贺礼成。请皇太子御文华殿，受文武百官朝贺。'上曰：'朕方疾后未全平复，遂欲储贰临朝，是以君父不能起者。罗洪先等狂悖浮躁，姑从宽，俱黜为民。'"①这真是匪夷所思。奏请在朝贺礼成之后再朝贺太子，本来是典礼的常经，孰料这一奏请却触犯了嘉靖皇帝最敏感而脆弱的神经。据《国榷》的记载，他收览这些奏章之后愤不能平，手札质问内阁诸臣，这些奏章是什么意思？阁臣含糊搪塞，他将奏章留中二十六天，然后下旨申斥，并罢了罗洪先等人的官②。

---

① 邓士龙：《国朝典故》卷36，嘉靖十九年十二月壬午。又参见《明史》卷93《唐顺之传》。

② 谈迁：《国榷》卷57，嘉靖十九年十二月壬午。

这场风波充分反映出一个身心交瘁皇帝的病态心理。对于自己的病况，本来已经忧心忡忡，而作为东宫宫僚的罗洪先、唐顺之等人，却于此一时刻奏请皇太子出殿受贺，正好触犯到大忌讳。他怀疑这些人"归诚储贰，有必君父心"①。于是，便将他们通通摘了乌纱帽，赶离皇太子左右。

两个月之后，御史杨爵在其奏章中也涉及此事："近日赞善罗洪先等皆以言罢斥。国体治道，所损甚多。"②杨爵当然是认为，为奏请太子受贺而黜斥多人，闹得满朝惊骇是不明智不必要的，希望皇帝注意自重。想不到杨爵这一番话，又惹起嘉靖帝的激动，居然赌起气来，"上复大怒，曰：'吾其传也。'爵因此系狱二十年。上又以久病，声言欲传位于太子。礼部尚书（万）寀请上以献岁御朝。上复恚曰：'尔等谓吾病矣。即此新序，传位太子。'于是群臣莫敢请上朝者"③。

由此可看到，他总是在病况恶化或生大气的时候，将传位一事作为气话，作为堵塞群臣奏请上朝的口实。

二十一年（1542）六月，在罢斥大学士夏言的手谕中罗列了夏言的罪行，其中有一条就是"擅署慈庆宫为东宫府"④。

二十五年（1546）正月，贵州道监察御史周冕请注意对皇太子的教育，"是时太子生十一年矣，犹未出阁讲学，冕极极言谕教不可缓，请早降纶音，慎选侍从。帝又大怒，谪云南通海县典史"⑤。嘉靖帝怒斥周冕说：典礼应出自上，不是外臣所应建言的，周冕"轻妄奏渎"，罪在不饶。

---

①②③ 查继佐：《罪惟录》列传3《皇太子载壡》。
④ 谈迁：《国榷》卷57，嘉靖二十一年六月辛巳。
⑤《明史》卷210《周冕传》。

可以认为，从十八年（1539）册立尚未足三周岁的载壡为皇太子之日起，嘉靖皇帝便陷入一种半忧半慰、似幸似惧的复杂心态当中。他未尝没有一般人的舐犊之爱，父子骨肉之情，也未尝没有得育皇嗣的喜悦，便又由衷害怕终有一日要交权让位给自己亲手册立的皇太子。储贰本寓有待位的意思，但这又是嘉靖帝在感情上难以完全接受的。亲生儿子做了帝位继承人，在一定程度上便被视作一个潜在的对立面，一个隐形的威胁，总怕面临被迫腾出皇位那一天的到来。每当直接或间接触及此事，一种异常狂躁的情绪便会爆发，莫能自已。

太子加冠，按通常的说法，就是太子渐近成年，可以出阁就学的一种仪式。在当时，这是关系皇位继承人成长过程中的一件大事，也就是说，已经具备了在必要时可以接位的条件。应该何时为载壡加冠，对于嘉靖皇帝说来，也是心中忐忑，拿不定主意。从二十四年（1545）起，臣下便多有奏请，这个问题已经被提到国事的日程上来。他时而诏令礼部拟定冠礼仪式，又时而敕令停止筹备，一再反复变化，反映出在这方面的犹豫，举棋不定。经过将近四年的拖延，直到二十八年（1549）三月。载壡已经十四岁，才终于决定举行典礼。按照惯例，"命少傅兼太子太傅、驸马都尉、京山侯崔元持节掌冠，少师兼太子太师、吏部尚书严嵩赞冠，礼部尚书徐阶宣读敕戒"。"次日，又命文武群臣俱于奉天门行五拜三叩头礼。"[1]仪式一经举行，意味着比较完整意义的储君已经存在了。

但是，天有不测风云。想不到，这位皇太子刚加冠两天，竟然得急病身死。人死了，心理上潜在惧怕交位的想法也消失了，但应如何解决继嗣的问题又随之出现。更令他难过的是，他坚信这是天

---

[1]《明世宗实录》卷340，嘉靖二十八年三月乙酉、丙欲盖弥彰戌。

意的安排,是上玄对他的惩罚,他似幻似真地认为,载壑是有仙气的人,不耐在凡间久住,又相信此子在临殁前曾朝北面伏拜,以向他辞别。他下诏为载壑举行隆重的葬礼,命百官齐衰、哭临,将载壑谥为庄敬皇太子,称为国丧。

因载壑的猝逝,更加深了嘉靖迷信玄修,不但将人间的生死祸福都归结为由天神所掌管,而且注入了政治的含义。原来他所宠信的方士陶仲文,因为摸透了他忌讳传位的心理,曾经提出过推迟给太子加冠的意见。这本来是方士迎合之词,但在载壑死后,嘉靖却将之奉为神明昭示,"独答陶仲文云,早从卿劝,岂便有此?中外不知所谓。后裕王、景王置外邸,遂传仲文有二龙不相见之说,自此启之也"①。

裕王即皇三子,日后的隆庆皇帝载垕,景王即皇四子载圳,不久都被命出宫就邸,也就是海瑞所说的,"二王不相见,人以为薄于父子"②。想不到方士一席狂言,却被奉为金科玉律,足以规范皇帝言行,离间父子之亲。至于"二龙不相见"的邪说,更为未来的隆庆皇帝增加了不少痛苦和困惑。

不论对于一被追谥为哀冲皇太子的载基,一被追谥为庄敬皇太子的载壑,也不论对于活着的两个儿子载垕和载圳,嘉靖皇帝对于他们从出生、册封、就邸以至死丧,一切都是从本人的利害,甚至纯是臆想性的利害,作为考虑权衡的出发点。人性的血脉亲谊都屈从于对权位和长生的狂热追求上。这是几位皇子,更特别是嘉靖皇帝的人生悲剧。无子的焦灼,绝嗣的忧虑,得子的喜悦,衰老的恐惧,担心终将让位的自我折磨,诸种情结起伏交织于嘉靖心中。人格和

---

① 谈迁:《国榷》卷59,嘉靖二十八年三月丁亥。
② 海瑞:《治安疏》,载《海瑞集》上册,第218页。

心理的多重性，在嘉靖家庭夫妇、父子关系中显现出多层次的逆变。

史学家查继佐就嘉靖父子关系问题上，精辟地指出：

> 论曰：帝急欲一试为父礼，哀冲方赐名，阅月夭，追尊皇太子，予谥。曰其将册命之矣。以将册为已建，创制也。庄敬数龄得立，特诏四夷，亦创制。好陈古则，而多臆行，帝以为此礼矣。廷臣力争太子监国，重得罪；继又请明年朝贺太子，复重得罪。旨前后殊。曰：帝独讳老也。①

好一个"帝独讳老也"！

隆庆皇帝身世有难言之恫

朱载垕虽然是天潢帝胄，贵为皇子，其后终又得承皇祚，成为皇帝至尊；但细考其人生历程，发展是颇多坎坷的，身世确有难言之恫。凡此，都对他的为人处世和心理活动的大幅度起伏，留下了深深的烙印。

所谓身世上有难言之恫，一指他与嘉靖皇帝的父子关系一直不正常；一指他继承皇业的地位长期得不到确保，前途叵测，而且屡生危殆。在载垕三十岁正式登基之前，一直是在抑郁、疑惧以至忧

---

① 查继佐：《罪惟录》列传卷3《哀冲、庄敬两皇太子》。

危的状况中度过的。

朱载坖的生母是康嫔杜氏,因生育载坖被晋封为康妃。载坖是嘉靖皇帝的第三子。按照常规,他既非正后嫡出,又非长子,本来就不具备继承皇位的可能,而且事实上,嘉靖皇帝早在嘉靖十八年(1539)便正式册立了皇二子载壑为太子。名分既定,载坖便以普通皇子的身份平静地在宫中生活了十二年。当时,在他幼小的心灵中,既不敢奢望大位,更没有任何争立的想法。在他刚满两周岁时,便被册封为裕王,排行第四的异母弟载圳同一天被封为景王①。按照当时的情况,这两位年幼王爷的唯一出路是成年后分藩建府,作为一个宗室贵族以终其身。在当时。裕王和景王的身份地位是绝对平等的。但是,到了嘉靖二十八年(1549)三月,因皇太子载壑的猝然死亡,情况便发生了根本性的变化。

皇太子薨逝,储位空缺,出现了新的格局,当然就存在谁将被继立的问题。按照立长不立幼的原则,而且他和载圳都非嫡出,载坖理所当然应作为第一继承人,自应正位东宫,取得储君的地位。

但是,问题也出在这里。自从载壑去世之后,嘉靖皇帝一直到去世前,都坚拒再立太子,储位竟空悬了十八年之久。

这有多方面的原因:

第一,是由于嘉靖皇帝的迷信心理。"庄敬太子薨,群臣请立裕王为太子,上以尝两立太子。皆不禄,未允。"②

第二,更主要的原因,是嘉靖皇帝是一个狂热的道教信徒。道教虚构出一个与凡世密切联系而又高于凡世、内部等级层次分明的神仙世界。这些神仙出于凡尘而又远离凡尘,在天廷中过着逍遥缥缈、

---

① 《明世宗实录》卷221,嘉靖十八年二月庚子朔。
② 查继佐:《罪惟录》列传卷4《景恭王载圳》。

无止无休、既清静而又荣华的生活,永享极乐。他宠用方士,迷信他们编造的各种神迹、仙方、谶语、扶乩,认为从这里可以得到自己热切企盼的长生不老,能够以地上仙的身份永踞皇位,天廷至尊荣宠与人间极高极贵两得之。特别到中晚年,他甚至认为如果再立储,不啻是树立一个必将威胁到本身皇位、有碍长生永禄的候补者,也就意味着自己终将让位,终将撒手人寰,序入仙班和永久性帝王的美梦归于破灭。一种最无稽的思想,一种最不现实的观念,有时会在一个人的心目中变得那么固定和执着,如醉如狂地企盼和狂热地追求,甚至不惜使用一切不同寻常的极端办法以排除假想的障碍。嘉靖皇帝正是如此。他"讳言立储,有涉一字者死"①。甚至连著名的大臣徐阶,在他担任礼部尚书,处在最受嘉靖皇帝重用的时期,亦曾因建言立储,而一度陷入非常危险的境地。时在嘉靖三十年至三十二年(1551—1553)之间:

> (徐阶)请立皇太子,不报。复连上疏请之,与同直四臣请之,皆不报。盖当继庄敬太子而立者裕王,是为穆宗,而景王与同齿,又母卢妃得侍上,中外未测上意所向,阶恐有猎奇者,故请之亟。最后,当冠而及婚礼若开讲,阶复请先裕而后景,上意稍不释。②

当时,徐阶与大学士严嵩已互为政敌,严嵩深惧徐阶迟早会凌

---

① 于慎行:《谷山笔麈》卷1。
② 王世贞《嘉靖以来内阁首辅传》卷4《徐阶传》。又,《国榷》卷60。嘉靖三十一年二月甲辰:"礼部尚书徐阶请裕王景王冠婚,会上仪注,阶等先裕王,上命俱三同。"可参考。

驾于自己之上,"所以中伤者百方。一日独召对,上与屈指论群臣孰优,至阶。而嵩徐曰:'阶所乏不在才,乃才胜耳,是多二心。'盖以其尝请立太子也。阶危甚,不知所为,惟益精心斋词,以冀上怜之"①。

从徐阶这一段经历里,可以充分看到,一桩本来是极正常的事件却被扭曲为反常,且被塞进了极其复杂的政治权位等人际关系的因素。嘉靖之所以视立储为极大的忌讳,不惜为此而疏远重臣,甚至置人于死地,认为建议立储实质上是对他本人仙籍和皇位的侵犯,反映出他在心理上和性格上的严重失衡。为遵守"二龙不相见"的谶语,他有意长期地与儿辈隔离,"岁时入问安,不辄见"。也由于同一原因,他在皇太子载壡去世不久,即命建造裕、景二王王府,并于嘉靖三十二年(1553)春二月,将两个儿子撵出宫外②。朝野对于这样"父子之人伦乖"很难理解,有人指出:"贼臣之得专权,皆原于皇上父子之不相见。"③

更有甚者,嘉靖帝不仅不愿见儿子,而且对子孙繁衍也非常反感,认为是危及本身利益的又一祸害:

> 今上④以癸亥(嘉靖四十二年,1563)生于裕邸,时世宗惑于二龙不相见之说,凡裕邸喜庆,一切不得上闻。是年四月,西苑玉兔生子,七月又有白龟卵育之瑞,廷臣俱上表贺,而今上弥月,不敢行剪礼。至穆宗即位,始以(隆庆)元年正月赐今御名。⑤

---

① 王世贞:《嘉靖以来内阁首辅传》卷4《徐阶传》。
② 《明世宗实录》卷382,嘉靖三十二年二月甲寅。
③ 郑覆华:《椒山场公手跋》,载《明文海》卷302。
④ 按:指载垕之子翊钧,即明神宗万历帝。
⑤ 沈德符:《万历野获编》卷2《圣主命名》。

> 穆宗在潜邸，朝夕危惧。今上诞生，至两月间不敢剪发。一日，有宫女最喜者乘间以闻，上怒而谴之，宫中股栗，莫知所为。①

其实，早在日后的万历皇帝朱翊钧出生之前，朱载坖已经生育过两个儿子，但均早殇，翊钧是第三子。在载坖长子出生之时，即已出现过意想不到的风波：

> 嘉靖三十四年十月壬辰，裕王第一子生，礼部请告于郊庙、社稷，诏告天下，令文武群臣称贺。上曰："此所具仪，太孙之礼也，岂可不俟君命？第遣官奏告玄极宝殿及奉先殿，群臣不必称贺，颁诏无谓，已之。"②

嫡孙出生，本来是大喜事，却违背常礼，不准颁诏，不准称贺，不准禀告太庙和社稷，以异常的冷淡对待之，与他当年生育载壡、载𡎚时隆重其事，甚至诏告外国的规格相比，真有天渊之别。要害之处在于不准比同太孙，而所以不准比同太孙，则显然是针对载坖能否作为皇储的考虑。

更令人不解的是，这个嫡孙出生，竟然惹起乃祖的暴躁盛怒，甚至要杀人：

> ……(裕王)邸中第一子生，入直侍郎闵如霖贺表中云："庆贤王之有子，贺圣主之得孙。"上大怒，剑击其疏曰：

---

① 于慎行：《谷山笔麈》卷1。
② 《明世宗实录》卷427，嘉靖三十四年十月壬辰。

"可斩！渠先子而后我，降俸三级。"①

一切以自我为中心，以扶乩谶语为根据，以臆想支配情绪，竟然认为白兔、白龟产子育卵为可喜可贺的"祥瑞"，而将本身子孙繁衍视为莫大的灾祸，引发出莫名其妙的恐怖和愤怒，以这样类似神经性的梦游方式处理问题，实涵蓄着对人性的戕贼和极端自私暴虐的情操。

在这方面，嘉靖帝的子孙们便不幸地成为直接的受害者。作为现存年长皇子，按顺序位居皇位第一继承人的载垕，更是首当其冲，成为被嫉忌的首要对象，甚至还祸延他的儿子们，特别是生存下来，日后继位为帝的朱翊钧。一脉皇孙，隐然眼中之仇。两代嗣君，酷似在押之囚。当时，裕王府四周布满侦缉逻卒，密切监视什么人与载垕交往，王府随从侍卫们发生的一些琐事，也会立即密报给嘉靖帝的宠臣、锦衣卫左都督、大特务头子陆炳处，陆炳又连忙奏报给嘉靖帝，"宵小煽动，其说益长，甚有摭拾裕邸校尉酒食小过报于锦衣陆炳上之，炳亦欲因此探向背"②。可见，载垕之所以"朝夕危惧"，并不是无风起浪，而是对来自乃翁一系列反常措置的自然反应。

朱载垕不论生长在宫闱中，或在分府建藩之后，一直生活在一种畸形的家庭伦理关系之中，他从来没有得到来自皇帝老子的父爱。更有甚者，他的生身父亲还百般摧阻他本应享受的母爱。嘉靖三十三年（1554）正月，载垕的生母杜康妃去世。在她病重时，嘉靖帝不但不许朱载垕入宫探视，而且在她去世后，仍不准按礼制应予的葬仪。对于这位生育现存最年长皇子、按伦序其子应立为储君

---

① 于慎行：《谷山笔麈》卷1。
② 朱国祯：《皇明大事记》卷38《阁臣》。

的妃子，本应按成例予以美谥和厚葬，以为他日追尊为皇太后的基础。礼部按此原则拟定了仪注，讵料却遭受嘉靖皇帝的一再贬低。《明世宗实录》对此有详细的记载：

> 嘉靖三十三年正月壬子，康妃杜氏薨。妃，裕王母也。礼部随上葬礼仪注。尚书欧阳德言："累朝皇妃，薨，或未生皇子，或子外居长而受封之国，或子立为东宫而先薨，俱与今不同。惟成化中淑妃纪氏薨，所生皇子伦序居长，与妃事体相类，但彼时皇子尚幼，而今裕王既已成婚，礼宜持服主丧送葬出城，仪节稍异。"力议辍朝五日，裕王主丧，遵《孝慈录》，斩衰三年，钦遣大臣题主开茔掩圹，祠谢后土，并用工部官送葬，仪仗人数皆增于旧。上览之，谓大学士严嵩等曰："部议用宪朝淑妃例，大不同，且裕等不当服斩衰。"嵩等对："宪庙朝初有悼恭太子在前，淑妃之子居次。正与康妃今日事体相同，故礼部拟用其例，丧礼必子为主，裕王殿下须服斩衰以执馈奠之事。太祖御制《孝慈录》序文曰：'子为其母斩衰三年。部议遵用，此也。"上复谕："嵩持斩衰三年，当避君父之尊。"嵩言："臣考洪武七年贵妃孙氏薨，无子，太祖命吴王橚服慈母服，斩衰三年，主丧事，皇太子、诸王皆服期。是年《孝慈录》成，遂为定制。兹后无是事，故未之讲及。兹当垂训作则于后，伏乞仍命殿下兹日衰杖入哭几筵，其后居府尽三年之制。"上意犹未以为然。乃批部疏曰："辍朝五日不合，一切所拟俱非礼之正。"①

---

① 《明世宗实录》卷406，嘉靖三十三年正月壬子。

经过了反复商讨，最后，嘉靖帝下诏规定，杜妃的葬仪应以"常礼从事"，不准按照成化皇帝纪淑妃的规格，也不准按照洪武时期孙贵妃的仪制，不准载壑以亲子之谊服斩衰三年，百官不服丧服，只服浅淡色衣服致祭，宣读册文时平立不拜，亦不追封杜康妃为贵妃等等①。总而言之，就是力加贬降。为此，"屡劳宸虑"。

本来，对于一个妃子的生死荣哀，葬仪规格的高低，在史学研究上是无足轻重的，一般不值得深论。但从隆庆皇帝生母杜康妃葬礼规格几上几下的奏请和谕示，《明世宗实录》竟以将近两千字的篇幅记述其过程②，足见此事颇不平常。嘉靖之所以对杜妃如此薄情，如此亲自出面一再坚持具体的贬损，如此顽固地对抗洪武皇帝御制《孝慈录》的规定，其实并不是偶然的，问题的要害不在于如何对待已故的杜妃，而在于针对尚仍健在，又在成长当中、有待决定是否作为储贰人选的儿子朱载壑。

第一，贬低杜妃的真正用意是在于不肯抬举载壑。这从坚决驳回礼部所拟援照成化朝纪淑妃的殡葬规格办事可以看得很清楚。按，纪淑妃是孝宗弘治皇帝朱祐樘的生母，她去世的时候，祐樘虽然尚未被册立为皇太子，但伦序居长，实已隐然成为理所当然的皇位嗣位人。果然，纪妃在成化十一年（1475）六月死，同年十一月，年仅六岁的祐樘即被立为皇太子，其后顺利地接统登极。如果将杜妃比拟于纪妃，那无异是承认载壑的储贰地位，也是承认了杜妃日后被追谥为皇太后的现实可能，这是嘉靖帝所不能接受的。因为嘉靖帝对于尚在生存的两个儿子载壑和载圳之间，一贯偏爱载圳；而在杜妃与载圳生母卢妃之间，又较为宠爱卢妃。因此导致日后的两王

---

① 《明世宗实录》卷406，嘉靖三十三年正月壬子。
② 本书摘订的仅为嘉靖三十三年正月壬子条的一少部分。

争立。详细情节,将于下文再述。

第二,当然也与忌讳和迷信有关。嘉靖企求长生,极不愿意自己有生之年,而儿辈服"斩衰"三年的大丧礼,他复谕大学士严嵩等说,"当避君父之尊",正是明确无误地表达出这方面的顾虑,可谓情溢乎词。

当时,朱载坖已经十八岁,对父皇在生母葬仪问题上的诸多刁难,当然是有觉察,并能品味出其真正用意的。亡母备受冷落,本人前途未卜,其悼念母亲的情结必与本人身世不幸交织在一起。万历年间的史学家沈德符对于此事的政治内涵是有感慨的:

> 嘉靖三十三年,康妃杜氏薨,则穆宗生母也。礼官请复三年丧,上不许。又引(明太祖)孙贵妃故事,亦不从,且以避至尊,不宜重服下谕。群臣遂不敢争。且自穆宗就裕邸后,生不得见,死不得诀,亦可愁矣。[①]

这一段史料,读之使人酸鼻。宫闱关系畸变,又非常情所能解释的。

已经成年并就藩的朱载坖,对于来自父皇一再不规则地贬损,自然知道自己的处境恶劣。他在继位之前的心态当然是不平静而且极端复杂的。其隐私不便与人言,其景况不可与人言,其恫痛更不敢与人言。因为有父几等于无父,有母实同于无母,生子而讳言得嗣,孩子到了五岁,连一个名字也没法得到,故在精神上陷于焦虑性的紊乱和深藏的抑郁之中。他必须被迫淡化一切普通伦理,在严重被

[①] 沈德符:《万历野获编》卷2《圣主命名》。

压抑被疑忌的惶恐中度过自己的少年以至进入青年时期。他虽然早在两岁时便被封为裕王，其后，又被分府就邸，但与其谓贵为亲王，不如说是被有意斥离宫禁，成为被囚禁在王府之内的特等闲人和被疑忌的对象。他虽然身为现存皇长子，但储君身份未分明，是祸是福难以逆料。不仅不许他过问朝政，而且不准涉及皇室事务，一切俯仰由人，只相当于一只有翅难飞的笼中之鸟。什么时候才能冲破樊笼，振羽翱翔呢？朱载垕自己是无法解答的。

即使在生活供给方面，嘉靖皇帝对于载垕也极少照顾。当时，裕王府的经费相当窘困。表面上，裕、景二王的俸禄是一样的，嘉靖批谕户部，每府岁支禄米三千石，钞一万贯①。但景王朱载圳可以从母亲卢妃处得到额外的赐赠。并且他交游广阔，有权臣勋贵善窥嘉靖帝的意图，认为他将被册立，故多方予以馈赠作为政治投资，是以载圳生活优裕。载垕则相当穷困，因为他以上述禄米钱钞，仅能勉强维持本人及其家庭、府邸官役、侍卫的日用开支和俸酬。更由于，连这笔为数有限的收益，也往往未能如期领得，至于皇室例有的恩赐，更不敢伸手：

> 世宗于父子素薄，王岁时不得燕见。常禄外，例有给赐，王亦不敢请。积三岁，邸中窘甚。王左右以千金贿严世蕃，世蕃喜，以属户部，得并三岁资。②

以皇子亲王之尊，拮据至于如此，竟然不得不行贿求严嵩的儿子严世蕃以谋疏通，才能乞取到例有的给赐，实在是难以令人相信。

---

① 《明世宗实录》卷393，嘉靖三十二年辛丑。
② 《明史》卷193《陈以勤传》。

据万历时期长期在宫中任职、熟知宫廷内幕的太监刘若愚的记述，嘉靖时内府在北京开设有名叫宝和、和远等六家"皇店"，"经管多处客商贩来杂货"，委任提督太监一员主理，所得的赢利，"除正项进御前外，余者皆提督内臣公用"[①]。裕王府有时实在困难，王府官只好经过提督太监之手，在这些皇店进项中求取用一部分，作为挹注[②]。从这样不正常的途径以取得部分经费，正是当时宫闱关系不正常的一个侧面。

朱载圳的情况正好相反，除了上述说到他在京邸时有多方面收入来源外，嘉靖三十九年（1560），就藩湖北，除嘉靖帝赐给他大量庄田浮财和珍宝用物外，在到达藩封所在后，他又倚仗权势，一再威迫地方官勒索田产金帛，短短数年之间，便积累了巨额的财富，激成重大民愤。据记载：

> 初，圳之国，多请庄田，户部以天子爱子，悉覆给。荆州有沙市者，商贾云辏，圳请并及之。知府徐学谟执不与；议成，输金王府中。圳怒，责益急，市民皆窜去。圳执奏学谟，而相（徐）阶持之，下抚按。学谟执如初，坐调归，圳竟不得沙市。荆民感学谟。改沙市为徐市。又，刘家堨者，汉阳之聚，圳亦欲薪之。推官吴宗周不与。长史高岱素直节，以宗周召入白王，事亦罢。其他楚中田土湖陂可数万顷，

[①][②] 刘若愚：《明宫史·木集·宝和等店》。

圳皆侵入，悉赋于民，官不敢问。①

一则愁居京邸以守穷，一则暴敛于湖北而致富，兄弟二人的经济财政地位不同，正反映着宠憎的迥异。

当此之时，朱载垕孤单栖身于藩邸之内，忍气吞声以求苟安，其对处境的不满乃是理所当然的。他对不慈、不仁、不道的生身皇父的愤懑和恋母情结的增长也是理所当然的。迫切盼望改变现状改善处境，但本身又软弱无力，只能够"潜伏爪牙忍受"，只有致力韬晦以待时，十二万分地加意掩饰自己的真实情绪。这一切交织着爱与恨，期待与消沉，对正位掌权的憧憬和对现状的忧危，强烈的孤独感，某种起源于自尊心受损害而产生的自卑、殷切希望报复和悲愤彷徨心态的郁结，都必然引起这位头号贵胄和失意皇子的心潮起伏。

---

① 查继佐：《罪惟录》列传卷4《景恭王圳》。又，《明史》卷213《徐阶传》亦载："已而景王之藩，病薨。阶奏夺景府所占陂田数万顷还之民，楚人大悦。"徐阶的意思是怕其他藩王又奏请赐给此巨额田产，但亦可见，载圳之藩到湖北才数年，而兼并土地已达数百万亩。

第五讲

皇位继承危机和嘉、隆交替间的复杂形势

二王争立

促使朱载垕"朝夕危惧"的最根本原因,还在于皇位继承问题长期归属未定,而且迭出风险。原来自从皇太子朱载壡英年早逝,直到嘉靖去世为止,嘉靖一直拒绝再立储位。"初,皇太子薨,裕王以序当立,礼部数请期,而上意嫌代己,屡报寝。"①

在当时,有成年儿子而长期不立太子,被普遍认为是在皇统传继上出了问题,被视为是最大的根本性政治。不但为国内朝野瞩望,而且也引起了外国的严重关切,将之与整体的政治形势结合起来考虑。嘉靖三十七年(1558),朝鲜国王明宗李峘就曾经对他的朝臣们说:"中原之事,不可轻论。太子未立,奸臣在位,而饥馑太甚,人民相食,至为惨淡。予未知终有何事也。"②到四十二年(1563),朝鲜派遣来华的使臣李阳元再为此事启报明宗大王,曰:"皇帝如前一视朝,多聚道士日事祈祷。……封太子事,时不得闻知。"③朝鲜使臣持续地密切关注,正说明此事在当时的重要意义。

长期以来,嘉靖皇帝对于载垕、载圳两子孰应继位,一直采取外表暧昧,实质上有明显倾斜的态度。一切礼仪待遇,均以"二王"并称,是即摒除了长幼之别,淹没了伦序先后的传统,将他们置于

---

① 王世贞:《大学士严嵩传》,载《国朝献征录》卷16。
②③ 吴晗:《朝鲜李朝实录中的中国史料》上编,卷24,明宗大王十三年,明嘉靖三十七年四月壬午;明宗大王十八年,明嘉靖四十二年十二月甲寅。

平等的地位,"时裕、景二王并居外邸,礼服无异,外论汹汹,谓莫知适从"①。

按照载垕、载圳两人的条件。应该说是大体相当而又有明显的不同。二人均非嫡出,但均为八个兄弟中仅存的两个。载圳生于嘉靖十六年(1537)二月十九日,仅比载垕晚了一个月零六天,却因此存在着长幼伦序不同的区别。但另有一个很重要的不同之处,则是载垕明显不如载圳,即嘉靖帝在长时期内对两子有亲疏之分,在感情上较偏爱于载圳。他们二人的生母在御前的地位也大有不同,载垕生母杜氏一向失宠,且早死,而载圳生母卢氏却有特点,她特别能逆来顺受,嘉靖不时对之殴辱,她仍然克制感情,能逆来顺受以承欢,故在嘉靖面前尚能为载圳进言乞恩。皇帝对两子态度不同,必然在朝臣中引起不同的反应,当时,"穆宗在裕邸,景王未之国,爱幸日异,奸人谋为废兴"②,这是由于载圳聪明外露,反应灵敏,擅交际,善于迎合父皇意图;而载垕则个性迟钝,自小即以内向"木木"著称。嘉靖帝无意中流露出来的感情倾斜,自然就成为一些内怀野心、善观风色人物下注投机的依据。特别是,载圳从不掩饰自己好财货喜淫乐的习性,某些对于政情嗅觉特别敏锐的风派人物,以及现已在位希企保权固宠的大臣如严嵩之流,便认定此人易于挟制,认定拥景抑裕最符合自己的政治利益,千方百计企图怂恿嘉靖皇帝早下决心,明确以景王载圳为皇嗣。

但与拥景派逐渐活跃的同时,另一些大臣以徐阶、吕本等为首的拥裕派也逐渐形成。他们以信奉传统儒家宗法观念和恪守《皇明祖训》作为精神支柱,且亦有鉴于当时朱载垕所表现的人品素质,

---

① 王世贞:《大学士严嵩传》,载《国朝献征录》卷16。
② 查继佐:《罪惟录》列传卷11《徐阶传》。

似大不同于以浪荡皇子著称的载圳,自认为社稷计,有必要支持载垕能顺利就位。两派时起时伏的斗争,可以说从皇太子载壡去世之日起,直到嘉靖皇帝晚年,持续十余年未有休止。

严嵩及其子世蕃在这方面的活动是相当猖獗的。严世蕃此人,极有歪才而且奇贪,"熟谙中外官饶瘠险易,责贿多寡,毫发难匿"①,他亦自知多行不义,必须预先找出合乎口味的新靠山,为此"多行金左右谋立景王,庶几异日代嵩执政"②。他甚至亲自出面,引发两派针锋相对的交锋:

> 世蕃常自疑,一日屏人语(陈)以勤、高拱曰:"闻殿下近有惑志,谓家大人何?"③拱故为谑语,以勤正色曰:"国本默定久矣。生而命名,从后从土。前出九域,此君意也;故事,诸王讲官止用检讨,今兼用编修,独异他邸,此相意也。殿下每谓首辅社稷臣,君安有此言?"世蕃默然去。④

另一记载,则谓严世蕃此次以守为攻的火力试探。主要应对人是高拱而非陈以勤。其语言交锋亦具针对性:

> (先嘉靖)三十一年,二王出就婚……然人言藉藉,谓严(嵩)有二心。世蕃一日造新郑⑤,曰:"某父子事二府,低昂在心,因主上多疑,外问形迹不得不少浑合,乃

---

① 佚名:《天水冰山录》。
② 王世贞:《大学士严嵩传》,载《国朝献征录》卷16。
③ 按,此处的殿下指裕王载垕,陈、高均为裕王府官。
④ 《明史》卷193《陈以勤传》。
⑤ 按,高拱原籍为河南省新郑县,当时往往以某人的籍贯称呼之。

闻殿下微有介介，何也？"曰："某，史官之长，颇有虚名，尊公推择首用进讲，此默寓东宫之礼，殿下亦深识此意，但不敢明言。即中外意下亦自晓然，公何所闻为此言，且休矣。某在此，可以相信矣。"世蕃实以新郑伉直，有怀即吐，故以此试，必征词色应之，事真情挚，大喜而去。①

姑且不细论这一次与严世蕃面对面的交锋是以陈为主抑或以高为主，亦姑且不论世蕃是"默然去"还是"大喜而去"，更不必深究世蕃来试探是一次抑或多次，但可清晰地看到，当时在二王争立的形势下，包括最有权势的大臣在内，不拥裕即拥景，都被卷入这一巨大的旋涡之内。除了正统的嫡庶观念外，有关人物亦无不根据本人的切身利益以抉择从舍。严氏父子铁心拥景，但作为久历官场的宦途老手，他们也企图搞双保险，怕万一朱载垕顺序而立，难逃灭顶之灾。陈、高发言的共同特点，是列举"事实"，高擎裕王朱载垕理必继位的旗帜，寸步不作退让。而又巧妙地表达对严氏持有善意，着意解除其顾虑，并对之作适当的安抚，将严世蕃的试探有礼貌地顶回去，以求暂时稳住朱载垕的地位，徐待时机的到来。

拥裕派的主要力量，是在内阁之内还存在着一个以大学士徐阶、吕本等为首，得到广大朝臣拥护的支持以载垕为嗣的群体。徐阶本人曾三次因请立太子而获罪，他在礼部尚书任内，还在出阁讲读、行冠礼、婚期、封王等一系列方面，都明确主张应分长次、应有所区别，即所谓"先裕后景"。虽然所议均被驳回不纳，但可见徐在这些方面是一贯坚持的。特别是有一次在嘉靖帝有意废长立幼，有意宣布立载

---

① 朱国祯：《皇明大事记》卷38《阁臣》。

圳为皇太子的危急关头，他巧为化解，避免出现贬斥载垕的局面。此事因关系极密，故在《实录》及徐的文集均无只字记载，仅在多年之后，由已职任首辅的张居正在给万历皇帝朱翊钧的奏章中披露出来："……是时先帝（按，指隆庆帝朱载垕）潜居藩邸，世蕃一日忽有疑于先帝，命检成祖之于仁宗故事，（徐）阶为之从容譬解，其疑乃释。此事惟居正一人知之，诸臣皆不得闻也。"① 这一事实说明，内阁之内，严、徐分途，徐阶在维护朱载垕皇储首选地位的努力，是坚定不移的。

另一事实也说明徐阶曾对朱载垕给予大力保护，使之在遭遇某些意外风险时，能化险为夷。例如，嘉靖三十三年（1554）：

> 兵部员外郎杨继盛论严嵩罪状，而中有二王皆知其奸语。上怒，下继盛锦衣狱。嵩谓："二王深宫，何所知我奸；杨庶僚，何由知二王之知我奸；必有交关其间者。"属（锦衣卫左都督）陆炳加根究。（徐）阶戒炳："即不慎，一及皇子，如宗社何！"又为危语劝嵩曰："上仅二子，万一根究，得之，必不忍以二子谢公，所罪左右耳。公独奈何显结宫邸怨也。"嵩懵然惧，乃寝。②

尽可能将一切可能涉及载垕的干扰巧为推脱之、消解之，避免节外生枝，正是徐阶的苦心所在。

另一大学士吕本在这方面的态度也是旗帜鲜明，且敢于直言。早在嘉靖三十年（1551），即原皇太子朱载壡刚去世不久，他就上疏说："自古帝王莫不早建太子，将以正国本、系人心。祖宗以来，太子

---

① 张居正：《张太岳集》卷46《请乞优礼耆硕以光圣治疏》。
② 王世贞：《嘉靖以来首辅传》卷4《徐阶传》。

诸王年十五以上,则冠婚出阁,第本支异礼,必先正名,且天授元良,不可以往事概论。"①吕本所说的"本支异礼",其实是指应分长幼以别本支,载圳不宜与载垕并列;所说的"不可以往事概论",即不宜因曾两立太子均早殇而讳言立储。这些意见,全不被嘉靖帝接纳。但到第二年,当诏示为二王同时行冠礼时,吕本又疏谏不宜命二王均出宫就邸,应留裕王载垕以东宫身份仍居宫禁,言:"名份未正,不宜并出而婚,耦则上疑,轧则下贰。且先朝同在宫禁,有太后,有中宫,有东宫。今陛下骨肉亲,惟二王耳,悉出居外,独奈何自轻?"但"卒不纳。明年复请,寝如初"②。"时肃皇帝讳言裕邸事"③,吕本的言论可说是正犯其忌,再三碰钉子是必然的。嘉靖帝的态度,无异是给景王朱载圳及其亲近为谋夺位打气,是一种带着明显倾向性的纵容。"王圳年虽少不闻事,而左右之人妄有窥觊,形迹相拟,直宿或乃裕寝次。"④连嘉靖皇帝本人亦深知,"此子素谋夺嫡",但"夙知之而不禁"⑤。起码是并不排除他日后得位的可能。

分封立储联结着政治风云

到嘉靖晚期,随着当今皇帝年事日高,健康日坏,朝野对于亟

---

① ② 汪道昆:《太傅吕本传》,载《国朝献征录》卷16。
③ 曾同亨:《陆忠简公光祖传》,载《国朝献征录》卷25。
④ 查继佐:《罪惟录》列传卷4,《景恭王载圳传》。
⑤ 谈迁:《国榷》卷64,嘉靖四十四年正月己亥。

宜及早立储的要求更加迫切，而嘉靖帝对此的忌讳也日益严重。必须注意到，在当时一些著名的甘效死节以直谏人士的奏章中，往往也涉及到"二王"的问题，或认为当此奸邪当道，一般臣僚的谏诤难以入听，二王以亲子关系，或可尽言而受接纳。上文说到的杨继盛，在他弹劾严嵩十大恶的奏章中，即在疏文的末段，提出要"察嵩之奸，可以召问裕、景二王"①。徐阶认为，杨继盛所说的"二王"，其实着重是抱希望于裕王载垕，"公意以嵩在位久，其党羽布满中外，上即问必不肯言，而今皇帝（按，指已就帝位的朱载垕）以明圣在东府，冀一召问，可尽以实"②。实际情况恰好相反，杨继盛对嘉靖帝其人及形势的估计无疑是错误的。不提二王犹可，提到二王更触犯了嘉靖敏感的忌讳处，严嵩更乘机火上浇油，在这方面大作文章，务置杨于死地。"疏入，帝已怒。嵩见召问二王语，喜谓可指此为罪，密构于帝"，强加给诈传亲王令旨的罪名，终将杨继盛斩于西市。海瑞在奏疏中，也批评了嘉靖长期不见二子，指为朝纲紊乱的迹象之一，也差点送了命。宫闱家务，皇位传继问题，实已与全面政局密切联结起来。

当然，像册立储君这样的大事，不仅关系目前，而且也关系下一代的君主归属，各式各样的人物从不同立场、观点以及利益出发，都会有所表现。即使在要求遵照传统体制，主张册立年长皇子以继嗣的人当中，也是有出自不同动机的。特别是，愈到嘉靖晚期，眼看当今皇帝衰惫，疾病连绵，新旧君主交替已迫近眉睫之际，也刺激和助长了一些人的投机押宝心理，"欲以身钓奇"。有些人挖空心思揣摩当今皇帝心理以迎合；也有另外一些人则着力分析形势变向，要为不久将来登位的新皇帝立不世之功。前左春坊左中允郭希

---

① 《明史》卷209《杨继盛传》。
② 徐阶：《兵部武选司员外郎杨公继盛墓志铭》，载《国朝献征录》卷41。

颜就是这样忽左忽右，自以为擅于窥测风向，并擅于捕捉机遇的人物。他本来就是一个巧言佞色、人品卑鄙的无行小人，为人处世本无正邪是非之分，唯以精于在官场钻营，善于变色转舵为得计。早在嘉靖二十三年（1544），当嘉靖皇帝正大力压抑朝议，强行要将其父朱祐杬的牌位入祀太庙，设立专室，并尊之为帝，谥之为宗之际，郭认为这正是获得殊宠骤贵的最好时机，居然唱出比嘉靖本人更高的调门，建议在太庙之右专立"四亲庙"。所谓四亲，即皇曾祖宣宗宣德皇帝朱瞻基，皇高祖英宗天顺皇帝朱祁镇，皇祖宪宗成化皇帝朱见深，皇考睿宗兴献王朱祐杬。如此一来，四亲自成一系，嘉靖帝是上继四亲，与其他人便完全脱离统嗣关系。他又提出所谓"侄不祀伯，弟不祀兄"的理论，分明是引导嘉靖帝将弘治和正德两个皇帝摒弃于正统之外，降为旁支，而让位于朱祐杬这个被追封为皇帝的死魂灵。在当时的宗法社会中，这是一种耸人听闻的怪论，四亲庙的构思是郭希颜之流为投嘉靖帝之所好，用为插标自卖的进身之阶。但可惜的是，连嘉靖也不敢贸然接受，又因引起了朝野公愤，"礼臣驳之，言官劾之"，认为"其说甚悖，其心甚险"[1]。但郭仍一再重申前说，总希望投注得中。嘉靖亦认为，郭希颜虽然媚态可掬，但由于过分牵强，且一举将弘治、正德两朝皇帝共三十余年的君临挤出正统，只能为自己招来更大尤怨，故将郭希颜斥为"谬论渎扰"，罢了他的官。

但一切风派人物都是利禄熏心之辈，都是不甘寂寞之徒。郭希颜身虽废退，名声臭恶，但仍无口不谋再起。到三十九年（1560）二月，他看清楚严嵩的声势渐颓，政局将有大变，认为这又是进行政治豪赌的大好时机，"可以危言奇计邀幸大功"[2]。他首先"密布流言于京师，

---

[1] 沈德符：《万历野获编》卷20《郭希颜论庙制》。
[2] 谈迁：《国榷》卷63，嘉靖三十九年，引徐学谟语。

云嵩欲害裕王,为景王地"①。待造成舆论之后,随即上疏,以关切皇室为名,做出噙着眼泪、沥尽忠忱的姿态,一请分封,二请建储,三请安储,再旁敲侧击地影射处境窘困但尚未垮台的严嵩,以探行情虚实。此疏煞费心血,亦有文采,郭希颜本以为必能售出高价。言:

> 往岁圣谕,欲建帝立储,皇上诚欲立储,莫若安储何者?君相相信则储安,兄弟相保则储安,父子相体则储安。相信有道,释疑是也。相保有道,分封是也。相体有道,总揽是也。
>
> 何谓释疑?皇上至爱莫如二王,至重莫为元辅,其初何嫌何疑也,自言者倡为二王面陈严嵩之说,恐二王与嵩皆疑而不自安,皇上何不降德音,谕元辅以益加忠谨,不必疑于二王;谕二王以毋忘恭敬,不必疑于嵩,则君相相信而储可得安也。
>
> 何谓分封?二王同处京府,智份年长,则崇高所共欲。防不予防,则谗隙所由萌。圣明早断,及时敕景王就国,周其卫翼,殊其宠数,于制于情,似为两尽,则兄弟相保而储可得安也。
>
> 何谓总揽?今时四郊多垒,一日万几,天意人心,莫不愿大圣人万年垂拱,若曰储宫即京府独处,尤宜亲就儒贤,涵养冲资,切劘于仁孝之途。分封既定,留京已明。原皇上端拱以顺天下,从容而议建立,则父子相体而储可安也。
>
> 内外各守屏翰,彼此永无猜防。宫中问省之笺不时而进;麾下富贵之想,奚自而生。此安储之上计而今日之先急也。②

---

① 沈德符:《万历野获编》卷20《郭希颜论庙制》。
② 转引自《国榷》卷63,嘉靖三十九年二月丁巳。

郭希颜本以为看准了时机，摸透了心理，为皇上在根本国计上运筹进策，既有谄媚之言，又表分忧之忠，若能得售，自可追踪当年的张（璁）、桂（萼），必邀优擢。但是他并未真正认识当时的具体形势，严嵩虽颓而未败，嘉靖帝对之虽有厌倦之心，但仍有难以截然割舍之情；至于"二王"问题，更为嘉靖所深忌，当年听信严嵩之言为此处斩了杨继盛，今日岂肯出面为严与二王关系作调停，此不啻为杨继盛平反，而置皇威于尴尬。再者，朝议中已有多起劝催分封景王，立裕王为储的奏议，均被搁置"留中"，嘉靖正为此烦躁已极。景王就国，犹可考虑；立裕王为储，则是嘉靖帝至死也不肯俯就的。认为它威胁到圣寿万年、皇位永踞。更令嘉靖反感已极的是，郭希颜竟然提出让"皇上端拱"以安储，以让出权力作为交换，用以维持"父子相体"的父系。郭希颜虽然自以为善于窥伺，但根本不了解"圣上"的为人特点和内心隐秘。"以多疑之人，行隔绝之政"，[①]他一生"威柄自持，用重法以绳下"[②]。对于任何臣下，包括自己的妻室、儿子以及曾经非常宠任之人在内，总是存在着高度的戒备防范心理，往往"昔为同心，今为戮首"[③]，从来不以亲谊、旧爱、前功为念，一切都是以自我为中心，以一己的利害和爱憎为出发点，他是从来听不进任何逆耳之言的，即使部分采纳了所进之言，但也并不属于依靠此进言之人，甚至有时因用其言而戮其人。郭希颜此疏为图青睐，言人之不敢言，他似乎以为师为傅的身份和口气，指点嘉靖如何处理好君臣和父子关系，应如何着手分封、如何建储和所谓安储，等等，这岂是自尊心极强、自视为一代"雄主"、"张

[①] 陈登原：《国史旧闻》第三分册（570）《明世宗》。
[②] 《明史》卷240《陈九畴传》赞语。
[③] 《明史》卷226《海瑞传》。

弛操纵，俱南独断"的嘉靖帝所能接受？

而事实上，当郭希颜上奏之日，正处于嘉靖帝多病、国事蜩螗之时。"北房年来入寇，攻毁堡砦墩台，遂致人烟多绝，炮火罕传"，"人人惴惧，如寄身鼎镬中"①。在嘉靖三十八年（1559）一年之中，北方山西大同、宣府，直隶怀来、保安相继告警，敌房数万骑纵横边塞内外，蓟辽总督王忬及守边诸将皆被处斩。南方倭寇兵船数百艘，先犯象山，次掠扬州、淮安，再扰福州，总兵卢镗、俞大猷，参将戚继光，都指挥戴冲宵皆一度下狱。太原兵变劫狱，杀都指挥毕文、参将高鹏。辽东大饥，杭、湖、嘉兴、金华大旱，均请急赈。进入三十九年（1560）春二月，又发生了南京振武营兵变，杀督储户部右侍郎黄懋官。嘉靖皇帝本人又正迫于朝野为其父子不相见而议论纷纭的压力，有时亦不得不稍作辩饰以解嘲②。当他正处于内外交困、心烦意乱之时，郭希颜恰好在此时上奏，正好触中隐痛最深之处。果然，他阅疏后勃然大怒，将各方面的积愤都集中发泄到郭的身上，摘出疏中有"建帝立储"四字，痛斥之曰："储犹可立，帝焉能建？"指为不忠不义，下廷议。一些言官迎合上意，认为郭"怨望倾险，大逆不道"③。三法司更希旨承意，将之坐以妖言惑众律，论斩。嘉靖亲谕，命巡按官即于郭的家乡江西省丰城县斩首，并传示天下。这个自以为善于观风应变、不惜行险侥幸、企图一掷以攫取功名、谋求大富贵的政棍，竟然投机而失机，行险而得险，白白送上了性命。据说，巡按御史奉谕逮捕他行刑时，他正在家中宴客，正日夕在冀

---

① 谈迁：《国榷》卷62引《宣府志》。
② 据《国榷》卷62，嘉靖三十八年正月癸西条载，嘉靖曾谕严嵩曰："父子至情，朕岂有异于人？往岁宫变，赖上天恩赦，我已世外人矣，故别居西内奉玄修，令其母子自为欢聚耳。"
③ 谈迁：《国榷》卷63，嘉靖三十九年二月丁巳。

望接受召见超擢的恩旨,不期颁下的竟是追命之符。他未及诀别妻子,便被押上刑场。对于这个情急卖身的投机家,"频议庙制,揣摩迎合,既不得售。再出此险计,一旦诛死,天下不以为冤"①。

嘉靖皇帝对于郭希颜案的处置,说明当时的皇室家事实亦国事,皇帝父子关系实亦结连政治大局。杀郭希颜,传首四方,显然是小题大做,借以警戒众官,慎缄其口,切戒多言。这也说明,如何对待和安排载垕和载圳两个儿子,是否在自己有生之年册立储贰,仍然是嘉靖帝的一大心病,它紧紧绑连着一根既粗又长而且极端敏感的病态神经。

朱载垕登极前的处境和"好皇子"形象的塑造

朱载垕身为年长皇子,但不受宠爱,屡有废长立幼之议,久已为朝野所共知。杨继盛、郭希颜、海瑞等从不同角度提出皇室父子关系的人,无不受到严峻的打击,不但使臣民警悚,也使蛰居在裕王府邸的朱载垕触目惊心。特别是,愈到嘉靖最后期,国内外涉及朱载垕本人的谣言愈炽。海瑞上疏本已震动一时。而"裕王营救海瑞,故皇帝有禅位之议"的说法竟流传市肆,甚至传到外邦②。所有这些相继发生的事件和说法,一方面反映出社会上下对现状的不满和求变情绪;另一方面,也反映出人们从善良的愿望出发,将结束严重

---

① 沈德符:《万历野获编》卷20《郭希颜论庙制》。
② 吴晗:《朝鲜李朝实录中的中国史料》上编,卷24,嘉靖四十五年十月庚午,朝鲜圣节使朴启贤给明宗大王的奏报。

混乱、扭转危殆的希望寄托在这位失意的皇子身上。但这对朱载垕却又是极其不利的，他总怕沾上边，引起父皇的猜疑，发生不测的大灾祸。在嘉靖去世前夕，他虽无法亲到病榻侍奉汤药，但也特意在府中设醮为父皇求福祈命，殷勤派中使到宫门问安，一切皆为涂抹上保护色，但愿能平安度过此一关系安危的最为紧要的时期。

当然，朱载垕也清晰地了解到，他本人处境困难，却并非完全孤立无援。十多年来，他屡经风险，但因有徐阶、吕本以及大部分朝臣的同情和援手，使他不至于在风云诡谲的波涛中没顶沉沦，能够在复杂微妙的皇家政治和人际关系中保持存在，废长立幼之议终未能成立，实均拜传统宗法礼仪力量之赐。可以引为欣慰的是，在他的府邸当中，还聚集着一批广有才华胆识、又富于智谋远见的下府官。他们全是科甲翰林出身，在王府中担任着编修、侍讲、侍读等职务，诸如高拱、陈以勤、殷士儋、张居正等人。这几个人才智或有高低，但在嘉靖末叶，由于本人的教养识见，也感受到社会舆情的趋向，都是热切盼望有朝一日能够辅佐载垕拨乱反正，结束嘉靖时期的乱政，做一番事业的。他们对载垕的维护和忠忱，确实是竭智尽虑、毫无保留的。在当时，亦尚未在彼此间发生对抗性的矛盾，故能结成一个较为稳定的智囊群体。上述几个人都追随朱载垕于困窘危难之时，在其后的隆庆朝均先后入阁担任宰辅之职。其中，尤以高拱、张居正二人更为出类拔萃，功业显赫，先后为隆、万改革做出重大的贡献。在本节里，先述他们在裕王府时期的作为。

与朱载垕君臣关系深挚，可说生死不渝的，首推高拱。

高拱，字肃卿，号中玄，河南新郑县人。生于明正德七年（1512），嘉靖二十年（1541）中进士，选入翰林院为庶吉士，二十二年任编修，三十一年开始任裕王朱载垕的侍讲，累迁为侍讲学士，一直在裕王府任讲官九年之久,与朱载垕结下了异乎寻常的亲密关系。他在裕王府任职时,正当载垕宫就邸,处境最危殆之时,"时人心汹汹,王日怀叵测,两府杂居,谗言四出,公周旋邸中,竭心尽力,王深倚重之"①。他冷静分析形势,认为当此严父有疑于上,劣弟恃宠于旁,权臣侦伺于侧,载垕显然处在弱势之中,此刻绝非争竞雄长之时,更不宜出头露面招惹是非,必须十分注意养晦韬光,收敛锋芒,以静待时机。建议"惟益起孝敬,以人合天,必有大福"②。他本人亦为此特别注意检点,尽可能减少交游,总怕惹人注目,增加对载垕的疑忌,"益引嫌疑,居傍王邸,与朝士日远,旧知契同年皆以王官日之,不复加意"③。因为当时的王府官,一般是远离现实政治,缺乏权势,被视为冷曹闲职的。偶有人来主动交结,高拱亦必借口回避,"方士陶仲文,听选时故与新郑相遇,卜其必贵,至是来通殷勤。却之,曰:'公天子幸臣,某王府老长史也。交结近侍,国有常刑,独不鉴覆辙乎?'"④有意疏远陶仲文等,亦是为了避免卷入朝议的旋涡,固守暂持退避的定策。到嘉靖三十九年(1560),他被调任太常寺卿兼国子监祭酒,人虽离开裕王府,但心思还是紧紧关注着载垕的安危和出路,仍然是这位王爷的首席谋士。当辞别时,载垕"哽咽不能别","公虽去讲幄,府中事无大小必令中使往问"⑤。"一日思先生甚,亲书'怀贤'二字,遣中使赐至第。无何。又书'忠

---

① ⑤ 郭正域:《大学士高文襄公墓志铭》,载《国朝献征录》卷17。
② ③ 朱国祯:《皇明大事记》卷38《阁臣》。又,《明史》卷213《高拱传》亦有类似的记载,谓:"穆宗居裕邸,出阁讲学,拱与检讨陈以勤并为侍讲。世宗讳言立太子,而景王未之国,中外危疑。拱侍裕邸九年,启王益敦孝谨,敷陈剀切。王甚重之。"
④ 朱国祯:《皇明大事记》卷38《阁臣》。

贞'二字赐之,又书'启发弘多'四字赐之"①。事实上,高拱亦不负载垕的期托,他从入侍王府以至到隆庆帝去世前夕临危受顾命之时,在长达二十余年的时期内,一直竭尽心力为朱载垕服务,为国宣劳。他实际上是隆(庆)、万(历)大改革的奠基人,隆庆阶段改革的主要决策者和执行人。研究隆庆其人和隆庆时代,是绝不能离开高拱的。

陈以勤也是裕王府的资深讲官,也是从载垕分府初期的嘉靖三十一年即入府工作的。他是四川南充人,嘉靖二十年(1541)进士,亦是通过入选庶吉士的途径进入翰林院,然后转调为裕王侍讲,此时正当载垕处境最困难的时期。以勤为人淡泊内向,"深自晦匿",但聪慧敏捷,能以辩才力折严世蕃对朱载垕态度的试探,暂时稳住载垕的地位②。当时,"两邸并建,而位号未定,群小窥隙构衅,动摇百端,公忧之,密劝穆皇夔夔藩邸,规左右,戒属垣,多方调护之"③。裕王府不少文字工作,大多是由以勤执笔,大家认为得体。

殷士儋,山东历城县人,嘉靖二十六年(1547)进士,亦是从庶吉士入翰林院。四十一年(1562)入侍裕王府,是载垕在藩邸后期的讲官。他在任时,因景王载圳就藩不久,即在湖广猝逝,嘉靖仅存载垕一子,舍他而外,已无任何可传继之人,故此,二王争立的问题已自然消失。殷士儋的工作重点乃转为以辅导载垕修身进德,加强自律,勉作圣君为主。他在这方面确实是很认真的,"公念天下治忽系之。每当进讲,必斋戒存诚,冀有所感动。至君德治道所关,或理乱兴亡之际,及权奸、女宠、宦寺、外戚之祸,不惮危言激辞以动

---

① 郭正域:《大学士高文襄公墓志铭》,载《国朝献征录》卷17。
② 参见本书第四章"二王争立"部分所记陈以勤与严世蕃为朱载垕问题的辩论。
③ 许国:《大学士陈公以勤墓志铭》,载《国朝献征录》卷17。

高听"①。据说，当时的载垕，每当听殷士儋讲授，"辄敛容深纳"②。

张居正，字叔大，号太岳，湖广江陵人。自少聪明颖敏，有神童称。他在嘉靖二十六年（1547）成进士，亦循庶吉士途径入翰林院。张居正与一般翰林文苑官但知钻研故纸旧典或文艺诗词不同，为翰林时即集中精力探索国家盛衰兴亡之道，思考自正德、嘉靖以来朝政败坏、吏治废弛、财政支绌、边塞失守的原因，讲求挽回振兴的办法。他"深沉有城府"，有抱负，在翰林院时即有盛誉，严嵩与徐阶均特别器重他。当时，严、徐关系已经白热化，但张居正周旋于两大对垒势力之间，"行意自如"③。表面上保持均等距离，实际上则倾向于徐阶。他从翰林院入国子监司业，时任国子监祭酒的是高拱。司业分管教务，而祭酒则是国子监的首长。高、张二人当时互相仰慕，对对方的才华胆识与匡扶社稷的大志，都有高度的评价，"相期以相业"④，成为意气相投的至交。张居正是在高拱离开裕王府之后，因高拱的荐介，由国子监转入裕府任讲读官的。高此举未尝没有用张以加强载垕身边谋划班子的用意。张入王府后，"王甚贤之，邸中中官亦无不善居正者"⑤。而御前的大宦官"李芳数从问书义，颇及天下事"⑥。居正的活动，颇为切合嘉靖末期形势的需要，因为载垕嗣位的前景已逐渐明朗，正宜稍事交结，"颇及天下事"也。

高、陈、殷、张各有个性，各有优长，但当时在维护和拥戴朱载垕取得帝位方面，则是一个配合得很好的坚强集体。他们在不同时期，主要的活动方面各有不同侧重，视形势的变化而转移。应该说，朱载垕之所以能平安地幸存于疑忌环伺之间，之后又能顺利接位，

---

①② 于慎行：《大学士殷公士儋行状》，载《国朝献征录》卷17。
③④ 王世贞：《嘉靖以来内阁首辅传》卷8《张居正传》。
⑤⑥ 《明史》卷213《张居正传》。

与他们对形势的清醒分析和采取适宜对策是分不开的。

他们共同努力的工作重点之一，是为朱载垕塑造出一个"好皇子"的形象。

针对朱载垕当时正经历着常人无法理解的内心冲突，又针对着他具有懦弱不刚、缺乏自信的性格特征，也考虑到此人也有着好色好嬉游好财货的禀性，高、陈、殷、张都一致督促他必须坚持养晦，必须耐心忍性以克制私欲，收敛自己的嗜好，一则避免再发生什么纰漏，为拥景派作为夺储的借口；二则用以与毫不掩饰地喜好淫乐、公开追求聚敛、放荡无忌的景王朱载圳作一对照；三则利于进一步争取得广大臣民的同情和拥戴。事实上，载垕迫于当时的处境，也是能够较好地接受高拱他们的建议，能以循分守礼、生活俭朴、姬妃稀少、处世谦和著称。他亦自知，面对着波谲云诡的微妙风云，痛感到要摆脱长期受侮辱受冷遇和极可能受抛弃的地位，不得不逆来顺受，不得不委曲求全。有鉴于自己实处于毫无抗拒能力的状况，也确实只能以静制动，只能利用年龄和时间的优势，持苦心等待以制胜，装扮成为"好皇子"，无疑是最佳的抉择。

也必须充分估计到，有压迫就有反抗。长期的备受折磨，必然会在朱载垕的内心深处激起强烈的逆反心理,时时涌现出报复的内心呼唤。采取以"好皇子"的低姿态以出现，实际上是一种伪装的蛰伏。蛰伏是为了求伸求吐，"小心敬畏""倍加恭孝"是为得到加倍又加倍的补偿。他热切盼望尽早解除来自父皇的逼迫、排斥和歧视，热切盼望早日卸掉不堪忍受的惧惕，热切盼望尽早表现出自己的独立存在，不必再俯仰由人。而所有这一切，都只有等到嘉靖皇帝早日"宾天"，才能做到。

第六讲

隆庆登极

隆庆初元的严峻形势

嘉靖皇帝久病沉疴,天上的神仙和人间的方士都无法为他祈年增寿,一切灵芝仙桃亦毫无疗效,任何斋醮坛祀更无法起死回生。拖到嘉靖四十五年(1566)十二月一个寒夜,他因"疾甚"昏迷,被从西苑用辇抬送回已阔别了二十余年的乾清宫,来不及召见现存唯一的儿子①朱载坖以及内阁臣僚,便以"修玄结局"②,"龙髯上宾"了。

朱载坖匆忙入宫主持丧事,即皇帝位,改元隆庆。

嘉、隆交替,一个时期宣布结束,另一个时期开始了。

但是,经过嘉靖皇帝四十余年倒行逆施的统治,他遗留给隆庆的,是一个凋萎残破的烂摊子,是非颠倒,内外交困,军心民心俱已涣散,长期淤积下来的军、政、财、文等问题,均亟待清理。隆庆时期是在形势极其严峻的状况下揭开帷幕的。张居正在多年以后,曾一再回溯当年的情况。痛言:

> 当嘉靖中年,商贾在位,财货上流,百姓嗷嗷,莫必其命。彼时景象,曾有异于汉、唐之末世乎?③

---

① 景王朱载圳已于嘉靖四十四年死于封国,故此时朱载坖是嘉靖皇帝的唯一儿子。
② 张居正:《张太岳集》卷25《与王敬所论大政》。
③ 张居正:《张太岳集》卷32《答福建巡抚耿楚侗言至理安民》。

又言：

> 嘉靖以来，当国者政以贿成，吏睃民膏以媚权门……为逋负以成兼并之私。私家日富，公室日贫，国匮民穷，病实在此。①

不仅国内朝野焦灼，甚至连外国人对于明朝当时的局势也持悲观的态度，表示出极度的关注。朝鲜国王明宗李垣在知道嘉靖去世之后，即派专使来北京进香致祭，在使节出发前，他面谕使臣们说："嘉靖皇帝崩逝，新皇帝即位，中原必多事。……凡大小闻见之事，备细来启。"②

这样的评估具有普遍性，而且是有事实根据的。

隆庆初政，曾经面临过一段艰难蹶困的阶段。

首先是国家的经济财政，已濒临崩解的边缘。

> 穆宗隆庆元年八月，上问户部："京帑所贮金存者几何？以赡军团足备几何年？"部复言："京帑所存，仅足三月，计今岁尚亏九月有奇，边军百万，俱无所需。"上大骇曰："军储缺乏至是乎？"③

新皇帝"大骇"之后，急忙问计，"户部奏，乞令中外臣工各

---

① 张居正：《张太岳集》卷32《答福建巡抚耿楚侗言至理安民》。
② 吴晗：《朝鲜李朝实录中的中国史料》上编，卷24，明隆庆元年，朝鲜明宗大王二十二年二月戊戌。
③ 王圻：《续文献通考》卷36《国用考》，隆庆元年。

陈理财之策"①。经过内阁辅臣徐阶、李春芳、陈以勤、高拱、张居正等人的筹划，采取了一些应急的措施："差御史马明谟、赵岩、谭启、张问明四人分查天下军需剩羡，以补元年所蠲之数。"②又代皇帝起草了一份内容罕见的迫切筹款的诏旨，主要内容是针对"本年入数比出数当少银三百四十五万，无从措处，必须广集众恩，以求共济"。为此必须"将一切钱粮，不分京边起存本折"③都要严加核实削减，并责成内外各衙门官吏，俱分头谋求增收节支的办法。文曰：

> 一以为目前之虑，一以为善后之图，合无通行九卿、科、道等衙门各陈所见：或于生长所闻，或于历任所知，不拘大小山泽之利，内外库藏之积，或前时条议所未悉，或节年题取所未尽，或先无而今有，或已革而复增，但有可以挪借，堪以查取者，即许开坐。此外，诸比开财之源，节财之流，可为百年经久之计，勉行一切权宜之术者，并许条议，通送本部，以凭斟酌。④

在阁部议定，并以煌煌谕旨形式公布，如此求财情急，如此不加掩饰，如此不择手段，不计方式地搜索财源，罗掘一切前此遗留的任何"剩羡"存留，取用一切可供挪借的款项，显然是为度过严重财政危机而不得已采取的应急措施，在隆庆皇帝面前实已无其他抉择。

据记载，甚至要将宫中所藏查抄自严嵩家产中的字画等贱价出售以供挹注，"严氏被籍时，其他玩好不经见，惟书画入内府者。

---

①②③④ 王圻：《续文献通考》卷36《国用考》，隆庆元年。

穆庙初年，出以充武官岁禄，每卷轴作价不盈数缗，即唐、宋名迹亦然"①。不过，派遣御史四出刮财也好，诏令罗掘也好，出售内府收藏书画也好，都是杯水而车薪，难以从根本上解决国家财政平衡的问题。通过主管财政的户部以统筹处理，摸清家底库存以及收支实数，然后加以条理并整顿之，才是争取财政好转的办法。但从隆庆元年至四年（1567—1570）先后三任户部尚书马森、刘体乾、张守直三人的奏报，前景仍然是黯淡的。下列三份奏疏颇能说明问题：

隆庆元年（1567）十二月，时任户部尚书马森奏疏：

> 上谕户部，查内库、太仓粮出入数。（户部）尚书马森奏："太仓见存银一百三十万四千六百五十二两，岁支官俸银该一百三十五万有奇，边饷二百三十六万有奇，补发年例一百八十二万有奇，通计所出须得银五百五十三万有奇。以今数抵算，仅足三月。京粮见存粮六百七十八万三千五百十一石，岁支官军月粮二百六十二万一千五百余石，遇闰月又加二十二万余石，以今数抵算，仅足二年有余。窃惟积贮天下大命，故无三年之蓄，则曰国非其国，今帑藏所积似此，可谓匮乏之极矣。"②

隆庆三年（1569）八月，时任户部尚书的刘体乾复奏，当时的财政状况并未有改善：

---

① 沈德符：《万历野获编》卷8《籍没古玩》。
② 《明穆宗实录》卷15，隆庆元年十二月戊戌。

先是，上览户部疏，有称开纳事例者，因传谕部臣，令奏元年以来入数。尚书刘体乾等具言："先后开纳银一百七十二万五千六百有奇，除已给边饷外，存者仅十万九千九百有奇，而各镇年例未完，尚欲补给。"上曰："开纳银所以济边，岁入尚不止此，其十三省户丁、粮草、盐引、税课银。通计三年支用，见存几何？其以数奏。"体乾等复言："各项银两自元年以来。已给经费九百二十九万有奇。存者二百七十万有奇，今补给边饷及官军折俸、布花，当用银二十余万，各边年例，当用银二百八十万，计所入不能当所出。"①

隆庆四年（1570）八月，继任户部尚书张守直更坦率奏报寅吃卯粮，入不敷支，难以为继的状况，言：

国家贡赋，自有定额，条目虽繁，总其大要，惟在量入为出而已。臣尝考天下钱谷之数，计一岁所入二百三十万有奇，而其中多积逋灾免奏留者。一岁所出，京师百余万，而边饷至二百八十余万，其额外请乞者不与焉。隆庆二年用四百四十余万，三年则三百七十九万，此其最少者，而出已倍于入矣。近者遣四御史括天下府藏，二百（年）所积者而尽归之太仓，然自老库百万之外，止一百一十万有奇，不足九边一年之用。国计至此，人人寒心。②

---

① 《明穆宗实录》卷39，隆庆三年八月乙亥。
② 《明穆宗实录》卷48，隆庆四年八月辛丑。

这三份奏言俱为主管全国财务的官员，根据实际收支数目差距的汇报，他们沥陈"所入不能当所出"，"匮乏之极"，更委婉地提出，由于经济失控，必然会引发成为危及统治的政治危机，"国非其国"，"国计至此，人人寒心"等，均足以促使举朝震憾，而必应郑重注意。造成国家经济财政濒临崩溃的原因当然是多方面的，但细读上引三则奏言，则不难发现，最大的漏洞乃在于庞大的边费，即军费方面，这是有其历史与现实原因的。

原来明代自英宗朱祁镇正统年间以来，北虏南倭的侵扰一直未断，历代皇帝相继用兵，唯败多胜少，基本上是处于防御性的内线作战当中，但求来犯之敌饱掠之后自退，即安于暂时苟安。为加强防守，便陆续添置镇守官兵。明初，在北方原只设置辽东、大同、宣府、延绥四镇，其后又增设宁夏、甘肃、蓟州，增为七镇，之后，又再加上同原、山西，即合称为九边，各屯驻重兵，兵额直线上升，辎重粮俸亦翻番增长。自嘉靖十八年（1539），俺答部直薄北京周边以来，京郊的密云、昌平、顺义、永平、易州等近畿之地也列入卫戍范围。"边臣日请增兵，本兵日请增饷。"[1] 由于将领多无韬略，士兵亦乏斗志，特别是由于军政腐败，大多数军队徒糜国帑，其实缺乏战斗力。刘体乾对于当时边防的弊病，曾做过精辟的分析："其防守士马，各镇原自有主兵。一镇之兵，足以守一镇之地。后主兵不可守，增以募兵；募兵不已，增以客兵，调集多于往时，而坐食者愈众矣。其合用刍粮各镇原自有屯田。一军之田，足以赡一军之用。后屯粮不足，加以民粮；民粮不足，加以盐粮；盐粮不足，加以京运。馈饷溢于常额，而横费者滋甚矣。府库空而同计日诎，田野耗而民力不支。今日缺乏之时，供边之费，固其大者。"[2]

---

[1]《明穆宗实录》卷48，隆庆四年八月辛丑。
[2] 余继登：《典故纪闻》卷18。

嘉、隆时期著名将领、陕西总督都御史王崇古亦沉痛地说："迩者户部议边费,谓嘉靖初年止五十九万,后二十八年加至二百二十一万,又十年至二百四十余万,又五年至二百五十一万,而岁入不给。"①问题在于,几倾全国的财力以供边,但徒为各级将官吃空额、虚报销以填私囊,"士马岂尽皆实数?刍粮岂尽皆实用"②?

及至隆庆继统,徐阶、高拱、张居正等还未来得及对之进行整顿,而边警又纷至沓来。元年三月,"土蛮犯辽阳,指挥王承德战殁"③。七月,"俺答寇大同……陷石州,杀知州王亮采,掠交城、文水"④。"土蛮犯蓟镇,掠昌黎、卢龙,至于滦河。诏宣大总督侍郎王之诰还驻怀来,巡抚都御史曹亨驻兵通州。"⑤"总兵官李世忠援永平,与敌战于抚宁,京师戒严。"⑥二年二月,"寇犯柴沟堡,守备韩尚忠战死"⑦。二三月,"广西总兵官俞大猷讨广东贼"⑧。六月,"广东贼曾一本寇广州,杀知县刘师颜"⑨。十一月,"命广东、福建督抚将领会剿曾一本"⑩。三年三月,"曾一本陷碣石卫,裨将周云翔杀参将耿宗元叛,附于贼"⑪。九月,"俺答犯大同,掠山阴、应州、怀仁、浑源"⑫。

四年正月,"倭入广海卫城"⑬。四月,"俺答寇大同、宣府"⑭。"陕西贼寇四川。"⑮八月,"宣大告警,敕边备"⑯。九月,"寇犯大同,副总兵钱栋战死……犯锦州,总兵官王治道等战死"⑰。

以上一连串的边警,迫使隆庆君臣无法争取到一个喘息的时机,不但未能稍微松缓边备,节省开支,反而需要再大增兵额,例如,蓟镇"原额兵七万八千六百二十一员名,隆庆增十万七千八百一十三

---

① 余继登:《典故纪闻》卷18。
②《明穆宗实录》卷48,隆庆四年八月辛丑。
③④⑤⑥⑦⑧⑨⑩⑪⑫⑬⑭⑮⑯⑰载《明史》卷19《穆宗本纪》。

员名"①，宣府，"原额兵一十二万六千三百九十五员名，隆庆增一十五万一千四百五十二员名"②。大同，"原额兵五万四千一百五十四员名，隆庆增一十三万五千七百七十八员名"③。延绥，"原额兵二万七千五百四十七员名，隆庆增四万七千一百八十一员名"④。榆林，"原额兵四万九千二百五十员名，隆庆增八万一百几十六员名"⑤。宁夏，"原额兵三万七百八十一员名，隆庆增七万一千六百九十三员名"⑥。固原，"此边额兵二万八千八百三十员名，隆庆增七万一千九百一十八员名"⑦。如此等等。大体说来，是以北方防线为重点，除辽镇外，其他各镇都有增兵添将，其增加兵额在百分之二十几到百分之二百多，数量是很大的，其军费开支定亦相应增加，因军事危机触发的财政和政治危机亦更为剧烈。隆庆三年（1569），尚宝司丞郑履淳上疏陈时政，对当前的形势严峻危急，痛切而言：

……四方多故，万民失业。燕、云、辽、代，中原之脊也，而鼙鼓一闻，三关震动；徐、梁、汴、卫，沃衍之地也，而洪波荡析，四顾无烟；荆、襄、秦、洛，形胜之区也，强梗凭陵而啸聚；浙、直、闽、广，财货之薮也，奸宄剽敚而师劳。宗藩之坐窘无筹，中泽之哀鸣尤惨。物怪人妖，天鸣地震……天心人事，种种可骇。⑧

郑氏的陈述如实地反映出，由于正德、嘉靖两代皇帝六十余年

---

①② 孙承泽：《春明梦余录》卷42《九边》。
③④⑤⑥⑦ 孙承泽：《春明梦余录》卷42《九边》。
⑧ 沈朝阳：《皇明嘉隆两朝闻见录》卷12。

荒唐暴虐的统治，导致隆庆初元，面临着国势积弱，边防告急，民生憔悴，天灾人祸交接。人心动荡，灾难遍及全国，颇有如蜩如螗，如沸如汤，导火线纵横交错，一触即发的景象。隆庆四年(1570)五月，时任首席内阁大学士的高拱也惊呼道："窃见里巷小民十分凋敝，有赀产一空者，有鬻子女者，有散之四方者，而向时富室不复有矣。"他职任首辅，目睹时艰，而又肩承重任，有志匡扶社稷，如何改革整顿，如何理出头绪，继以对症下药，求得化险为夷，自必筹谋于心上。

《嘉靖遗诏》的出笼与隆庆初政的走向

嘉靖皇帝去世，循照惯例，自应颁发《遗诏》，借以作为新旧皇帝交替的衔接。但是，嘉靖的《遗诏》却具有着特殊的意义，它不仅是一道例行的讣文，而且是又一篇旨在宣布荒唐暴庆统治业已终结，重在弃旧图新的重要政治宣言书。它与四十五年前由杨廷和执笔起草的《正德遗诏》，具有相同的意义。

《嘉靖遗诏》最主要的实质性内容，是由嘉靖本人用自我谴责的口吻，对自己从即位以来迄去世前的治政以及各种荒诞作为，公开表示愧悔，给予彻底的否定，并为继位皇帝的新政指明走向，为他采取相应的善后措施留下广阔的空间，借以结束长期以来悖乎人情、挫伤国家元气、酿造严重统治危机的嘉靖时代。《遗诏》文词语气虽较委婉，但以拨乱反正作为主导思想则是十分明确的，在含蓄中仍显示出旗帜鲜明。它是意味着嘉、隆交替将面临大转舵，将

出现大变局,并奠定今后政局走向的第一篇重要文告。王世贞认为,"嘉靖遗诏……最为收拾人心机括"①。兹摘要于下:

> 朕以宗人,入继大统,获奉宗庙四十五年。深惟享国久长,累朝未有,乃兹不起,夫复何憾!惟念朕远奉列圣家法,近承皇考身教。一念惓惓,本惟敬天勤民是务。只缘多病,过求长生,遂致奸人乘机诳惑,祷祠日举。土木岁兴,郊庙不亲,朝讲早废,既违成宪,亦负初心。
>
> 天启朕衷。方图改辙,遽婴疾病,补过无缘。每一追思,惟增愧恨。皇子裕王可即皇帝位,勉修令德,勿过毁伤。丧礼如旧,以日易月,祭用素盖。毋禁民间音乐嫁娶。郊社等礼及朕祔葬享,各稽祖宗旧其,斟酌改正。
>
> 自即位至今,建言得罪诸臣,存者召用,没者恤录,在系者即先释放复职。方士人等,论厥情罪,各正典刑。斋醮工作,采办诸劳民事,即行停止。
>
> 於戏!子以继志述事兼善为孝,臣以将顺匡救两尽为忠。当体至情,用钦末命。诏告中外,咸使闻知。②

这道《遗诏》的出笼,有其特定的背景。嘉靖是在四十五年(1566)十二月十四日中午去世的。当天,群臣迎接朱载坖同入宫主持丧事,并准备继位。翌日,便即全文颁布《遗诏》。从这道文告内容包括的广泛、观点的明确、政策转变幅度之大,当然都不是在朝夕间可

---

① 转引自《国榷》卷65,王世贞曰。
② 《嘉靖遗诏》的全文载在《明世宗实录》卷566,但其中夹有不少冗文套话,今采用《国榷》卷64所做的摘要,因为它既能保持文告的主要精神,又较为简练。

以仓猝构思成篇的应景文字，而是在相当时期内经过审慎酝酿，逐事权衡而又字斟句酌的成果，仅是在丧事发生后才将之定稿而已。试稽查嘉靖皇帝留在人世最后的日子，他自四十三年起即患重病，虽经太医诊治、方士进药，但并无起色。特别是，拖到四十五年十月，已经病入膏肓，"疾渐笃，宸札不复出"①。朝野都知道，此人已去死不远，唯待丧钟鸣响而已。朝中各方面的势力，都在为后嘉靖时代做出考虑谋划。《遗诏》的主笔者，时任内阁首辅的徐阶，以及他的门生、襄助他议定今后政策定向和应采取应急措施时任翰林院侍讲学士兼裕王府讲官的张居正，必然早在密切商议，并取得共识。故此，在一夜之间，便能在《遗诏》中推出了一整套系统、带根本性的变革方案。

徐、张在《遗诏》中为数十年来许多重要历史事件的重新评估提供了前提。对先皇在位期间的主要决策和活动重新作了评价，将被颠倒的是非再颠倒过来，几近全面翻案。在当时，做出这样急转弯，是要冒一定的风险，是需要有很大政治勇气的。因为这样做，不但冒犯了刚咽气的老皇上，也必然开罪了所有在嘉靖朝迎合谄媚、邀宠得势的文武大臣、方士之流。甚至还必然会引起未被邀请参与密议定稿的其他大学士如高拱、郭朴等人的反感，并由此种下了与高、郭等之间爆发矛盾的种子。但徐、张坚信，《遗诏》所表达的内容确能反映出朝野的人心所向，反映出全国绝大多数人共同的意愿，是顺应潮流的：

> 帝崩，阶草遗诏，凡斋醮、土木、珠宝、织作悉罢，

---

① 谈迁：《国榷》卷64，嘉靖四十五年十月丁亥。

大礼、大狱、言事得罪诸臣悉牵复之。诏下，朝野号恸感激，比之杨廷和所拟登极诏书，为世宗始终盛事云。①

徐阶为人，卓有才识和抱负，他性格内向，深沉不露而自有主张，有过人的忍耐和坚韧，善处逆境以等待最合适的时机，又善于以柔济刚以施展权略。他自嘉靖二年（1523）入仕，沉浮宦海将近半个世纪，虽屡经坎坷，却仆而不倒。对于嘉靖帝各种倒行逆施，他虽多有谏阻，却不似杨廷和、蒋冕、毛纪、海瑞等公然对抗，总是留有转寰的余地；也不似夏言那样锋芒毕露、骄焰逼人，总是做出虚己下人的低姿态。他虽不屑与严嵩、陆炳辈同流合污，但非到最要害的关头，仍相敷衍结好，"阴重不泄"②。只有在时机成熟之时，经过充分衡量准备，然后一举发动，推倒严嵩，计杀其子世蕃，代嵩为首辅。他确实曾长期精心撰制青词，但仅为掩盖其对玄修的厌恶，用以保位的手段而已；他也曾迎合嘉靖晚年要营建万寿宫之议，并命其子徐璠董其役，但亦主要用以屈折严嵩之势的策略。徐阶这个老官僚，是在专制暴虐皇权威慑下被扭曲为表里不同的两面人物，是在极端复杂险恶政治环境中求取幸存再徐图展布的政治家。他一直熟练地运用边缘策略，回旋于政治的钢丝绳上，处非常时期多变之局，乃以非常之法以应对之。史家对于徐阶的异常表现，虽间有微词，但多采取谅解的态度，说他在嘉靖末期，"当国后，缇骑省诫，诏狱渐虚，任事者亦得以功名终"③，"多保存善类"④。"虽任智数，要为不失其正"⑤，

---

①③④⑤《明史》卷213《徐阶传》。
② 徐阶为保持与严嵩的关系，曾以其孙女许配严世蕃之子，又曾与大特务头子、锦衣卫指挥陆炳结为姻亲，可见，他为了保住权位以图后举，是付出过很大代价的。徐、严联姻事见高拱参徐阶的奏疏；徐、陆结亲事见《国榷》卷63支大纶语。

"间有委蛇，亦不失大节"[1]。《遗诏》的及时颁布，能切中当时弊政"[2]，迈开了清算嘉靖蠹政的第一步，为嘉、隆交替开拓了新局面。徐阶以及张居正的贡献是不可抹杀的，亦可以基本上为徐阶洗刷去因屈从皇权肆恶的污名。

隆庆新政

朱载垕在其父死后十二天，即在嘉靖四十五年（1566）十二月二十六日正式登位。当天。他颁布了由徐阶等为之起草的《登极诏》。《隆庆登极诏》无非是《嘉靖遗诏》的延伸和具体化，主要精神是打着嘉靖的旗号以尽反嘉靖之政，"先朝政令不便者，皆以遗诏改之"[3]。"政令有可更新，大学士（徐）阶请于遗诏中行之。"[4]字词虽然温和礼貌，但其寓意则甚深长。"仰惟末命之昭垂，深望继述之兼善"，"是用推类以尽义，通变以合宜"[5]。这样的做法是很聪明很策略的，立足于"通变"，而又一切"以先帝末命之"[6]。"如此则足以彰世宗悔过之诚，而免穆宗改父之议。"[7]既可名正而言顺，亦可减少阻力，避免过分的震动。

---

[1]《明史》卷213《徐阶传》。
[2] 夏燮：《明通鉴》卷63引《三编发明》。
[3]《明史》卷19《穆宗本纪》。
[4] 许重熙：《宪章外史续编》卷6《隆庆纪略》。
[5] 谈迁：《国榷》卷65，世宗嘉靖四十五年十二月壬子。
[6][7] 夏燮：《明通鉴》卷64，穆宗隆庆元年，论曰。

历经辛酸，好不容易才跻登帝位的隆庆，对于《嘉靖遗诏》的内容，当时是充分认同和支持的。所以在他刚被迎候入宫之日，便立即批准将这道重要文告颁行全国。这首先是由于他在嘉靖时期所处的屈辱地位，由于他和嘉靖皇帝之间长期存在隔阂和积怨。《遗诏》的内容虽然实际上是对乃翁颇不恭敬的追诉和否定，几近"鞭尸"和示众，但隆庆对此并无抵触，反而会默认为这是一种为自己发泄愤懑的难得形式。其次，他本人长期生活在被严密监视的藩邸之中，一直被排斥在朝政之外，从未与嘉靖朝的重大政事发生过任何联系，对于前朝旧事无须分担任何责任，议大礼风潮激荡，他当时还少不经事；迭兴大狱刀光剑影，他亦无任何置喙的余地，既未附和，亦不敢异议，更深惧沾边。故此，为这些大案有关人员平反昭雪，是可以欣然接受的。更再者，他虽身在藩邸，但从王府侍讲、侍读等官以及侍从人员口中，也多少会听到一些社会舆论动向，知道嘉靖的诸般荒诞作为已经丧尽人心，已经备受憎恨和诅咒，朝野间希望早日结束浩劫，有如严冬之际日盼春和。当此人心思变之际，他作为甫登九五的新天子，自宜尽可能摆脱历史的陈见，尽可能不受其牵累，摆出有志弃旧图新的姿态，树立起一个新的比较明智的形象，才有利于奠定自己的统治秩序和权威。基于以上考虑，隆庆帝在一段时期内，确是能够按照《遗诏》的精神，大力扫荡历史污垢的。他在登极当天，便专门下旨，立即释放了尚关押在死囚牢房里的著名清官海瑞。

本节所论的隆庆新政，主要是指他在元年和二年上半年期间，采纳徐阶、高拱、张居正等人的建议，以拨乱反正为中心做了几方面的大事。

这就是：

一、宣布大赦。对自正德十六年(1521)四月以来以迄终嘉靖一朝，因建言得罪诸受迫害人员进行平反翻案，并优予褒恤录用，同时惩办了一些在先朝谄媚助恶的文武官吏；

二、否定玄修迷信，拆毁道观神坛，禁止斋醮，逮治方士；

三、对"大礼议"的"成果"降温，对被追封为睿宗皇帝和皇太后的朱祐杬夫妇削减祀礼；

四、停止土木营建、革除苛扰，蠲免部分赋税逋欠。

以上四个方面，都是四十余年来沸扬于社会、存在极大争议、造成灾难性动荡的重大问题。只有妥慎地给予解决，才有可能顺应民意，解除余悸，为开拓新局面铺垫基础。

兹分述之：

第一个方面，是关于平反翻案问题。

隆庆元年（1567）正月，便开始了这方面的工作，下诏赠恤因建言而受迫害致死的人员。在这些人员中，又因情节不同而区分为三个等级。

第一等级，是被正式处死的，计有杨继盛、郭希颜、沈炼、杨允绳等四人，均予复职、赠荫、谕祭。

第二等级，是被廷杖而死的，计有杨最、王思、薛宇铠、何光裕、裴绍宗、张原、浦铉、曾翀、叶经、周天佐、伍瑜、臧应奎、殷承叙等十三人，均予复职、赠荫。

第三等级，是系狱戍边及斥死牖下的，计有唐胄、李璋、丰熙、杨慎、杨名、王元正、罗洪先、徐文华、张侃、刘济、刘琦、马录、程启充、卢琼、陈让、桑乔、包节、王宗茂、余翔、方一枝、刘魁、余宽、黄待显、陶滋、相世芳、王与龄、章钥等二十八人，均予复职、赠官。

另有原"尚书熊浃谏止卜仙，御史杨爵弹击权幸，虽罪止斥黜，然其忠义风节，世所共仰，又当与杖死者一体恤录"①。

与此同时，又对因建言得罪，尚仍生存的诸臣平反复职，部分另作任用。计有通政使樊深，都给事中丘橓、杨思忠、尹相、魏良弼、李用敬，左给事中陈瓒，给事中吴时来、周怡、沈束、顾存仁、赵钺、张选、袁世荣，御史何维柏、赵锦、张登高、黄正色、方新、张槚、凌儒、申仲、王时举、冯恩，郎中徐学诗、周冕，主事张翀、董传策、黄光升、刘世龙、唐枢，大理寺正毋纯德、周希旦，凡三十三人。同日，任命陈瓒、吴时来为吏科给事中，袁世荣为兵科给事中，赵钺为礼科给事中，凌儒、张登高为浙江道，方新为江西道，张槚为湖广道，赵锦、何维柏为河南道，申仲为山东道，王时举为山西道巡按御史，张翀、董传策仍回刑部，基本上是官复原职，仍掌风宪或法司之责②。

随着平反的深入，是年五月，应群臣之坚请，又下诏恢复了前首辅大学士杨廷和以及因谏阻大礼和斋醮等事的王廷相、梁材、吴山、刘𨽻、聂豹、翟鹏、江晓、程文德、曾铣、夏言、杨守谦、商大节、张汉、孙继鲁等人的官职。七月，又复前都御史王忬和原吏部尚书李默的官。更对前被处死或被摒斥革为民、被定为奸党的已故大臣（含少数官秩虽未赫显，但殉难事迹卓著的人）加以谥号。这是在当时社会中被认为至为荣誉的待遇。例如，赐杨廷和谥号为文忠，蒋冕为文定，石珤为文介等，都是在谥谱中最为尊崇的称谓，旨在肯定其坚持正论，有大功业。赐夏言为文愍、杨继盛为忠愍、孙继

---

① 据《明通鉴》卷64，穆宗隆庆元年正月，这份名单是经该书作者夏燮用《明书》《昭代典则》和《从信录》增补订正而来的，较其他记载更为详尽准确。

② 参见《明通鉴》卷63，《国榷》卷65。

鲁为清愍、杨守谦为恪愍,实均寓有褒扬其孤忠不挠以身殉道之意。其他如乔宁、汪俊、王廷相、聂豹、吕柟、邹守益、林俊、吴廷举等数十人,均各因其情节各赐谥号,并赠祭荫①。又在保定府专门为杨继盛建立一座旌忠祠以专奉祀②。

在这一系列平反追赠或复官授职的名单中,特别引人注意的,是诸如杨廷和、蒋冕、石珤等,他们是在嘉靖初年,因劝阻议大礼和请禁斋醮的首批受害者。又如曾铣、夏言等,则是在嘉靖中期,因在军国重务上与皇帝意见分歧并因党争受诬陷而屈死于屠刀之下的牺牲品。更有杨继盛、海瑞等,却是在嘉靖晚期,目睹时艰,不惜舍身犯难、不畏斧钺之诛的忠烈之臣。对于个别能在嘉靖时期顶住逆流,对皇帝一些违背"祖训"活动进行抵制,并敢于犯颜诤谏,因而被革爵囚锢的宗室,当时也做了平反复爵的安排。例如对于郑王朱厚烷。厚烷是明仁宗朱高炽的重孙,是嘉靖的疏堂兄弟,"初,上修斋醮,诸王争遣使进香,厚烷独不遣。前年(嘉靖二十八年)七月,上书请上修德讲学,因进《居敬》《穷理》《克己》《存诚》四箴,《演连珠》十章,以神仙土木为规谏,语切直。上怒……削爵,锢之凤阳高墙"③。朱厚烷能持正论,在当时的亲贵中是极罕见的,可谓庸中佼佼。当他被革爵、废为庶人并遭囚锢时,也在广大宗室和社会中引起过很大的波动,于是决定将这位已被囚禁了十九年的亲王复爵④。

这些著名人物当年的行为活动以及他们所受到的不公平待遇,都曾经震动一时,实际上也是在嘉靖朝不同时期对抗污浊政治的标

---

①② 参见《皇明史概·大政记》卷35以及《明史》所载各人本传。
③④ 夏燮:《明通鉴》卷59,世宗嘉靖二十九年九月壬子;卷64,穆宗隆庆元年正月戊辰。

兵。为他们翻案，其实也意味着对四十余年来最重大的政治事件，诸如议大礼、兴大狱、崇尚玄修等的否定。相形之下，那个已长眠于永陵墓寝中，曾自以为"皇威四讫"，"张弛操纵，威柄不移"，以"雄主"自居的世宗肃皇帝朱厚熜，却实际上处于被追诉被指控的地位。

总的说来，上述有关平反的诏旨是顺应了民意，是得人心的。但史学家谈迁、王世贞、夏燮等也指出了其中的不足，例如对曾以高调门参赞"大礼"，"为公论所绌"，企图用"危言奇计邀幸大功"而被杀的风派郭希颜，竟被列为赠恤赐荫的第一等级，士论咸不平。与此相反，早在嘉靖三十一年（1552）即谏止斋醮，并勇敢揭发提督光禄寺宦官杜泰"干没岁巨万"，被诬陷为诽谤，当场被杖死于阙下的光禄少卿马从谦，却得不到任何平反。"隆庆初，恤先朝建言杖死诸臣，中官追恨从谦，沮之。给事中王治、御史庞尚鹏力争，诏以从谦所犯比子骂父，终不许。"①马从谦未得昭雪犹为小事，而在隆庆登极后，宦官权势急遽膨胀，已被当时有识之士引为深忧。

与褒扬忠烈相配合，隆庆初元，曾贬斥和法办了一些赃秽远扬、助恶为虐的人物，其最著者，有前工部、礼部尚书、加太子太保顾可学，此人以"自言能炼童男女溲为秋石，服之延年"②而得宠；曾任礼部尚书、加太子少保、"以方术承帝眷"③的盛端明；以进"长生秘术及所制香衲"④得加太常寺卿、礼部侍郎的朱隆禧；长期充当严嵩打手，擅长罗织人罪，又隐匿严氏资产的前都御史鄢懋卿；为迎合营建、大量挥霍国帑，贪污巨万的前工部尚书徐杲；宗室中借虔诚奉道、

---

①《明通鉴》卷60，世宗嘉靖三十一年十二月丁巳；卷64，穆宗隆庆元年十一月癸亥。
②③④《明史》卷307各人本传。

屡进灵芝祥瑞,被赐号"清微忠教真人,予金印"的辽王朱宪㸅[1],等等。已死者俱被褫官夺谥。尚仍生存的朱宪㸅则被诏夺真人号及印,囚锢高墙。鄢懋卿则被充军。前任宣大总督杨顺、巡按御史路楷,均因谋死沈炼而被判死刑。其他被罢官贬斥的尚有多人,如曾任"访仙御史","分行天下,访求方及符箓秘书",因上所得法秘数千册而被拔擢升官的姜儆、王大任等,俱被夺职斥退[2]。对于锦衣卫、东厂等一些军校,则予遣散归伍[3]。

贬斥和惩处奸佞并未进行彻底,仅是对恶迹昭彰、民愤极大、浮在表面的一些头面人物做了处理,但已经起到了振奋人心、激励起对新帝产生希望的作用。人们热切企盼循政和升平。但是,树欲静而风不息,不少在嘉靖时期随波逐浪,或虽曾作恶多端但善于隐秘的人仍潜藏下来,这些人后来在隆(庆)、万(历)间纷纷伺机复出,重现狰狞,再以新的形象和手段进行表演,我们将在下文再作论述。

拨乱反正的第二个方面,是消除因迷信玄修而遗留下来的恶劣影响。

在这方面,隆庆在开始时是比较认真积极的。他即皇帝位不久,即下诏追削已故著名方士,曾"位极人臣"的邵元节、陶仲文等生前所受封赠官爵以及谥号,夺回赐给他们的庄田、紫衣、玉带、缎锦等;又将仍生存的在职方士王金、陶仲文、申世文、刘文彬、高守忠、陶世恩等俱逮捕下锦衣卫狱,对麇聚在太常寺及各道观的所谓真人、高士之流尽行革斥;江西龙虎山张天师曾被封为世袭正一

---

[1]《明史》卷117《辽简王朱植传附朱宪㸅》。
[2]《明史》卷307各人本传。
[3]朱国桢:《皇明史概·大政记》卷35,隆庆元年正月丙辰。

真人，也被贬降为上清观提点，夺其印，仅保留观内主持的职务①。经过这样一番扫荡，以道教神职人员身份而混入政坛，甚至左右朝政的骗徒们尽皆敛迹。隆庆因身受"二龙不相见"谬说之苦，对铲除和惩办方士，一度表现坚决。

一般人的迷信鬼神，缘于心理上的软弱、恐惧、忧郁和愚蠢无知，而嘉靖反常地狂热地执迷于道家上玄，则主要缘于无限度地追求和永保最高权位，希冀能满足拥有一切荣华富贵的占有欲望，并真正成为长生不死的"万寿帝君"。他自嗣位以来直到生命的最后一刻，都是与斋醮、祷祠、符瑞、焚修、烧炼、扶乩、求仙等密切结合在一起的，他曾敕派一些官员任"寻仙御史"②，而诸色方士、真人等，更是应此需要而出现的一批又一批特型骗子，他们投皇上所好，精心揣摩并迎合他在不同时期的不同心态和欲望，虚构出某种神秘力量，提供某些慰藉和满足，有时居然能成为这位君王的精神支柱。当然，他们的行险侥幸也有得逞和落败之分，个人命运有幸亦有不幸。邵元节、陶仲文幸能保持恩宠以殁；段朝用、龚可佩、蓝道行、胡大顺、蓝田玉则因露馅儿失宠，甚至被论斩，或瘐死于狱中，假托的神权还是被屈于实在的皇权。有些人虽能混迹于嘉靖朝，但到隆庆初年终于大限难逃，上述王金等人便相继被押入死囚狱。

与嘉、隆之际的政局最有关系的是王金。王金其人，本来是一个国子监监生，在家乡本有杀人前科，曾被判死刑，后得未减，辗转逃来北京，在权贵和宦官间钻营巴结，借兜售其特制的所谓仙酒

---

① 卜世昌：《皇明通纪述遗》卷12，隆庆二年二月。
② 沈德符：《万历野获编》卷19《嘉靖诸御史》条载："四十二年，御史姜儆者，江西南昌人；王大任者，陕西保安人。俱以访仙访法秘使还，并升翰林侍讲学士，尤为西台所未有异恩，甫三年而削夺之，则穆庙登极后事也。"

仙方以广结交。此人狡黠招摇，极有心计。当他知道嘉靖皇帝曾于秘殿扶乩，谓服灵芝可以增寿延年，曾派人在全国范围采办灵芝，而勋戚官僚们也纷纷来献，于是便收来了大量的灵芝，只好积存在西苑之中，宦官们将之偷盗出来售卖，买者又用以进奉以邀赏。于是，大量灵芝便在奉献——盗卖——再奉献之间循环，被重复使用。王金看到这一情况，便计上心来，认为这是一个极好的邀取殊宠的机会，他用大量财物厚贿管理灵芝的宦官，得到上万支灵芝，然后将之聚搭为一山，称之为万岁芝山，又用染色的方法伪造五色龟，再走门路送入宫里，居然押宝得中，博得嘉靖帝的大喜悦，以为天生万岁芝山、神授五色宝龟，均为长生吉兆、康泰奇祥，竟为此遣官告太庙，群臣也纷纷上表祝贺，热闹了一场。而王金因骗术得逞，得授为太医院御医，获得亲炙御前的机会。当时，嘉靖帝已病入膏肓，缠绵床笫，王金又思再图侥幸，取得更大的恩宠，乃与陶世恩、刘文彬等合谋，伪造《诸品仙方》《养老新书》《七元天禽护国兵策》，以及所秘制的金石药以进。这些金石药性燥烈，嘉靖帝初服，似颇有亢奋之效，但从长远来说，却是极能戕伤元气，大有害于健康的。不久，病更加重，终告不治。隆庆元年（1567）正月，乃将王金等人逮捕入狱，追究他们的责任。

对于王金等的犯罪性质，从一开始就存在异议。刑曹的审判官本认为，应按照庸医杀人罪，祸害至尊，应将王金等处斩，但徐阶以及刑部尚书黄光升等则认为，专门执掌医道而无医术的人，才能称为庸医，而王金挂名御医，实为方士。古代的方士诬称采药求仙，欺罔无实，尚要处死。今王金等所进的金石燥烈之药，导致嘉靖帝死亡，其罪更超过采药求仙之人，应按照弑君杀父之律从重论死。其实，嘉靖帝重病已在两年以上，王金等所进之药并不是他致死的主因。徐阶、黄光升等主张比子杀父律重判，一方面是为了彻底铲除方士的势力和影响，另一方面是为了彰明嘉靖朝的失德乱政，借以引为鉴戒。

与逮治方士的同时，将斋醮之所尽皆革废，在京师和各都会乡镇建造的风、云、雷、雨等坛均予拆毁。这是因为嘉靖的统治是与他大兴土木、不恤民力、不计国帑负担、建立了大量的殿、宫、宇、阁、轩分不开的。这是他招致官怒民愤的显著劣迹之一：

> 世宗营建最繁，十五年以前，名为汰省，而经费已六七百万。其后增十数倍，斋宫、秘殿并时而兴。工场二三十处，役匠数万人，军称之，岁费二三百万。其时宗庙、万寿宫灾，帝不之省，营缮益急。经费不敷，乃令臣民献助；献助不已，复行开纳。劳民伤财，视武宗过之。①

嘉靖一意孤行，强制修建的工程项目，大体上可以分为两大类，第一大类是纯为满足挥霍享受或炫耀皇威的。如将自永乐以来，用为处理重大政务地点的奉天殿大加扩建，改为皇极殿，新建养心殿，屡在西苑和沙河等地修建行宫，筑建城池桥梁道路等。另一类则是专为奉祀上玄或与道教信仰密切相关的。例如，在嘉靖十年（1531），在北京南城建造雩坛；十三年（1534），在宫内兴建神御阁；在西海子建西海神祠；十五年（1536），在西苑加建清虚殿；十六年（1537），建清宁宫；十八年（1539），造皇穹宇；二十一年（1542），大高玄殿成；二十六年（1547），建圆明阁、阳雷轩；二十七年

---

① 《明史》卷78《食货志二》。

（1548），连续建立感恩殿、太清阁；三十一年（1552），新造宜春宫；三十四年（1555），兴建神应轩、玄雷居殿宇；四十三年（1564），连修惠熙、承华、宝月、玄熙、延年、洪坛太索、洪应等殿；四十四年（1565），定万法宝殿名，中曰寿憩、左曰福舍、右曰禄舍；新造建真殿及大玄都殿；四十五年（1566），建成紫极殿、寿清官、紫宸宫等。这一系列专为奉玄或与奉玄有关的工程，使用军工民丁逾数百万，尽括太仓、太仆、光禄的存银尚且不足，于是数次责令天下司、府、州、县上缴库贮、羡余及赃罚银两，立限解足；如不足，则均派加赋于全国，仍着督、抚、按等官严督所属，急为征解。似此不择手段地暴征横敛，可谓已达到剥肤剔髓的程度，在金碧辉煌、香烟缭绕、钟鼓齐鸣的奉玄祀礼场所中，实浸透着全国军民的血泪。

有鉴于此，徐阶等人建议必须对此采取措施，借以缓和民愤。隆庆在登极之后，即"命撤西苑内大高玄等殿、圆明等阁、玉熙等宫及诸亭台匾额。初议尽毁诸修建斋醮宫殿，礼部惜其材费，请止去匾额。从之"①。

建筑物作为一个已经消逝时代的象征，虽然由于经济考虑被保留下来，但对那些曰高曰玄曰神曰虚曰穹曰零等匾额的撤废，总算表明，隆庆时代确有不同于嘉靖时代之处，"示与国人共更新也"②。

拨乱反正的第三个方面，是对"大礼议""成果"的降温。

如前所述，嘉靖皇帝发动"大礼议"，并因此导致举朝争议达

---

① 《明穆宗实录》卷3，隆庆元年正月戊寅。
② 《明穆宗实录》卷3，隆庆元年正月丁丑。按，《谷山笔麈》卷1，谓"隆庆改元，将世庙所建高宫，大半拆毁"似非事实。

二十年，贬斥杀戮了大批臣下，而恃皇权的强制，才取得的主要"成果"，无非是"更世庙为献皇帝庙"[①]，上"献皇帝庙号睿宗，遂奉睿宗神主祔太庙，跻武宗上"[②]。"大享上帝于玄极宝殿，奉睿宗配"[③]。将这个老王爷的死魂灵硬挤入皇帝系列，是在国政和君臣关系、社会舆论等方面，均付出沉重代价然后达到的。因为在当时浓厚宗法传统观念的影响下，"考兴献，则疑于无孝宗；皇兴献，则疑于跻武宗。凭几弥留，奉迓入继，不能得世宗而延其嗣，反欲召兴献而乱其统，此举朝所以沸腾，百官所以号泣也"[④]。"大礼未成，大狱已起，君臣交失，君子讥焉。"[⑤]

由此可见，嘉靖硬抬其父朱祐杬称帝谥宗入庙，长期以来不但无法取得臣民共识，而且一直是埋藏在朝野深层中一个易于引发激变的敏感问题。故此，当嘉靖刚寿终正寝，隆庆甫正位九五之际，朝议即陆续提出更改奉祀规格的意见，隆庆为巩固自己统治基础，缓和普遍存在的异议和离心倾向，便迅速采纳了对"大礼议"适当降温的措施：

隆庆元年春正月丙寅，罢睿宗明堂配享。[⑥]

按，正月丙寅，即新春初十，距离嘉靖帝去世尚未满一月，这是隆庆帝当政后最早发出的重要决定之一。他毅然罢去自己祖父得来不易的明堂配享，用以表明在这一问题上，自己与嘉靖帝的倔强态度有所不同。

---

①④⑤谷应泰：《明史纪事本末》卷50《大礼议》。
②③《明史》卷17《世宗本纪一》。
⑥《明史》卷19《穆宗本纪》。

其实，早在改元之前，他即假借嘉靖遗诏，命重新议定祔享等礼仪的规格。隆庆元年正月初十日的诏书，不过是最后的决定而已：

> 时礼部奉诏会议郊社诸典礼及祔葬、祔享诸制。尚书高仪言："先帝肇建明堂，奉睿宗配，原以昭严父配天之孝。今陛下践祚，则睿宗已为皇祖，若仍配享，非用人宗祀文王之义，请罢大享礼。"诏从其请。寻改玄极宝殿仍旧名钦安殿。①

以睿宗配天，拔高于已故诸帝之上；又设玉芝宫以专祀大享，更显得特乎其殊。这都是"大礼议"哄闹遗留下来的显著标志，也是刻画着当年君臣交失、朝野沸腾的重大创痕。隆庆帝及时撤罢这种违背祖制常规的大享，其后，又下诏免玉芝宫的岁祀，仅留日膳②。所有这些，都是为了泯减已存在了数十年的隔阂和积怨。将玄极宝殿恢复旧名为钦安殿，亦是从同一指导思想考虑的。

但仅止于此，臣下尚未满足。有人认为，应将朱祐杬的神主灵位撤出太庙，因为他实际上是一个冒牌货，不宜与曾正式临朝的已故诸帝并列，仅保留下改为献皇帝庙前的世庙即可。这实际上就是要推翻朱祐杬被抬为睿宗的做法，是对"大礼议"的全面否定。隆庆元年（1567）三月：

---

① 夏燮：《明通鉴》卷64，穆宗隆庆元年正月丙寅。
② 按，嘉靖为其父专设玉芝宫岁祀，是仿照在南京留都设奉先殿岁祀以祭记明太祖朱元璋（所谓高庙）的规模，隆庆初免岁祀，而留日膳。但即使如此，史家仍认为过分，因为"睿皇帝与高庙稍异，即日膳犹渎"（参见《国榷》卷65，穆宗隆庆元年二月乙巳）。

是月，吏科给事中王治上疏陈四事：

定宗庙之礼以隆圣孝。献皇虽为天下父，未尝南面临天下，虽亲为武宗叔，然尝北面事武宗，今仍与祖宗诸帝并列，设位于武宗右，揆诸古典，终为未协。臣以为献皇祔太庙，不免递迁；若专祀世庙，则亿世不改。乞敕廷臣忖议，务求至当。①

王治此人是嘉末隆初的著名给事中，素有敢言之名。他在嘉靖末叶，曾揭弹九边文武等臣匿盗冒功的弊端。隆庆元年，又因查核内府诸监局经费，劾宦官赵廷玉、马尹干没之罪。继又疏请追究共锻成夏言和曾铣冤狱的前大理寺卿朱廷立、刑部侍郎詹瀚的罪恶。对于隆庆帝登位后，渐溺于酒色声乐之好，亦多切谏②。上引疏文正面指出，朱祐杬之称宗入庙实有不伦不类之嫌，而且建议勿再勉强位居专为祀拜先皇的太庙，等等。这样的言论如出现在嘉靖时期，必以大逆论处无疑，但隆庆帝对于此疏却仅以"报闻"了事③。时代不同，"大礼议"正在降温，睿宗献皇帝的身价也在下跌了。

拨乱反正的第四个方面，主要是在经济方面宣布蠲免部分赋税，革除苛扰，节制开支。

---

① 夏燮：《明通鉴》卷64，穆宗隆庆元年三月。
② 参见《明史》卷215《王治传》。
③ 有关王治上疏请重议朱祐杬应否仍留位于太庙等事，《明史》《明通鉴》《国榷》等史书均有引载。但其中有两点差异，一为《明史》《明通鉴》等均谓王治当时为史科给事中，而《国榷》则谓为礼科左给事中。此犹为次要的，重要的是隆庆帝对于王治上疏的反应，《明史》及《明通鉴》均谓"报闻"了事，而《国榷》则谓为"上是之"。此两三字不同，其实际处理尺度则大有异。笔者以为，隆庆帝虽对"大礼议"的做法有保留意见，是以撤去明堂大享、罢玉芝宫岁祀等，但俱为有限度地改变乃翁过分的做法；但尚不敢遽然将自己的祖父牌位撤出太庙，这在当时，是关系宗庙社稷的大事，是隆庆帝不敢轻率举动的。仅"报闻"而不加罪，即已是颇为不易的倾向了。今从"报闻"说。

有关这些问题，在徐阶等代为起草的《隆庆登极诏》中已有原则的规定：

> ……工部料价等、竹木等、南京内府各衙门缎匹、器皿、香腊、柴炭、匠役等、光禄寺品物等，但因斋醮工作加派者俱停革。织造、采买等项，除陕西织绒、河南、广东织葛、广东采珠、买黄白腊、降真香及福建买龙涎香、云南采宝石采矿金、江西陶器并各处采芝悉停止。其浙、直织造内臣俱即回京。隆庆元年漕米特折十之三。余起存本折特免十之五。嘉靖四十四年以前，兵部牧马草场子粒、牧马匹亏课，工部罗缎䌷、绢、麻、铁、鱼鳔、翎毛、皮张、天鹅、筋角、漆料、白榜纸、砍柴、木炭、抬柴等银及二卯银，如逋欠，尽蠲之。①

应该说，在一段时期内，即在元年至二年上半年之间，隆庆皇帝执行自己诏书的许诺还是比较认真的。例如，仅以减免隆庆元年部分税粮，当年即减收粮食"九百九万八千六百九十石有奇"②。而在银两方面，太仓银库，岁入仅二百一万四千一百有奇。岁支在京俸禄、粮草一百三十五万有奇，边饷二百三十六万有奇。各省常赋，诸边民运，今年诏蠲其半，以出入较之，共少三百九十六万一千四百有奇③。由此可见，当时所蠲免的确是很大的数目，而且是在财政支出捉襟见肘的情况下，咬紧牙关加以实施的。

---

① 转引自《国榷》卷64，世宗嘉靖四十五年十二月壬子。
② 《明穆宗实录》卷15，隆庆元年十二月。
③ 《明穆宗实录》卷12，隆庆元年九月丁卯。

因为在隆庆元年（1567），太仓所储存的粮食仅有六百七十八万余石①，存白银仅有一百三十五万余两②，都是已达到危险线以下。"各处之库藏空矣"③，"可谓匮乏之极矣"④。"加以改元，诏蠲其半，故今日缺乏视往岁尤甚。"⑤徐阶等当然了然这方面的严重困难，所以毅然主张蠲减，既有不能不沿袭前此各代新帝继位例沛恩膏的惯例，更有鉴于经过正、嘉六十余年的过度搜刮，全国民力已竭，民怨已深，当此嘉、隆交替之际，不敢不稍舒民困，借以树立新朝廷较为良好的形象，缓解已濒临爆破点的统治危机。隆庆帝本人当亦有感于此，因而才在极端困蹶的情况下，仍执行较大幅度的蠲免。

隆庆初政，也确实停减过一些苛索。例如，元年正月，"停解湖广去年今年赎锾"；"减御用监香腊额，如嘉靖初"；"除藩邸庄田加税"；二月，"减内府岁供米、麦、麻、菽、丹、矾、铜、腊等额"：三月，"裁内官监属增给"；五月，"罢宝坻县采鱼，自今荐新上供，俱出光禄寺，不遣内臣"；七月，"免应天加征织造银"；"遣使招抚山东、河南被灾流民，给复五年，其粮长、称收、火耗、夫马、折干、廪给、扣送诸弊，一切厘革"；八月，"免顺天、永平屯租"；"户部请今后钱俱留太仓饷边，不入库，从之"；九月，"郧、襄水灾，免田租"；"罢湖口船料"；十月"减太常、光禄庖人、内府官匠"；二年正月，"减内府加增米四千五百石，青白盐三万斤"；二月，"命承天内臣市茶以进，毋扰民"；三月，"御用监请金箔、漆、朱等料，工部言：宜视嘉靖初额，毋溢。从之"；等等⑥。"隆庆初，罢蓟镇开采。南中诸矿山，亦勒石禁止。"⑦从这样大量的具体事实

---

①②③④⑤《明穆宗实录》卷15，隆庆元年十二月戊戌，户部尚书马森奏。
⑥参见《国榷》卷65，《明通鉴》卷64，《皇明史概·大政记》卷35。
⑦《明史》卷81《食货志五》。

上看，隆庆帝在登位之初，还是能保持着一定的克制和谨慎的。

隆庆时期的土木营建，确实比嘉靖时期大为减少，特别在初元，对一切尚在建造中尚未竣工的工程，均敕令停建，因而节省了大量开支。元年三月，"毁紫极殿、紫宸宫，改建翔凤楼。寻，群臣言官力止之"①。六月，又下诏"停工役"。八月"裁内府各监局官匠"②。遣送历年抽调而来滞留京师的大量军丁工匠归伍或回乡，当时都是得到好评的。

上述拨乱反正的几方面措施，在当时都为世人瞩目，针对性较强，而且敏感程度较高的重大问题。但相对说来，对不同方面措施贯彻执行的情况，却是很不平衡的。大体说来，隆庆对于为建言得罪诸臣的平反昭雪和惩办奸佞等比较坚决。因为他本人与这些历史陈案并无任何关联；对否定玄修，摧毁道观神坛等也无太大顾虑，因为他并无这方面的迷信；对"大礼议"的降温，涉及皇统，关系到本支得位的正当性，故只能适可而止。至于蠲免赋税的问题，由于国力负荷不胜，以后逐渐有所变通，诸如，对已明确宣布蠲免嘉靖四十三年以前的积欠，凡已征收到手的：原来向各地征办织造和采买珠宝等银两；凡已缴送的：各省、府、州、县为大工营建重征重纳的，都敕行抚按官，一律不予退还，尽数解送户部应支③。这实际上就是部分地取消了概行蠲免停征的诏令，有相当一部分地区和人民并未真正缓减负担。更重要的还在于，新皇帝的恭谨朴俭仅维持了极短的时期。存在决定意识，人的行为活动必然受一定社会历史条件的制约。由失意皇子急转为当朝天子，长期被强制隐伏在隆庆心中追求奢逸享乐的思想也急遽膨胀起来，他很快就以不同方式

---

①② 谈迁：《国榷》卷65，穆宗隆庆元年三、六、八月。
③ 参见《续文献通考》卷36《国用考》。

从不同角度仿效他的父亲，逐步提出为满足私欲的诸多要求，以新的苛索代替由自己下诏革除的旧苛索，从而抵消了拨乱反正在这方面的主要成果，使众多臣僚企盼新君蔚成一代令主的幻想渐归破灭。

对家庭伦理关系的重新颠倒

隆庆帝在登极前，屡受屈辱，但他最引为伤心之事之一，是自己生母杜康妃生前备受冷落遗弃，死后又被贬降葬仪，甚至在弥留之际，仍未得许与爱儿一诀。人生长恨亦长憾。生在帝王家，此恨更绵长，此憾更撕心裂肺，可谓痛断肝肠。隆庆帝对其父的积愤难平，此亦为最重要的一端。

为此，他在隆庆元年（1567）正月初三日，在议定父亲嘉靖谥号的同时，又着一起议定母亲杜氏的谥号。将杜康妃与刚去世的先皇并列同尊，显示出要将被颠倒的家庭伦理关系重新颠倒过来。不久，给杜氏恭上称为"孝恪渊纯慈懿恭顺赞天开圣皇太后"的谥号①。并于神霄殿专门给这位刚取得皇太后身份的杜氏，举行隆重的追祭仪式②。这个谥号堆砌着一连串最美好的词藻，早已成为墓中枯骨的杜氏虽然不得而知，却可以抚平忝为人子的隆庆皇帝心中的深沉伤痛。

二月初，隆庆帝又下诏，封赠杜太后已故的父亲，即隆庆帝的外祖父杜林为庆都伯，由其子锦衣卫指挥杜继宗继承其爵，赐禄千石。

---

① 《明史》卷114《孝恪杜太后》。
② 谈迁：《国榷》卷65，隆庆元年三月庚辰。

三月，又决定将杜太后的遗骨与嘉靖帝合葬于永陵，以示至尊极崇。嘉靖帝生前刚愎，对杜氏因憎恶而极端冷淡贬损，而今做了死皇帝，对自己的骸骨已无自主权，只好听任隆庆帝摆布了。

对死人加以荣誉悼念，其实是为了给活人看的，是为了表达生者的感情爱憎。具体说，是隆庆帝为其母遭受屈辱给予的名誉补偿，是对其不仁不慈父亲积怨的发泄。迅速以最隆重的礼仪重新议定母亲的谥号和葬仪，加惠皇亲，凡此种种，都不过是这一逆反心理的表现。

与隆重为亡母举行祀仪、加谥和决定与先皇合葬的同时，隆庆帝又抓紧为自己年已五岁的儿子举行命名典礼。这实际上是一种特殊的补课仪式。按照明朝宗室的规定，亲王生子，必应立即奏告并请名，随即编入宗谱玉牒。但由于皇祖父"讳言储贰"，所以这个孩子在嘉靖四十二年（1563）出生时，不但不敢正式奏告，也不敢循例请名，他只能是一个匿养在裕王府中连名字也没有、身份不明的"厌物"。这个孩子是在一个最不适宜的时机和最不适宜的位置（裕王府）来到人间的。他本来是根纯苗正的天潢贵胄，是当今皇帝嫡亲的皇长孙，皇位的第二顺序候补者，不料却招致皇祖父毫不掩饰、深入骨髓的憎恶，偶有亲幸宫女告知裕王得子，想不到却惹起嘉靖帝的盛怒，差一点要杀人。因为皇上当时正惑于"二龙不相见"之说，正以诞育儿孙为忌讳，绝不以繁衍子孙为可喜，反视之为必将取代已位的冤孽，认为是戾兆。故此，虽历时五载，这个王子仍然是黑户口。

隆庆元年（1567）正月初十日，即朱载垕刚加冕不久，便着礼部议定给儿子赐名的仪式。十八日，便正式命之名翊钧。这个名字是经隆庆君臣精心斟酌然后选中的：按照中国传统的文字字义解释，翊，意即翊赞、翊卫，也意味着翼翼小心和恭敬①。钧，古代为重量单位，所谓"洪钟万钧"；它也具有居于穹苍中央的意义，所谓"钧天"；更重要的还在于，钧也指承担国家政务重任，亦指掌握国家大权柄的人②。很显然，这是通过选字命名，为这位皇子曾遭受过的不公平待遇委婉而严肃地表示不平，是对嘉靖执拗偏见的间接矫正。隆庆帝在赐名诏书中教训朱翊钧说："朕兹恭请命于祖考，赐尔名。夫钧者，言圣制驭天下，犹制器之转钧也，其为义大矣。尔其念哉！"③正是这个意思。

朱翊钧，亦即将来的明神宗万历皇帝，是在这个时候才终于摆脱了尴尬已极的无名氏阶段，并俨然被授予寓有储贰身份的嘉名。这是顺应着当时弥漫全国的一股强烈要求否定嘉靖政治，要求重新评估和纠正既往一系列荒谬决定的潮流，其中包括要求恢复比较正常的皇室伦理关系在内的产物。

果然，翌年正月，隆庆帝又下诏宣布，命内阁、六部、钦天监、鸿胪寺及宗人府等衙门共同商议，妥慎择定日期并准备仪式，册立朱翊钧为皇太子。三月，举行了极隆重的仪式，将金册印宝亲授给翊钧。当日，鸣钟击鼓，焚香礼赞，以禀告天神地祇，列祖诸宗，并接受全国臣民恭贺。隆庆帝在册立诏书中，庄严宣告翊钧"正位东宫"，"上以奉九庙神灵之统，下以慰兆人翊戴之心"④。诏文中还把这个不久之前的"厌物"，吹捧为"英姿岐凝，睿质温文，仁孝之德夙成，中外之情允属"的拔尖人物⑤，是理想的帝王材料。于

---

① 《汉书·礼乐志》谓："附而不骄，正心翊翊。"
② 吕温：《凌烟阁勋臣颂·房玄龄》言："大邦均轴，至则委汝。"白居易：《和梦游春诗一百韵》言："危盲诋暗者，直气忤钧轴。"
③ 《明穆宗实录》卷1，隆庆元年正月甲戌。
④⑤《明穆宗实录》卷63，隆庆二年三月辛酉。

155

是乎,朱翊钧便好似秃毛鸡雏跳上枝头变成金凤凰,从被重压在最底层一跃登上接近政权金字塔的最顶端,居然被美化成为资质卓异、品学兼优、神人同钦共戴、天命所归的候补皇帝,是在一人之下、万人之上的皇太子了。

与此相配合,是为立皇太子而恩荫了一大批大臣子弟为同子生,又"敕令文武群臣及天下朝觐官谒见太子于文华殿左门"①。更将每年八月十七日定为皇太子千秋节,文武百官都应来排班叩贺,"赐天下王府诸司及四夷朝使钞锭馔"②。专门下敕"命所司预择讲读官及计处应用官校、仪仗典籍之类",为朱翊钧就读讲学做准备③。到隆庆六年(1572)二月,即在朱翊钧刚虚龄十岁,便为考举行了告庙"冠礼",隆庆亲御皇极殿,接受群臣祝贺,小翊钧也设座在文华殿受贺④。典礼接踵举行,仪式盛极一时。

朱翊钧被立为皇太子,不但在本国朝廷内外闹得沸沸腾腾,还惊动了外国,"朝鲜国王李昖遣陪臣李捷等来贡马及方物,入贺册立东宫"。

隆庆登极,不但本人跻位至尊,南面称孤,一吐三十年来的窝囊秽气;而且其母其子,不论存殁,都得享有最尊贵的位号。权力一转移间,贵贱荣辱便急转弯,重新排列。与隆庆一支的处境急遽上升相比,当年"素谋夺嫡"⑤,气焰俨然成为朱载垕强硬对手的景王朱载圳一支,则处于极端潦倒没落的境地。嘉靖四十四年(1565),

---

① 《明穆宗实录》卷60,隆庆二年五月戊辰。
② 《明穆宗实录》卷60,隆庆五年八月丙午。
③ 《明穆宗实录》卷64,隆庆五年十二月丙申。
④ 《明穆宗实录》卷61,隆庆五年九月己巳。
⑤ 此为朱载圳去世后,嘉靖说的话,可见嘉靖是素知景王阴谋夺嫡内情的,知而放任,实由于偏爱。见《明史》卷120《景王载圳传》。

朱载圳死于就藩所在的湖广安陆，其请封到手的大量庄田和侵掠而来的数万顷沃壤均被没入官府，他的遗孀及亲眷等被召还，"其妃还京，孤嫠困悴，几不聊生，乳母至行乞，门若阒"①。隆庆帝从未对之有任何照顾或恤问。什么手足之谊、亲亲之道，都不过是用以粉饰权位倾轧的薄薄轻纱，是一触即破的。世态炎凉，人情冷暖，恩仇多变，这在皇家宫闱之内，是表现得更为狰狞和更为露骨呵！

---

① 谈迁：《国榷》卷64，世宗嘉靖四十四年正月己亥。

第七讲

登极后劣根性的大暴露

在时局转折关头的出奇怠懒

嘉、隆交替,一个时期宣布结束,另一个时期开始了。

隆庆登极之初,确曾因诏除嘉靖时期各种陋习弊政,因而短暂地出现过一些新气象。朝野间热切企盼于新君,希望他奋发有为,朝乾夕惕,抓住国政的要害以扭转颓势。这是因为嘉靖帝的所作所为,确实是太乌烟瘴气,太荒唐,太失人心了。他留下一个溃烂的局面后撒手而去,"其时纷纭多故,将疲于边,贼讧于内"[1],国势已陷于极度危殆。如何收拾残局,便成为继位者责无旁贷的急务。尚宝司丞郑履淳剀切上言,沥陈时局艰危、时政之要,并吁请隆庆必应郑重正视,希望他勉做有为之君,惕厉忧勤,急筹对策,言:

> ……四方多故,万民失业。燕、云、辽、代,中原之脊也,而鼙鼓一闻,三关震动;徐、梁、汴、卫,沃衍之地也,而洪波荡析,四顾无烟;荆、襄、秦、洛,形胜之区也,强梗恁陵而啸聚;浙、直、闽、广,财货之薮也。奸宄剽敚夺而师劳。宗藩之坐窘无筹,中泽之哀鸣尤惨。种种可骇,物怪人妖,天鸣地震。彗星两见于女尾,日月继食于元春。

---

[1]《明史》卷18《世宗本纪》。

天心人事，种种可骇，正微臣痛哭流涕之秋，皇上卧薪尝胆之日也。①

形势的严峻，并非郑履淳在一疏中所能尽言的。仅以隆庆元年（1567）一年之内的边防告警的频繁和危急程度，即可窥见一二。三月，"寇犯辽阳，指挥王承德战没"；五月，"寇犯大同，参将刘国御却之"；六月，"寇犯朔州，参将麻锦却之"；七月，"寇入得胜堡，游击麻贵却之"；九月，"俺答陷石州，杀知州王亮采，纵掠文水、交城、介休、岢岚"；同月，"土蛮由界岭口入，大掠昌黎、乐亭、抚宁、卢龙，游骑至于滦河"；又，"寇入延绥，总兵官赵岢御却之……京师戒严"；十月，"俺答、土蛮出塞，京师戒严。逮山西巡抚王维洛、总兵官申维岳、蓟镇巡抚耿随卿、总兵官李世忠，寻下狱论死，谪戍有差"②。在这样民生凋敝，社会动荡，而又兵凶战危之际，人们当然盼望新皇帝能为他们解除困窘，转入一个比较正常较为体恤民生的有效治理，让天下苍生能够小休喘息，过安定的生活。

但是，隆庆帝完全辜负了臣民的期许。他的作风和行为虽然大异于嘉靖帝，却是以另外的形式扮演着另一个昏聩之君的角色。他不建玄修坛，不养方士，不责成臣下精撰青词，却是以异乎寻常的懒惰，厌倦政务，特别贪财好货，恣意追求淫乐享受、重用宦官、文过饰非的形象步上政治舞台，以另一形式的病态代替原有的病态。加之此人猥琐颟顸，言不及义，正所谓"望之不似人君"。著名历史学家孟森说，隆庆帝"上承嘉靖，下启万历，为亡国之酝酿而已"③，

---

① 沈朝阳：《皇明嘉隆两朝闻见录》卷12。
② 王鸿绪：《明史稿·穆宗本纪》。
③ 孟森：《明代史·隆庆朝政治》。

是非常锐利的看法。

登极之前及其以后,从裕亲王朱载垕转为隆庆皇帝,随着地位大变,人也大变了。

著名历史学家谈迁注意到隆庆帝嗣位前后的显著变化,他在总评隆庆帝在这一关键时期的转变时说道:"裕邸时服御淹抑,故正位以后,微闻色货,致太阿之柄,旁窃幸阉,举朝不能夺也。"①其他史籍,诸如《明史》《明史稿》《明史窃》《明通鉴》等书,也一致认为隆庆帝追求享乐,"颇耽声色"。这里所说的"微"或"颇",显然都是史家委婉的"曲笔",是旧史学中对某些中下之君经常使用的温和贬词。其实,在这些史书中所披露的大量具体事实,已经暴露出来的诸般劣根性,绝不是偶尔或轻微的。

隆庆帝最突出的特点之一,是庸碌懒惰。作为国家首脑,却对国家政事表现出十分冷淡和迟钝厌倦。

他继承皇位后,"临朝渊默"②,"未尝发言"③。貌似"端拱寡营"④,其实是心不在焉,精力都花在其他方面,是以"未能振肃乾纲,矫除积习"。仅这一点,即给予朝臣们强烈的恶劣印象,纷纷提出诤谏。

隆庆帝的懒性暴露得很早,刚嗣位就倦于听问国政。他继位未足一月,改元隆庆才十天,刚过新春元旦之后便连续宣示"免朝",置大量积压而且处置棘手的政事于不顾,引起朝臣惊讶,甚至有人认为他在掌握权柄处置国家大事这一方面,尚不如嘉靖帝,言:

---

①② 谈迁:《国榷》67,谈迁曰。
③ 夏燮:《明通鉴》卷64,隆庆三年三月。
④ 《明史》卷19《穆宗本纪》赞语。

谕示免朝。时（元月）初七日传免朝，至十一日复传免朝。给事中魏时亮上言："皇上初政，甫及一旬，免朝至再，得非献媚者以先帝为辞乎？先帝……晚岁虽云不朝，而明于亲辅臣，刚于制近习。断于去奸邪，故群小畏法，庶政不紊，奈何以初政而遽怠乎？"①

隆庆对魏时亮的谏疏置之不理，"留中"了事。

也有人将他们父子两位皇帝在这方面的表现做过比较，一为虽隔绝群臣，权柄自操，决不下移，是谓专制独裁；一为无意运作皇权，听任自流，是谓懦颓失职。二者虽为两极端，但同为昏聩，则无二致。李维桢言：

人言肃庙不视朝，朝事于心终不忘。（隆庆）帝临朝无所事事，信然。肃庙时，大臣往往被三木，工作褥祠，防虏御倭，人情物力诎矣，幸至是小舒。假令多才多艺，康陵遗祸，可胜道哉？庙谥曰穆，不虚耳。②

李维桢的说法温和委婉，似认为如其上有控驭过紧多生事之君，不如要一个"无所事事"的皇帝。这种意见当然是偏颇的。似此谥曰穆而实若木的君王，将置民生国计于何地？说他"幸至是小舒"，也是不符合事实的，下节将作详细析论。

继魏时亮之后，几乎在隆庆在位的全过程中，对他的突出懒惰倦政，一直谏诤不断。元年三月，吏科给事中王治在疏文中言及：

---

① 沈朝阳：《皇明嘉隆两朝闻见录》卷12，隆庆元年正月。
② 转引自《国榷》卷67，穆宗赞。

人主深居禁掖，左右便佞窥伺百出，或以宴饮声乐，或以游戏骑射。近则损敝精神，疾病所由生。久则妨累政事，危乱所由起。比者人言藉藉，谓陛下宴闲举动，有非谅暗所宜者。臣窃为陛下忧之。①

王治殷切请求隆庆帝出朝理事，亲近辅弼大臣。可惜的是，隆庆帝又是"报闻"了事②。隆庆帝偶或登殿，也是形如木偶，不闻不问，只不过起着最尊至贵的摆设作用。六月，兵部郎中邓洪震上疏痛言："陛下临御甫及半载……临朝之时，圣容端拱，未尝时赐清问，体察民情；诸司奏章，少经御览；经筵日讲，止袭故常，未尝虚心询访……号令非一，前后背驰，邪正混淆，用舍犹豫，所谓仁柔不断者未尽无也。"③

为催促皇帝上朝亲政，杜绝懒癖，朝臣们曾密集地上疏敦请，最著的如工部主事杨时乔、礼科都给事中何起鸣、户科右给事中张卤、吏科给事中石星和骆问礼、尚宝丞郑履淳、南京吏部尚书吴岳、御史赵焞、尚宝司卿刘奋庸等人。他们的奏章都提到，请"勤视朝"、请"亲裁奏章"、请"广听纳"、请"多召对"、请"延访治道"、请"总揽大权"等，各人的疏文都收录在《明穆宗实录》各卷及《明史》各传之中，汇集起来足可编纂成为一本专题汇编。这些人都称得上披肝沥胆、竭尽忠忱。在当时似乎是臣工们在指点"当今圣上"，应该如何做皇帝，告诉他身为帝君，其应尽的职责所在。下引尚宝丞郑履淳疏中一段，颇有质问的味道，具见焦灼填膺，情盈乎辞：

---

①②《明史》卷215，《王治传》。
③《明穆宗实录》卷9，隆庆元年六月壬辰。

陛下御极三祀矣，曾召问一大臣，面质一讲官，赏纳一谏士。以共画思预防之策乎？高亢暧孤，乾坤否隔。忠言重折槛之罚，儒臣虚纳牖之功，宫闱违脱珥之规，朝陛拂同舟之义。回奏蒙谴，补牍奚从？内批径出，封还何自？纪纲因循，风俗玩愒。功罪罔核，文案徒繁。阉寺潜为厉阶，善类渐以短气。言涉官府，肆挠多端。梗在私门，坚持不破。万众惶惶，皆谓群小侮常。明良疏隔，自开辟以来，未有若是而永安者。①

郑氏此疏，可谓一字一泪。它高出其他同类疏文之处，是指出隆庆帝忝为一国之君，身系社稷安危，由于出奇地懒怠，必然会引发一系列严重的是非不分、正邪异位，必然会导致一连串的反常和腐败，造成恶性循环，促发全局性的统治危机，"未有若是而永安者"。

当时的上层官僚，如吏部尚书、隆庆末入阁的高仪等人也曾络绎上奏，请隆庆帝"不可专于恭默"②。皇帝对国家政事三缄其口，不咨询，不表态，不批示，"一切置不览"③，一切无可无不可，使身居高位的尚书、侍郎们也难措手足了。

隆庆帝的懒惰是多方面的，甚至对于祭祀祖宗，在当时是被作为国之大典的，也多方托词规避。为此，内阁礼部诸公也要费了好一番笔墨，才算把他劝允，勉强去了一趟太庙。以下的记载颇为形象，懒皇帝的音容如画：

---

① 《明史》卷215《郑履淳传》。按，本疏此段，在《明穆宗实录》《国榷》《明通鉴》《皇明嘉隆两朝闻见录》诸书均有引载，但字句略有不同，此处采用《明史》。

② 高仪：《议亲政疏》，载《明经世文编》卷311。《文编》的编者加注曰："穆庙临朝恭默，一时群臣献替在此。"可见隆庆的奇懒，已成为朝议的重大内容之一。

③ 《明史》卷215《刘奋庸传》。

隆庆二年正月，享太庙。先是，上已命成国公朱希忠代行。礼官请上亲祭，不允。于是大学士徐阶等上疏言："祭礼，国家大典。春祭，四时首禋，皇上必躬奉祼将而后为孝为敬。祖宗列圣亦必得皇上之躬亲对越，而后来格来歆。且自宫至庙，其路不远；献奠有数，其礼不繁。夫以宗庙之重，虽劳且不当避，况非甚劳者乎？请皇上亲诣太庙行礼。"从之。①

徐阶的这篇疏文，仿佛训蒙夫子劝谕学童的口气，说理、开导、催促兼而有之，这位"皇上"才不得已而"从之"。但是。勉强而又勉强地去了一次以后还是"不躬庙祀"，一直是群臣谏劝的主题之一②。其懒怠惜劳，非一般人所能理解。

群臣连上数十疏直揭其荒怠，言词不可为不激切，但隆庆帝均以"报闻""寝不行"处之，即不批不答不改，甚至诬指来谏者"轻讪"，作出反噬，可谓死猪不怕开水烫。期待这个懒皇帝而能宵旰勤政，实无异缘木求鱼。

追求游幸玩乐，好色成癖

隆庆在国事朝政虽然形如木偶，但在游幸玩乐、追求色欲财欲

---

① 卜世昌：《皇明通纪述遗》卷12。
② 《明穆宗实录》卷65，隆庆六年正月己未，给事中张书等奏。

物欲等一切享受方面,却是内行里手,颇为"勤快""多思"的。当其初政,时在元年六月,兵部郎中邓洪晨已有察觉,上疏切谏:"传闻后宫日为娱乐,游幸无时,嫔御相随,后车充斥,可谓女宠渐盛者。"①到二年正月,吏科给事中石星更指出隆庆"淫游屡肆",吁请他"养圣躬":

> 陛下清心寡欲,渐不如初。今为鳌山之乐,必纵饮,必耽声色。皓齿蛾眉,伐性之斧;甘脆肥脓,腐肠之药。倘不亟戒,万一起居失调,悔将奚及?②

其实,隆庆的好色,是在登位后才充分暴露出来的,"上初在裕邸,姬御甚稀,自即位以来,稍好内,掖廷充斥矣"③。这里的所谓"稍",当然也是委婉之词。真实的情况是,此人乃是一个地地道道的色迷。仅据笔者根据《明穆宗实录》等记载的不完全统计,他在位的后两年半,仅正式被封授为妃子的即有十三人,其他嫔以下的则无记录,推论被其所"幸"的妇女当在数十人以上。甚至到隆庆六年(1572)三月,当他"疾益甚"的情况下,还下诏册立了四个妃子。就在一个月以后,这个风流天子便"大行不返","龙髯难攀"了。如此密集纳妃,即使在明代诸帝中,也是较为罕见的。隆庆帝在登极后不久,健康即急遽恶化,"天颜渐癯",显然与性生活的无节制、

---

① 《明穆宗实录》卷9,隆庆元年六月壬辰。
② 《明穆宗实录》卷16,隆庆二年正月己卯。
③ 据《明穆宗实录》卷67,《国榷》卷66、67的记载,隆庆在四年二月,册立魂氏为英妃、秦氏为淑妃、李氏为德妃、董氏为端妃、马氏为惠妃;五年三月,又册立汪氏为荣妃、杨氏为安妃、赵氏为和妃、韩氏为容妃;六年三月,再册立庄氏为敬妃、李氏为恭妃、于氏为懿妃、叶氏为奇妃。

旦旦而伐、色欲过度有关。到隆庆五年（1571）下半年以后，皇上患了"色痨"已成半公开的秘密。是年九月，户科给事中蔡汝圣即曾为此坦率上言：

近因长至导驾，窥窃圣容微减于前矣。夫皇上一身关系甚大，不可不慎也。今微阳初生，正宜遏欲养静，愿于宫中澄心涤虑，进御有常……①

所谓"进御有常"，换成白话就是希望他减少性生活，注意节制性欲。到六年三月，原裕王府旧属今为尚宝卿，与隆庆渊源最深的刘奋庸则"念潜邸旧恩，谊不忍默"，以比较温婉的语气提出，"望凝神定态，忍性抑情，毋逞旦夕之娱，毋徇无涯之欲"②。认为必须悬崖勒马，然后"无疆之福"，才"可长保"③。

为充分满足淫乐的需要，隆庆甫御位即一再加诏多选宫人，虽经群臣力阻，请求暂缓增选，并求恩放多余宫女"各归乡井"，但"疏上，奉旨：'宫女不多，仍选入。'"④他每次增选宫人，俱在三百人左右，年岁在十一至十六岁之间的"民间淑女"⑤，为此，竟在江南地区引发过一场"拉郎配"的风潮，数百年来一直成为舞台上揭露昏君因淫乐害民的活题材：

隆庆元年十二月，江南一带讹言选宫人，女子十二三

---

① 卜世昌：《皇明通纪述遗》卷12，隆庆五年九月。
②③《明史》卷215《刘奋庸传》。
④ 参见高仪：《请恩放宫女疏》，载《明经世文编》卷311。
⑤ 参见《明穆宗实录》卷31，隆庆三年四月甲申；又，《皇明嘉隆两朝闻见录》卷12，隆庆三年四月。

以上，婚嫁殆尽。虽宦家往往摇动，途中轿相接，贫不能赁轿，则徒步投婿，未聘者无暇采择。且云，每一宦人，令一寡妇伴之。奸民缘以诱惑，官愈禁愈为实，次年二月始息。①

应该说，这场骚动绝不是无风起浪。人民群众为了保护自己的弱女，除了迅速抢婿嫁女以外，实在再难以找到其他更有效的抵制办法。明清人的笔记多有述及此人异常好色的细节，甚至有说他因长期服用春药以纵情淫乐，阴茎连日挺拔不倒的②。此等记载虽因事涉暧昧，难以查证，但另有些史料是作者目睹亲历之事，则可供参考。沈德符在其所撰《万历野获编》中具体言：

幼时曾于二三豪贵家，见隆庆窑酒杯茗碗，俱绘男女私亵之状，盖穆宗好内，故以传奉命造此种。③

但凡一种社会风气，往往由于在上者的引导，激发在下者的趋附迎合。上引沈氏之言，实从一侧面反映出隆庆帝的"寡人有疾"，而且其疾甚深。

隆庆帝不务正业，但极好嬉游，宴饮声乐，出游骑射，无所不爱。隆庆二年（1568），他听左右的宦官们说，京郊南海子是历代禁苑，其中景物佳绝，便提出要去游幸。此必然兴师动众，浪费扰民，大学士徐阶、兵部尚书杨博、御史郝杰、给事中王治等均谏阻，言："上

---

① 叶权：《贤博篇》，载《明史资料丛刊》第 1 辑。
② 沈德符：《万历野获编》卷 21《佞幸进药》。
③ 沈德符：《万历野获编》卷 26《玩具瓷器》。

林苑止鹿兔……不足仰烦临视。"①

隆庆帝仍坚持要去。岂知，因嘉靖帝长期幽居西苑，从不履南海子，此地早成废墟。隆庆帝兴冲冲而来，"驾至，则荒莽沮湿，宫馆不治。上亦悔之，逮命还跸"②。

甚至在拜祀祖宗，进行谒陵大典的时候，隆庆帝也提出先就地出游，然后拜祀。在当时，这是被认为不道的。隆庆二年（1568）二月，他率领文武大臣勋贵、御林军伍来到天寿山先代祖陵之处，又要出游。"徐阶曰：'陛下以祀至，非游也。如先游而祀，后之谓孝思何'？乃止③。"

这样一个荒怠好色的浪荡君王，难道就是不久前还备受赞誉，被认为恭谨恂敬、循规蹈矩的好皇子、裕亲王吗？

贪婪嗜财，无限制地勒取国库银两以供挥霍

在贪财好货方面，隆庆帝可谓欲壑难填，"欲罄天下库藏输内府以济旦夕之用"④。

亦因此，君臣曾一度融洽的关系迅速走向紧张。

---

① 谈迁：《国榷》卷63，穆宗隆庆二年三月丙子。
② 卜世昌：《皇明通纪述略》卷12，隆庆二年三月丙子。
③ 谈迁：《国榷》卷65，穆宗隆庆二年二月己酉。
④ 夏燮：《明通鉴》卷64，穆宗隆庆二年六月。

矛盾最为集中在隆庆帝不断向国库提取巨额银两以供御用，不断施加压力，紧催紧迫，根本不恤民生和国家正项财政开支的需要。对此，内阁和主管财政的户部均认为难以供应，朝臣们也多有议论，几乎每一次索取，都出现对此的谏诤和抵制。但几乎每一次，都是在皇帝权威的强制下，终仍得刮库以进，被迫部分或全部满足隆庆帝的奢求。

隆庆三年（1569）四月，君臣间为此的争议是非常激烈的，参与谏止的不但有科道官李已、杨一魁、龙光等多人，而且，户部尚书刘体乾，当时在内阁任大学士的李春芳、陈以勤、张居正等亦分别上疏，力劝隆庆帝克制奢侈之念，注意樽节。《明穆宗实录》卷31载：

上谕户部："取太仓银三十万两，进上用。"尚书刘体乾言："银库见存止三百七十万，九边年例该发二百七十六万有奇；在京军粮商价不下百万有奇；蓟州、大同各镇例外奏讨不与焉。此皆急需，一毫不可少者，即尽发库银，犹不足用。若复取三十万，经费何支？前诏乞且停止。"上不允。体乾复言："今国计缺乏，内外大小臣工所知。陛下试垂情访，若有一人异同，臣甘伏欺罔之罪。况此存库之数，乃近差御史搜刮所入，明岁则无策矣，万一有仓猝之变，征调四集，军无见粮，马无见草，患生不测，臣不足言，如国事何？"

当时的首辅是李春芳，此人素以巧宦著名，有事向来不敢出头，遇到矛盾绕着走，但因既主持内阁，有策划和度衡国计开支之责，

设或财政不支,势必追究首辅的责任。故此,他亦雅持缄默,上疏支持户部的意见,具陈"生民之膏血已罄,国用之费无经",并言:

> 仰惟皇上嗣登大宝,屡下宽恤之诏,躬行节俭以先天下,海内欣欣,方幸更生。倾者以来,买办渐多,用度渐广,当此缺乏之际,臣等实切隐忧。辄敢不避烦渎,披沥上陈,伏愿皇上俯从该部之言,将前项银两,免行取进。①

另一大学士陈以勤亦一再上疏,力言"崇尚节俭"的必要,请隆庆"宫室之奉,但仍旧贯;乘舆服食之物,悉加裁省;凡宫中冗聚之人,奇巧之玩,无名赐予,无度取索,一切黜而罢之"②。张居正虽然入阁不久,且在排名上暂居诸相之末,但他也敏锐地感觉到,隆庆帝登极后诸多索取是极危险的迹象。早在隆庆二年(1568)八月,他就指出,当此"各省库藏空虚,水旱灾伤,视民之死而不能赈",正处于"国用未允而元气已耗"之时,必须"加意省俭,用与民休息。……若不痛加省节,恐不能救也"③。及至三年四月,当隆庆诏取三十万两时,他又上了《请停取银两疏》,吁求"节赏赉","省财用","停买办"④,收回在户部抽取巨款之诏。似此,包括阁部大臣和御史、给事中共上了十余奏章以劝谏,但隆庆仍不肯全部免索,仅勉强将款额稍为减低,诏示内阁:"且取十万两以济急用,卿等传示,不必再来奏扰。"⑤

---

① 李春芳:《请停止钦取银两疏》,载《明经世文编》卷280。
② 陈以勤:《陈谨始之道以隆圣业疏》,载《明经世文编》卷310。
③ 张居正:《张太岳集》卷36《陈六事疏》。
④ 张居正:《张太岳集》卷36《请停取银两疏》。
⑤ 《明穆宗实录》卷31,隆庆三年四月癸未。

其实，隆庆迫于众议，暂时减少了银两数目，乃是出于不得已。才过了一个月，即在三年五月，又发生了勒催江南解款的事件：

> 户部奏：浙江、苏、松等处，岁派内折银百万有奇，近来逋负，乞行催解，上命各抚、按官严限催征，作速完解，违者部臣劾治。①

四年五月至七月间，因解进内用银两和黄金未如所取之数，竟罚有关官员停俸，并勒令户部尚书刘体乾退职闲住。

五月，"户部尚书刘体乾等奏进夏季京库银十七万两，尚欠原额八万两，乞行府县督征。有旨切责体乾过期支吾，令亟以太仓银补进，夺该司官俸二月"②。

七月，"先是，内供不足，数下户部取太仓银，又令买金云南，尚书刘体乾多执奏不奉诏。至是，云南年例金过期不进，有中旨诘责之"③。

五年（1571）正月，又下诏取光禄寺银二十万两；二月，继又再诏取三十万两④。

六年二月，再下诏取太仓银十万两⑤。

每当上述索银的诏书下达，势必引起朝议大哗，特别是主管职官，更是绕室彷徨，筹措无计。当隆庆五年一、二月间，连续诏令光禄寺进缴巨款之时，该寺存银实只有十八万两，焉能再进五十万两？

---

① 《明穆宗实录》卷32，隆庆三年五月戊辰。
② 《明穆宗实录》卷45，隆庆四年五月壬辰。
③ 《明穆宗实录》卷47，隆庆四年七月己卯。
④ 《明穆宗实录》卷53，隆庆五年正月辛卯。
⑤ 《明穆宗实录》卷66，隆庆六年二月丙午。

黄台之瓜，难堪再摘！当时除飞檄各省抚、按衙门催解，严申凡"查有征完而未起解，及起解而未获批单者，严行追究"外①，分管光禄事务的礼部尚书高仪也疏请节约内廷开支，认为，"传帖实当稽察，查刷实当检阅，事规实当裁定，宫中宴乐实当屏弛，银鲜实当罢买，先朝多人实当查放，内府工役酒饭，并狮食羊料实当停止，坐家掌司实当减革，夷人实当速发，器皿实当清理。一一举行，省费不赀。……若非量入为出，恐有不给，何以措办"②？虽然他搜索枯肠，详细为内廷开支盘点核算，列举出上述十个"实当"，可惜并未抓到要害之所在。因为隆庆帝每年勒取的大量银两，相当一部分并不是开支在高仪所指的十个"实当"之内。据御史詹仰庇受命巡视内廷十库，发现内廷的账目混乱，浪费情况骇人听闻，所有勒取而来的银两，大多用以作为穷奢极欲之用，加以宦官们的层层贪污，巨额款项，便如同掷入无底洞之内，欲壑难填。疏言：

> 再照人主奢俭，四方系安危。陛下前取户部银，用备缓急。今如本监（按，指内官监）所称，则尽以创鳌山、修宫苑、制秋千、造龙凤舰、治金柜玉盆。群小因干没，累圣德，亏国计。望陛下深省，有以玩好逢迎者，悉屏出罪之。③

詹仰庇所说的开支情况，接触到问题的实质，且又是当今皇上纵情奢侈的要害处。隆庆帝因此对他恨恨不已，便借口他在疏文中

---

①② 高仪：《议革光禄积弊疏》，载《明经世文编》卷311。
③ 《明史》卷215《詹仰庇传》。

有"再照人主"之语,借题发挥,下诏说:"仰庇小臣,敢照及天子,且狂肆屡不悛",命将他廷杖百下,除名,并罢科道之巡视库藏者①。可见,终隆庆之世,他的贪婪嗜财,不惜大量浪费国帑以满足享乐,是不会因群臣的苦谏而有任何改变的。

酷爱黄金珠宝,狂热追求物质享受

嗜财爱货者必然重视黄金。因为黄金在当时是最高价的贵金属,是最受珍视的通货,其价值数倍于白银,且可熔炼制作为各种名贵的玩物饰品,其用途亦非一般银两所能比拟。

隆庆帝对于黄金亦有特殊的偏爱。

诏内承运库太监崔敏,以户部银六万买金一万两进用。(户部)尚书马森等言:"……黄金产自云南,所出有限,岁额不过二千,尚多逋者。至于商人,尤难责办。先帝时,曾买金二千,日积月累仅能足数,不能足色,寻诏停止,以此金贮之太仓。今欲于数日之内,即满一万之数。臣等知其不能,请先进贮太仓者,督云南巫进年例。"……得旨:"银两不必发,取见在金进用。"②

---

① 《明史》卷215《詹仰庇传》。
② 余继登:《典故纪闻》卷18。

其后,又多次严旨要云南在限期内进例金,并要求增加额数。"云南巡抚曹三旸等言:'滇岁贡黄金二千,又益三千,苦莫措,乞每两输银八两,京师召买。'许之。"①

有了黄金,当然还需要搜罗与之搭配的珍珠宝石。二年十二月,"谕户部:购宝石,期三日"②。四年四月,"谕户部,趣贡金及市宝石"③。六年正月,"命云南、广东,岁进宝石二万枚,珠八千两"④。买玉买珠传帖屡下,人情汹汹,"咸谓陛下诏书不信,无所适从"⑤。

对于珍珠宝石的质量,隆庆帝还非常挑剔。他经常亲自验看进贡来的珍宝。五年十二月,"户部进续买珠宝,共用银二万二千四百两有奇。上以所买不堪用,责该司对状。(户部)尚书张守直因自引罪,且请再行宛(平)、大(兴)二县收买,上怒未解,夺郎中袁三接、员外贾实俸各半年"⑥。户科都给事中李已、给事中陈吾德目睹为金石珠玉之事,已骚扰半天下,乃联名上奏,激切而言:"陛下为民父母,奈何以一玩物而费数十万之赀乎?"⑦隆庆帝阅疏怒不可遏,认为李、陈二人"沽名犯上",竟命将李已廷杖一百,送刑部监候,黜陈吾德为民⑧。

对于隆庆帝这样的作为,在朝臣中也分为两派,绝大多数人是不满且引为隐忧的,其中的少数人甚至拍案而起,冒着很大的危险慷慨陈词,以社稷苍生为念。但亦有一些人,只知为一己保持利禄

---

① 谈迁:《国榷》卷67,穆宗隆庆六年正月癸酉。
② 谈迁:《国榷》卷65,穆宗隆庆二年十二月庚寅。
③ 谈迁:《国榷》卷66,穆宗隆庆四年四月。
④ 谈迁:《国榷》卷67,穆宗隆庆六年正月戊午。
⑤《明穆宗实录》卷45,隆庆四年五月壬申。
⑥《明穆宗实录》卷64,穆宗隆庆五年十二月丁酉。
⑦⑧《明穆宗实录》卷45,穆宗隆庆四年五月壬申。

名位，不顾国计民生，不管市来之物来自何方，明知宦官们借此以利用皇帝的贪念以牟利，仍装糊涂，甘蹈陷阱，但求迎合，反正所耗费的全是国帑，个人不但无损，反可得高升。刘体乾与高曜二人先后都曾任户部尚书，但作风人品却完全不同，在当时宦海中的升沉亦截然有异。据记载：

> （隆庆四年）十月，户部尚书刘体乾罢。先是，内降户部取买真（珍）珠、黄玉、绿玉、黄金等项。尚书高曜即时召商收买——皆中官内藏之物，以伴当为商人，赍送户部，倍索高价。买入复出，循环取利。中贵大喜。曜六年告满，遂加太子太保，科道论罢之。及体乾为尚书，凡有取买真（珍）珠、金玉之类，每执持不行，尝上疏抗论财用诎乏，请停取买。疏至文思（书）房，中官不收，令赍本吏领回。体乾仍令赍上，中官毒殴其吏，匍伏而出，复将原本送与内阁。……体乾遂欲致仕，诸所取买，仍执不行，忽内降：着闲住去。①

刘体乾在当时是第一流的理财专家，且为人"清劲有执"②。他从隆庆三年（1569）二月任职，到翌年七月因数"抗旨""忤帝意"③，而被罢官，表现出中国传统士人坚持正气，"文死谏"的节操。当时的光禄寺卿靳学颜亦极言"明君不宝金玉而宝五谷"④，但均未接

---

① 卜世昌：《皇明通纪述遗》卷12，隆庆二年十月。按，据《实录》等，刘体乾是在该年七月被勒令退职的，《述遗》误为十月。
②③《明史》卷214《刘体乾传》。
④ 夏燮：《明通鉴》卷64，穆宗隆庆三年闰六月。

纳。而高曜之流，不但幸得持盈保泰，甚至差一点就捞得到太子太保的荣衔，但当时即被戳指为玷辱官常，为人所不齿，日后更留污于史册，蛆虫而已。

大兴织造，着意装饰包装，也是隆庆皇帝的癖好之一。当时，他派遣太监李佑等人长期驻在苏、杭，负责督促织造和解输业务。地方官员必须给这些太监定期奉送"常例"，每一批加织，每一次发下新的花样，主管的太监都必得到一笔厚赂。否则，必以"碍妨御用"为名找碴儿。其中的腐败黑暗，工部和工科官员一再奏及：

隆庆三年四月，"诏以内织染局所呈袍服花样，行织造太监李佑取办一千八百六十匹以进。工部言：'往者李佑之遣，已非《登极诏书》初意，然臣等犹望计日竣事，可以速还，乃今前工未毕，后工复继，是使佑无还京之期矣。自岛夷乱后，江西（南）诸郡十室九空，今料额不充，势须加派，加派不已，民力难堪。弱者死逋，强者死盗，陛下所宜怜也。'工科给事中孙枝、四川道监察御史姚继可等亦以为言，上皆不允。于是工部复奏：'先是，织造解输者，谊局必索常例。……太监陈洪以续发花样为由，而即增附一千六百匹有奇，意在缘此以谋常例。今即不已止，宜以原发花样令其督造，余悉罢之。'上曰：'该局既称匮乏，朕用不可缺，其令佑遵旨织造。'"①

"朕用不可缺"，竟需要加织复加织成千上万匹织品。四年三

---

① 《明穆宗实录》卷29，隆庆三年四月辛卯。

月,"传令南京加织缎匹三至十余万"①,又"命市绵二万五千斤"②。六年二月,"又诏遣内臣往苏、杭织造龙袍、翟服、绒锦、鸾带"③。此外"诏江西烧造瓷器十二万有奇。陕西织造羊绒三万二千二百匹有奇,凡费一百数十万"④。此外,制作卤簿仪仗朝殿挂灯、鳌山灯,更要每年一换。他不管南京是否有能力可承接加织十万匹丝绢,也不管北京并非产丝的地方,三月更非成丝的季节,但以一时兴致,便下诏责办,虽臣下纷纷沥陈,当时全国南北,皆"水旱流移,府库虚竭",而"民困难支"⑤,一概置之不理。当时,索金取银派物的传帖日降,所取之额日增,责办的旨意日峻,甚至不惜开动全副国家机器,星急火燎地催征催解,以至撤免杖责敢于直言顶撞或不肯驯顺交银缴物的官吏。对于一切逆耳忠言,一概斥之为"恶言讪上"。为压制异议,他重用锦衣卫和东厂等特务部门,"命厂卫刺部院事"⑥。在对一些言官用刑时,他甚至亲自来到五凤楼,暗中观察行刑的情况,可见积恨之深,并借以泄愤。于是,不少忠耿敢言之士,均逃不脱"血溅玉阶,肉飞金陛"的厄运⑦。他甚至严厉指示内阁和吏部,命从严稽查和惩办一切"忤上"之人。谓"自朕即位四年,科道官放肆,欺乱朝纲,其有奸邪不职,卿等严加考察,详实以闻"⑧。这其实是以考察名义以进行甄汰和打击,旨在封钳众人之口。大量事实都说明,当年以谦恭忍让,"动遵礼法"知名的"好皇子",而今已经一变

---

①②《明穆宗实录》卷43,隆庆四年三月甲申,乙未。
③④ 夏燮:《明通鉴》卷65,穆宗隆庆五年夏。
⑤ 谭希思:《明大政纂要》卷61,隆庆六年二月。
⑥ 夏燮:《明通鉴》卷64,穆宗隆庆三年十二月己亥。
⑦ 陈登原:《国史旧闻》第三分册《廷杖》。
⑧《明穆宗实录》卷50,隆庆四年十月丁巳。

为贪婪多欲,而且昏聩暴虐的"当今天子"了①。

宠庇宦官,用为心腹爪牙

明代是中国历史上宦官专权为害最烈的朝代之一,其祸国殃民,荼毒天下,不仅出于正统、成化时期,亦在不同程度上,出于隆庆朝。

隆庆皇帝登极,尽将嘉靖朝盘踞于廊庙的方士等清除殆尽,但是,他又迅速地采取重用宦官的办法以为代替,对这些人屡加拔擢和逾分庇纵。

> 隆庆元年(1567)二月,"上加恩内臣,岁加司礼监太监黄锦禄米二十四石,荫弟侄一人锦衣卫指挥佥事;王本、冯保各弟侄一人锦衣卫正千户;胡明、乔朗、曹宪各弟侄一人锦衣卫百户。从龙太监梁㭪、李芳岁加禄三十六石,荫弟侄一人锦衣卫指挥同知;张仲举、翟廷玉、陈钿、陶金、吕用、崔玉、高相、杨义、张恩各荫弟侄一人锦衣卫正千户;宋朝用、张润、杨添爵、冯明、夏云、严用、李佑各荫弟侄一人锦衣卫副千户;张廷、周保、王荣、李忠、李鋆、

---

① 《明穆宗实录》卷50,隆庆四年十月己未条载,当隆庆下诏严加考察科道之后,内阁大学士赵贞吉即上奏,谓此举已引起"众心汹汹,人人自危",指出"上登极以来,科道诸臣近二百人,其中岂无赤心报恩、忠直敢言之士,今一概以放肆欺罔、奸邪不职罪之,其罪不容于死矣。……未闻群百人而尽加考察,一网打尽,以蹈汉、唐之弊者"。可见隆庆帝借端打击言官,连内阁中人也是认为过分的。

赵朝、郭阳、李惠、赵忠、李禄各荫弟侄一人锦衣卫百户；于铳、刘用各荫弟侄一人锦衣卫镇抚。俱世袭"。①

犹在执孝期间，即急不可待地"加恩"宦官，特别是以上诸人皆得荫世袭，本来已是破格之事，而在实际执行中，还存在破格的破格：

> 五月，先是司礼监黄锦当荫弟侄为锦衣卫指挥，乃奏辞新命，而为其侄黄浦乞复都督衔，仍佥事锦衣卫事。已而太监滕祥等复为浦奏，且乞授其族人黄保等六人为锦衣卫官，为锦守墓。仍令黄斌等三十人充御马监勇士，以存体恤。上皆许之。②

如此一来，仅为了一个司礼监太监，便在锦衣卫中增设了都督衔佥事以下职官七人，御马监勇士三十人，居然还钦准专设守墓官六人。似此恩泽荣宠，实凌驾于一般部院大臣之上，真可谓一人得宠、鸡犬皆仙了。反映出隆庆帝自掌握最高权力之日始，即视宦官为其最可亲近最可依靠的人物。其后，隆庆帝又特别宠信司礼监太监滕祥、孟冲、陈洪三人，这三个人"争饰奇技淫巧以悦帝意，作鳌山灯，导帝为长夜饮。……三人所糜国帑无算。帝享太庙，皆冠进贤冠，服祭服以从，爵赏辞谢与六卿埒"③。宦官势力的急遽膨胀，且逐渐侵夺政事，是隆庆初政一个突出的问题。

---

① 王世贞：《弇山堂别集》卷90《中官考一》。
② 王世贞：《弇山堂别集》卷100《中官考十一》。
③ 王鸿绪：《明史稿》卷179《李芳传》。

隆庆帝除了不断指派宦官前往全国各地督办"贡物",主持织造等以外,还多次任用宦官插手军政事务,"命修内教场,敕中贵习骑射"①。最突出的是,任命宦官控制军队:

> 元年九月,上命太监吕用、高相、陶金坐团营,兵部尚书郭乾执奏,以为营制经先帝裁定,革去团营,尽复二祖三大营之旧,官有定员,不用内侍,此万世不刊之典,遗训昭然。今一旦易之,不可。上曰:"朕观《大明会典》,有内臣监营之制,仍命草敕赐之。"②

不仅兵部尚书碰了硬钉子,户部和工部的尚书也难逃劫运。上文说到刘体乾为劝谏隆庆帝节用戒奢的问题受罢官革职之事。其实,他在抵制宦官肆行贪污、侵夺政府财权问题上,也受过不少委屈:

> 隆庆三年(1569)五月,户部尚书刘体乾言,太和山香钱岁不止此数,旧虽守土疆臣与内臣共理,而收掌出入多内臣主之,宜比山东泰山事例,令抚、按官选委府佐一员,专收正费之外,余银尽解部供边,其修理诸务,俱命有司董之,内臣不得干预。疏入,忤旨,令自陈。体乾疏谢曰:"臣愚不能将顺明命,冒渎天威,罪不容诛,但以职司钱谷,目击进艰,窃不自揆,欲为朝廷节财用耳。"上责体乾不遵明旨,屡次奏扰,夺俸半年。③

---

① 谈迁:《国榷》卷65,穆宗隆庆元年九月癸丑。
② 《明穆宗实录》卷12,隆庆元年九月癸丑。
③ 《明穆宗实录》卷32,隆庆三年五月壬子。

事件本身及其处理真是匪夷所思。堂堂一个户部尚书,仅在职责范围之内,要求宦官交出香钱余银以充国用,本是正理之事,何至于"冒渎天威,罪不容诛"?更为此遭受申斥,而至于夺俸?可以说是完全不按章法办事,不讲道理。刘体乾因抗拒宦官侵权,所受的窝囊气尚不止此。上述事件仅过半年,隆庆四年正月又发生了另一事件。"谕户部取银进用,内承运库以空札下户部取银十万两。户部尚书刘体乾上言:'京帑重寄,乃以片札取之,不印不名,安辨真伪?'上复命如数以进"①。事已至此,体乾势难久在其位了。

工部尚书雷礼的处境也不比郭乾、刘体乾好。他本身原是工程人员,熟悉营造制作,但遭受宦官头子滕祥处处侵越他的职权,迫使他负气求去,辞官归里。

  隆庆二年九月,工部尚书雷礼复上疏引疾乞休。因言:"本部上供钱粮,已经奉诏节省,而为太监滕祥所持,危言横索,事事掣肘。如近者传造橱柜、采办胶漆、修补七坛乐器,祥辄自加征,所糜费以巨万,而工厂存留大木,围一丈长四尺以上者,该监动以御器为辞,斩截任意,用违其材,臣礼力不能争,但愤惋流涕而已。今嫌隙既成,事体相悖,若留臣一日,则增多事于一日,乞早赐罢斥,以全国体。"②

雷礼一纸陈情,有事实有根据,本应对滕祥严加管束,责令他少干预职能部门的运作,但是,情况恰好相反,雷礼上奏,"上览

---

① 沈越:《皇明嘉隆两朝闻见录》,隆庆四年正月己巳。
② 卜世昌:《皇明通纪述遗》卷11,隆庆二年九月。

疏不悦，令致仕去"。

在几位尚书与宦官的争执中，无不是以宦官胜诉、尚书败北而结束。宦官的贪婪横肆，权势高张，是嘉靖朝所未有的。其他官员因弹劾宦官而被降谪的也甚多[①]。

隆庆为宦官的横行霸道提供了合适的土壤，他甚至委任太监代表朝廷，以"天使"的身份出使外国，在国外肆行敲诈勒索，其秽行劣迹，业已贻笑外邦，书写于朝鲜的《实录》上：

> （隆庆二年）二月癸未，天使太监张朝、行人司行人瓯（欧？）希稷入迎诏门。上率百官祗迎。乙丑，太监以不满溪壑之欲，发怒于言，曰："明日午后当发行"云。朝廷重违华使之意，加给银两、皮物甚多。庚寅，大驾至幕华馆（饯）天使，（天使）与我朝百官相揖而别，凡抬扛之物至三十有三。……张朝在平壤，闻后运天使之来，其一行柜子十五，隐匿于城外松林郁密之地，待后运天使过去后乃行云。……若后日求索无限，皆欲其输给，则必以今日为列，后弊无穷。[②]

这一段记载，将宦官"天使"张朝的丑恶面貌和卑鄙行径，记述如绘。派遣这样的败类代表明皇朝，只能给国家丢人现眼，也反映出隆庆帝的昏聩偏迷。他既违背体制，任命宦官出使，又对所任

[①] 例如，隆庆元年七月，"诏谪太常寺少卿周怡外补。怡疏陈《定君志以修德业》，语多讥切内竖，上怒其抗违，落级外调"，载《皇明嘉隆两朝闻见录》卷12。

[②] 吴晗：《朝鲜李朝实录中的中国史料》上编，卷25，朝鲜宣宗昭敬大王元年，明隆庆二年二月。

宦官的严重违法乱纪懵然不知，张朝的丑事在明朝的公牍中的确一字未见，可见他并未罹入本国的法网，而且差一点便幸逃于受青史的谴责。

在宫廷内的财粮收支、仓库收贮出纳各个方面，也久为宦官们据为巢穴，视为"利窟"，其中虚报消耗，盗贪钱粮，"宦寺之权重于难制"①。故在改元隆庆之后，内阁即奏请派御史等前去查盘内府各监局钱粮，隆庆帝亦一度下诏允办。但御史刚进入库内，便遭到宦官们千方百计的顽强抵抗。宦官头子崔敏居然奏请免查，御史们则坚持盘算清楚，认为"诏令已下，不宜以中官言辄罢"，并"劾敏等抗违明诏，当治罪"②。当两方正对峙激烈之时，都在听候皇帝裁定。想不到隆庆帝却以君父之尊，居然出面偏袒宦官，重新下一道诏书，完全推翻原议，规定只许盘查嘉靖四十一年（1562）以后的库储及账目，"其诏内不载者，亦不许概查，敏等勿论"③。这显然是为了保护宦官过关，将长年积淀的腐败冻结保存下来。其后，还对坚持要查核宦官钱粮和弹劾太监崔敏的官员予以廷杖贬斥④。

当时，出现过许多怪事，反映正气不彰，歪风日嚣。例如，隆庆二年七月间，有一个叫许义的宦官，在宫外手持利刃以吓诈民财，被巡视中城御史李学道查获。李学道根据常规处理，将这个许某笞责。想不到这个许某受笞，却引起其他宦官的愤恨不平，物伤其类，竟对李学道寻衅报复。一天朝罢，纠合了百余人，等李学道经过左掖门时，突然出来用棍棒袭击，学道被击倒踣地，百官相顾错愕，

---

① 谈迁：《国榷》卷65，隆庆元年十二月戊戌。工部主事杨时乔语。
②③ 王世贞：《弇山堂别集》卷100《中官考十一》。
④ 沈德符：《万历野获编》卷20《詹李二谏官》条载："隆庆三年，御史詹咫亭（仰庇）请核内官监十字库钱粮，为内监所潜，廷杖削籍。五年，户科都给事中李月滨以劾太监崔敏，亦杖一百为民。二人先后以弹治宦得谴，天下高之。"

但亦无法施救。似此殴辱朝官于宫门，无视朝仪法纪的放肆行为，李学道既为执法者，又是受害者，隆庆帝却反以学道"不候恭题""擅答内侍、不谙事体"①的罪名，撤去他巡视中城御史之职，发配到外地。

又例如，隆庆三年十一月，内廷尚衣监少监黄雄，是隆庆帝身边的内侍，一向在宫外放高利贷牟利。有一天，他为追讨利息，与北京的居民发生斗殴，负责京城治安的兵马司将其扣捕。次日，解送到巡视皇城御史杨松处。岂料，杨松对此事尚未处理，黄雄的同伙即派人来索，假称有皇上"驾帖"，即要召见黄雄，强令立即释放。杨松在查明是伪造之后，乃上奏控告黄雄"暴横不法，诈称诏旨"②，黄雄则反噬杨松检举不实，是诬陷于他。隆庆帝尽信宦官之言，竟指责杨松奏事不实，"不奉旨辄拘系内侍官，命降三级，调外任"③。

李学道、杨松的蒙冤受辱，宦官辈的邪焰高涨，其实并不是偶然的。根源在于隆庆帝从藩邸入居大位，因其耽于享乐，很自然视贴身宦竖才是最能承欢色笑，最能驯顺迎合、投己所好的人。反过来，许多朝臣及言官却不断针对皇上的懒怠好色、贪奢浪费等进行谏诤，被认为是"讪上沽名"，招惹厌憎。特别是，许多谏疏的指斥锋芒乍看似乎是指向宦官，而细品味之，则往往是影射作为宦官总后台的皇帝。已居高位的内阁大学士赵贞吉曾愤然投诉，宦官们"诬人以过，明己无罪，与公论抗是非"；又谓"岂其朋比坏政，干嘱公务，攘剥官民，骚扰道路，当任其所为而礼法不宜制耶？"④吏科给事中石星不但吁求隆庆帝"清心寡欲"，切戒受"奸谀迎合"。还着重提出应"察谗谮"，揭明在如何对待内官和言官争议的问题

---

① 《明穆宗实录》卷22，隆庆二年七月乙卯。
②③ 《明穆宗实录》卷39，隆庆三年十一月乙酉。
④ 赵贞吉：《三畿九弊三势疏》，载《明经世文编》卷254。

上,实关系到"圣德",不容轻忽。谓:"间一二内臣,专作威福,切齿言官,欲行中伤。言官过直,则曰此人欺;过激,则曰此人慢。渐渍既久,不觉其入而怒之矣。"①故此,皇帝的嗜尚和威望,甚至利害,其实都是与宦官问题密切关联着的。要求惩戒宦官,隆庆帝实感有切身之痛。对宦官的一贯偏袒和纵容,乃是存在着这样深层次的心理原因。石星敢言,虽未遭杀身,但却惨罹破家之祸。史载,隆庆帝看到石星的谏疏后,"大怒,以为恶言讪上,命廷杖六十,黜为民"②。但情况并未到此为止。"时中官滕祥者,以造作奇巧得幸。会监杖,星大诟之,祥怒,予重杖,星绝复苏。其妻郑,误闻星毙杖下,遂触柱死,闻者哀之"③。而在重杖石星之时,这位皇帝陛下却在行杖之地,登上御用高楼,颇为快意地目睹着滕祥的肆恶,且凝神静听着石星的痛楚呻哪④!著名历史学家谈迁曾有感而言:"在床在旁,成之哉!"⑤语极沉痛。

当然,也应看到,终隆庆一朝,得宠宦官如滕祥、崔敏、李佑、陈洪、孟冲等人,虽然"爵赏辞谢,与六卿埒",但终究还是以争饰奇巧淫技,代帝聚敛为主,即使受命监管团营的吕用、高相等人,也未实际攫得军政大权。至于在其后的万历时代,与张居正联手"同受顾命"的冯保,在隆庆朝主要仅是以伺候万历皇帝朱翊钧的生母李贵妃为主要职责,尚未跻上显要地位。当时尚未出现类似王振、汪直、曹吉祥、刘瑾这样已能左右朝议国政的权奸巨憝。这可能是由于:第一,隆庆朝为期短暂,宦官势力尚处在上升过程中,便因隆庆帝的崩逝而中断;第二,隆庆帝其人"端拱寡营",未能"振

---

①②③④ 夏燮:《明通鉴》卷64,隆庆二年正月己卯。
⑤ 谈迁:《国榷》卷66,穆宗隆庆三年五月甲寅,谈迁曰。

举乾纲",他但求官能享受的满足,对国政大事闻问较少,甘愿将权力下移于内阁,而历任重要辅臣的徐阶、高拱、张居正三人,均有吏才且勤于任事,有驾驭全局的才能,有较高的威望,宦官们一时也不敢和他们正面冲突,不敢过分侵越内阁的职权。强势的内阁起到过适度限制宦官权力膨胀的作用。我们之所以在本节中特意提出重用宦官,宦官在一些具体问题上相当嚣张跋扈的问题,乃是为了说明当时政局存在着的一种值得注意的倾向,为了说明隆庆帝其人心理和作风的一个侧面。隆庆帝何以一嗣位即宠重宦官,一因明代宫廷自正统、成化、正德以来,即有重用宦官的传统影响,只因嘉靖皇帝朱厚熜偏重方士而抑制内侍,宦官势力才一度衰退。隆庆帝登极,大力斥逐方士,便形成御前的空白,而隆庆帝追求享乐,"务求玩好",最现成的伺候人选就是现处于闲散地位的宦官,善于揣摩窥测的宦官辈,也就视此为最好的复起时机,乘虚而入。倚靠宦官予取予携、随心所欲,既无虞于任何忤阻,又能收到先意承欢、绝对驯顺的方便,有时还可以利用宦官以钳制朝臣,直接执行自己的意旨。压制逆耳之言,制裁异议之人,强制阁部接受既成事实的作用。方士之于嘉靖帝,宦官之于隆庆帝,都是基于需要,都是为了取得不同方面的满足,其作用与功能,有时是相近的。

  过分宠庇宦官进行敲剥,实际上是自我放纵的另一种形式,是纵容腐败的另一表现。宦官们的所作所为,不但败坏了隆庆本人的威望,加深了君臣的隔阂,而且他们对于这个昏聩之君也少不了欺哄瞒骗。据说,隆庆帝在去世前不久,对此曾有所觉察并大为震怒,曾手执首席大学士高拱的手痛愤而言,"有人欺负我",又说"甚事不是内官坏了!"[①]

---

  ① 高拱:《病榻遗言》卷1。

不久之后，隆庆帝便撒手人寰，怅然归西了。人之将死，其言也哀！但自作孽，不可逭。回顾隆庆帝在位的全过程，他已经深深陷入宦官辈的包围之中，做过许多为亲者痛的事，"懦君召乱"，"宴安鸩毒，不可怀也"①。隆庆帝在弥留之际，即使有了一些朦胧的醒悟，但为时太晚，已经无法摆脱孤君寡人的迷惘和悲哀了。

双重人格和心态畸变

如果以登位之前和其后作为分界，不难发现，朱载垕从皇子转为隆庆皇帝，恍似两截之人，从特别恭俭谦抑转为极端放肆纵欲。

地位大变，人及其心态也大变了。

其实，这一切又是能够解释说明的。两截和两面之间本来就有着非常密切的内在联系，甚至可以说是一气呵成，紧相衔接。

任何人的性格、信念和心理活动，都必然受到一定社会条件和本人处境的影响。人的性格复杂性，来源于社会现实生活人际关系和地位的复杂性。性格是相对稳定的，但又是可变的。以隆庆皇帝朱载垕来说，长期以来，复杂畸形的宫闱生活，异于常态的夫妇、父子、兄弟、君臣的人际伦理关系，必然形成有关人物的心态畸变。心理的变态铸造了性格行为活动的变态，而性格行为活动的变态又促使心理上进一步变态，这是一个顺理成章的恶性循环。两截人似

---

① 《左传·闵公元年》。

乎格格不入，两面人似乎面目全非，其实，前截和后截，正面和负面，真我和假我，确实是互为因果，是紧相呼应和相互作用的。

隆庆帝特殊的人生历程及其心理和性格的被严重扭曲，无非是特定社会关系矛盾的产物。

他不幸生于帝王家，又不幸生而为嘉靖这样一个迷信、执拗、多疑皇帝的儿子，又更不幸陷入了争夺皇位继承这样一个名利顶峰的旋涡中。他自小就被迫负荷着来自生身皇父多方面荒诞苛酷的折磨和超重压抑，陷入难以遏止但又不敢表露的恋母情结之中。如此模式、如此微妙的两代皇帝关系，似亲而疏，似恩而怨，似爱而恨，在中外历史上都是罕见的。长期处于从属的听受主宰的子臣地位，被塑造成特殊复杂的心态和个性。一方面，是由抑郁、沮丧、恐惧、怯懦相交织而发展为自轻自贱、自卑自弃，因为他绝无能力在嘉靖帝有生之年妄图改变自己的命运。但图苟安，以忍求安，便成为朱载垕思想情绪的主流。但切不可忽视，还存在另外一个方面，潜藏着另一种与此极不协调，甚至相反的思想情绪，因为朱载垕不能不意识到，特别是皇太子朱载壑身故以后，按照传统的昭穆顺序，自己理应成为循礼合法的皇位当然继承人，具有无可争议的身份，对此的任何阻挠或更易，都是违背"祖训"和礼教的。他意识到自己潜在地位的高贵和优势，强烈地热盼有朝一日能正位九五、君临天下，亦知道朝议舆论存在着对自己普遍的同情和支持，因此也自然产生某种程度的自骄自尊和自高自负。这两种截然对立，明显属于两极性的心理力量，经常在朱载垕的头脑中相互挤压、冲击和碰撞，使这位青年皇子对自己今后命运的前景时忧时喜、时明时晦，某些近似奢想的期待与实际生活中备受鄙薄、储位难保的忧危混淆在一起，恍似一盘大杂烩，又似一个翻滚的热油锅，使他的精神状况或处于过敏的亢奋，或处于深惧祸从天降的忧心忐忑之中。朱载垕的双重心理和双重性格，就是由上述心理结构铸就的。

如果说，对有可能继位登基前景的憧憬，乃是皇子朱载垕慰藉和赖以坚持忍受的精神支柱。那么，精心掩盖对在位父皇诸种荒诞措置的逆反心理，精心排除来自在位皇父的各种疑忌或不满，防止或消弥任何涉及继承权位不测事故的发生，乃是对载垕及其藩邸亲信具有最大意义的事情。逆反心理大多表现为公开的对抗，但有时在力量绝对悬殊的情况下，也会表现为沉默以至伪装，其实是一种隐蔽的对抗。为隐匿思想深处的怨怼和憎恨情绪，会更刻意地打扮成恭谨孝敬、逆来顺受的样子，甘心处于无权不争的地位。这是一种更深沉入骨、更倔犟难移的逆反，是一种以伪装保护软弱，以貌似麻木掩盖强烈报复的心理动态。对于父皇嘉靖帝，朱载垕既有寝寐不忘，极力要继承其皇位的愿望，但也潜存着有朝一日否定他和鞭挞他的报复心理。为达到这一双重目的，他认定必须先谋存在，再徐图发展；必须先蛰伏，然后才得以伸张。他十分谨慎地注意检点言行细节，克制私欲，不敢流露真正的喜怒哀乐感情，为此不惜残酷地遏制自我，认为这是善处逆境，退可有利于自保，进则有助于得位的最佳对策。"好皇子"的形象是载垕及其亲信们处心积虑涂抹成的假面具，是精心设置的特殊自卫形式。他们清晰地认识到，对当今皇上最有效的抵制办法，就是最彻底地伪装起来，三缄其口，尽可能不引起注意，尽可能蒙骗之麻痹之，以静待时机的到来。

由于嘉靖末年，作为朱载垕唯一竞争者的景王朱载圳猝逝。又由于嘉靖帝病重，专注于长生延寿。更由于一向拥戴朱载垕继统的徐阶主政，而裕王府重要官佐高拱亦入内阁，张居正也职任礼部右侍郎，且在朝中渐具影响，朱载垕继位的前景较为明朗。但也正是在这一决定性的时刻，伪装的驯顺表态就务必更加紧细，不容有任何疏忽或破绽。因为对现存观念和秩序的怨懑越强烈，决胜的阶段越临近，外表的包装就必须更精细。长期以来，朱载垕就是处于外在的言行活动与内在的本来意愿的巨大反差中间生活过来的，是在其显性内容与潜性内容两极分歧的矛盾冲突中成长起来的。反常的官闱关系塑造了人性的扭曲。受损害的怯懦心态与顽强要求洗雪的报复心态，谦虚卑微与倨傲骄亢的情绪被高度糅合起来了。

果然，嘉靖帝一去世，刚正号隆庆的朱载垕便恍似爬出了沉渊，挣脱了枷锁，急不可待地将涂抹在脸上色彩斑斓的油彩一擦而去，扔掉了长期顶戴着的假面具。随着处境和地位的陡变，一些潜藏的心理因素便急涌迸发出来，化为公开的实际行动，某些久被压抑的情绪甚至引爆为非常激烈的冲动。

犹在热丧期间，隆庆执政后着手抓的第一件大事，就是"先朝政令不便者，皆以遗诏改之"[①]。在治道、政策、人事奖惩标准，历史上的是非功过评价等带根本性的重大方面，可说都翻了案，历次诏书虽有些是以嘉靖帝的遗命名义发出的，但实际上却是要嘉靖帝对自己的亡灵进行自我污辱，是在政治思想上的鞭尸。这些措置虽然也反映了朝野的积懑和要求改变的共识，但也是隆庆帝长期深蕴逆反心理的尽情发泄。

嗣位登极以后，存在一个人生道路重新选择的问题。

一个长期被压抑鄙薄的人骤得大位重权，由任人主宰到主宰万民，由自惭形秽到跃居至尊，必然面临两个可能的选择：或是追踪前代的圣帝贤皇，朝乾夕惕地行使皇权，革弊布新以勤加治理；或

[①]《明史》卷19《穆宗本纪》。

是难以改变萎靡积习，不愿亦不敢肩承艰巨，但知追求逸乐，浑噩守位。前者需要有坚毅顽强的个性、健全的心态、政治上的敏感和才识；后者则往往是已被折磨得意志消沉，但愿蝇营苟且，得过且过，无法恢复心理平衡的懦夫。

隆庆帝选择的是后一道路，即甘于做一个庸碌无为、以猥琐多欲见著的昏聩君王。

隆庆帝之所以如此无限制地追求财欲物欲色欲，肆意挥霍，似乎是运用权力以取得前半生克制的补偿；之所以对履行皇帝本身职任异乎寻常的冷淡，"临朝无所事事"，实有其源远流长的社会政治和心理上的原因。

首先从宏观的角度观察朱明皇朝的盛衰趋势和嘉、隆交替之际的形势特点。原来朱明皇朝从明英宗朱祁镇正统元年（1436）主政以来，国势即渐趋衰落，历经景泰、天顺、成化、弘治、正德、嘉靖诸时期，在为期一百三十余年的过程中，除弘治一朝稍有振作以外，其余几个皇帝都可说各有其独特的怪诞荒唐，其中尤以正德、嘉靖二帝为最甚。百余年来，宦官王振、汪直、刘瑾等相继专权作恶，阉竖势力与厂卫相结合，已成为政治生活中最具威慑又最为邪恶的权势。方士虽一度代替内侍，但亦不过作恶的方面和方式有所不同而已。盘剥日重，社会政治危机日益深刻化和表面化。到嘉靖中后期，连京畿所在的大兴、宛平二县人口也流散将尽，有全里逃亡无丁者，有余二三户者。"山西列郡皆荒……百余里不闻鸡声，父子夫妇互相易一饱，命曰'人市'。"[①] 凋敝至此，正常的统治秩序已难维持。当时民变、兵变四起，烽火已燃遍南北，具有相当规模的农

---

① 《明史》卷223《王宗沐传》。

民武装反抗即不下四五十处，而军队哗变戕官又相继在大同、辽东和江南腹地发生。大乱之势渐萌，瓦解之兆已现，全国好似一个伏线遍布、唯待引爆的大火药库。隆庆帝就是嗣位于这一王朝面临转折之时，统治存亡断续之际。若要振颓起衰，力挽危局，则身为一国之君，必须以巨大的识力气魄，对全局做出正确的判断，继之以有力的部署，当机立断。做一个中兴之主，绝非易事。面临积弊，必须彻底改变沿自乃祖乃父的统治作风，必须与为时百余年的腐败荒怠决裂，还必须逐一剖裁已形如乱麻的军国重事，继之以精密勤奋。又必须以坚强毅力，摧挫来自宗藩勋贵、地方豪绅的阻力，对军、政、财、文各方面进行大兴大革。但凡此，都绝不是曾长期被折磨损辱、焦思灼虑仅系于一身安危，亦惧亦慎仅以夺得继统嗣位为满足的朱载坖所能承担的。回避矛盾，不敢亦不愿触及实际政治中存在的大量繁杂棘手问题，但知尽情享乐，现状尚且不理，更遑论身后的长远统治。这就是隆庆皇帝的实际表现。

但切不可认为，像隆庆这样一个懒怠而倦勤的皇帝，便会连皇权的威仪也置之度外，仅以龟缩宫中自寻欢乐为满足。事实并非如此。隆庆帝厌倦实政，但却颇热衷于虚名，他知道其父取号为尧斋，便自取号为舜斋。① 这样的君主，居然以尧舜自居，不但缺乏自知之明，而且也贻笑于后世。有时他从某种特殊的心理出发，故意在一些微末问题上炫耀权威。隆庆六年二月，福建布政司右布政熊琦、山西行太仆寺丞何凌霄在皇上生辰庆典时入贺，隆庆帝认为他们在行礼时有"失仪"之处，便大发脾气，竟将他们罢官②。凡此种种，

---

① 沈德符：《万历野获编》卷1《人主别号》。
② 《明穆宗史录》卷66，隆庆六年二月甲辰。又《万历野获编》卷24《风俗》载："穆宗初登极，天下恩贡陛见，朝仪久不讲，士子欲瞻天表，必越次入大僚之位，上玉色不怡，朝欲行谴责，赖华亭公（徐阶）婉解之而止。"

都反映出他确实患有由自卑而并发虚骄的综合病症。

最能说明此人崇尚虚荣、喜好排场的,是他在隆庆三年五月下诏,要御驾亲临,在是年九月大阅京营各军排演阵法,同时召集将领及公、侯、伯、锦衣卫等官员考验骑射,再分等第予以奖罚。这是一件徒具形式的事,因为调集十余万军兵,整治校场,装备甲胄弓矢军械,勋贵等练习骑射,都是耗财费时而失事的。

南京刑科给事中骆问礼认为这不是当今急务,与其大搞检阅,不如"日亲万机,详览章奏"①。其他朝臣亦多有类似疏奏,但隆庆帝仍坚持举行。届期,他"戎服登坛","祭旗拜纛",先后分阅自公、侯、伯以至千把总而下军兵武艺,然后乐奏武臣之曲,吹嘘"龙旗照耀虎豹营,六师云拥甲胄明"②。虽然搞的是一套假把式的军事游戏,但隆庆帝却自我陶醉,认为此乃"我武维扬","称朕张皇六师至意",是"皇威丕振"的表现③。用虚假的雄武来掩盖怯懦,以故作声势来粉饰渺小,也是隆庆帝复杂心态的综合体现。

绝不能将隆庆其人及其心态简单化脸谱化。就其思路心绪来说,三十年的辛酸经历已经成为即逝的噩梦,任何重温都是痛苦的痉挛。今日已臻大位,分属至尊,既致力于纵情享受以取得补偿,沉溺于逍遥岁月以寻觅麻痹;又因长期受极权压抑,一旦掌权,有时就会激发为对权力的滥用,借以自我炫耀,借以表示自己作为最高一人的无上显赫。虽然限于器识和才具,他在军国大事上根本拿不出什么主意,点子极其有限;但在一些关系面子和虚荣、哪怕徒具门面的问题上,却也颇能装模作样,显示威福。人格模式的紊乱,在这些方面也有较充分的暴露。

---

① 《明史》卷215《骆问礼传》。
②③ 《明穆宗实录》卷37,隆庆三年九月辛卯。

浑浑噩噩以在位，醉生梦死以生活，"玩好是从，珍宝是聚"①，这就是本书的传主——契天隆道渊懿宽仁显文光武纯德弘孝庄皇帝明穆宗朱载坖。由于过分酒色，实无异于持续地进行自戕。"蝎盛则木折，欲炽则身亡"②。这位皇上仅居有五年多帝位即由色痨引发中风以崩，虚龄三十六岁，正是他人生悲剧合乎情理的结束。

①《左传·哀公元年》。
②刘昼：《刘子·防欲》。

第八讲

「丞相政治」与隆庆朝政局的嬗变

嘉隆以来内阁权力的上升

明代的中央辅政体制经过多次重大的变迁。建国初期，本沿元旧，设立中书省，由左右丞相总领以"综理机务"。当时的中书省位高权重，吏、户、礼、兵、刑、工六部及各院、寺、监等都是中书省属下的部门，全国各级衙门或官吏给皇帝上的奏章，也规定要"先白中书省"；一切以皇帝名义发出的诏令谕旨，也经中书省再下达，俨然是设置在皇帝和国家机关中间的一级权力部门，是必不可少的中转站。任丞相的人更是仅处于皇帝一人之下，高居百官之上的权要。应该说，设置中书省这样的部门并授予重权，不仅是与中国古代社会政治制度近二千年来不断压抑相权以尊崇君权，不断防范和限制臣权的发展趋势相抵牾的，它也不符合高度君主集权统治的需要。故此，到洪武十三年（1380），明太祖朱元璋便以"谋反"的罪名杀了当时的左丞相胡惟庸，宣布撤销中书省，永远废除丞相一职。他强调自古以来丞相制度弊端深重，历代曾任丞相的人中，多有擅权乱政，甚至篡位弑君的，指斥本朝的汪海洋、胡惟庸等人，也是"各不率职，坐视废典"，"构群小贪缘为奸，或枉法以惠罪，或执政以诬贤"[①]。曾规定，以后继位的皇帝不许再立丞相，臣下敢请立的，概处以极刑[②]。与此同时，他提高六部的官秩职权，直接由皇帝领导

[①] 朱元璋：《废丞相罢中书诏》。载《明太祖集》卷2。
[②] 参见《明史》卷72《职官志一》。

指挥,又将统领军权的大都督府分为中、左、右、前、后五军都督府,均直接听从皇帝的调遣。这样的变动实质上就是在行政上,由皇权完全兼并了相权,皇帝其实也是总尚书;在军事系统方面,则是瓜分了臣下的指挥权。皇帝其实又是总都督,一切最高的军政权力都掌握于一人之手。朱元璋意图一劳永逸地解决历史上长期存在的皇权与相权、帅权的矛盾,希望能使自己的统治奠于磐石之安。

但是,事态的发展难以尽符个人的主观愿望。首先是以一人的时间精力来驾驭一个大帝国的具体运转,事实上是不可能的。朱元璋曾试行过所谓四辅官制度,即专门挑选一些"学问渊博,德行敦厚""精通经籍"的"宿儒"到中央朝廷来协助皇帝做一些具体工作,诸如代起草和复核一些文件,有时也应召"讲论治道",所谓"访近臣而求士,得尔诸儒来朝"①。但即使对这些人也是高度戒备的,警告说:"倘心怀异志,无利济之诚,则昊天昭鉴,加以祸淫,又何救焉?"②为此,在人选上,主要是精选一些"高年笃厚"的人来充任。所谓"高年",即大都是七八十岁的老人;所谓"笃厚",即不必具备实际政治经验而又绝无政治野心,且与任何功臣勋贵集团没有什么牵连的人。但是,这些老朽儒生虽然无能进行颠覆,但也不能有效地起到辅政的作用,不论在阅历上或精力上都难胜委任,有时还迂腐误事。所以不到两年,便纷纷被撤免或"告老还乡"。这套制度遂以失败告终。

内阁就是继此而兴的辅政制度。初期内阁的职权完全不能和原有的中书省相比拟,内阁学士或大学士更不同于丞相。当时规定,内阁大学士不得设置任何官属僚佐,本人也不过是五品小官,仅能

---

①② 朱元璋:《谕王本等职四辅官》之一,载《明太祖集》卷7。

遵命办事，不得干预各机关的事务，不得参署诏令，更不得以内阁或个人名义发布任何指示命令，各部门奏事也不许关白内阁。可见，当时的内阁完全是一个辅助性的办事机构，所谓大学士也不过是一些文书工作人员而已，其职任纯是事务性，而非政务性的"职卑位微"，"帝方自操威柄，学士鲜所参决"。①

到明成祖朱棣统治时期，内阁及其大学士的实际职权便已发生明显的实质性变化。朱棣采取一种渐进的过渡形式以修正其父手订的中央辅政体制。他在篡位胜利之后，立即在全国范围内精选了解缙、胡广、杨荣、杨士奇、胡俨、金幼孜、黄淮等七位年轻有才能的士人进入内阁，并对他们放手重用，在诸如有关和战、立储、用人、征调或蠲免赋役等重大军国政务上，都征求他们的意见，有意识地吸收他们参与论议国家的核心机密。终朱棣当政的永乐时代二十二年，内阁学士的品秩虽然仍不高，一直不过是正五品的官阶，但实际上，他们经常能参与对重大政务的研讨，甚至对六部的要政也可以在御前进行高层次的审议，以供皇帝参考。

到了仁宗朱高炽洪熙时期，和宣宗朱瞻基宣德时期以后，情况又发生了进一步的变化，内阁的地位和作用更有了进一步的提高。因为朱高炽和朱瞻基，甚至英宗朱祁镇登位时，朱棣时期任用的内阁大学士如杨荣、杨士奇、杨溥等人都还在位，以前朝旧臣元老的地位和熟谙政务的身份辅政，年幼的皇帝不能不把很多政务交给内阁办理，内阁大学士的发言地位和裁决政务的权力就逐渐提高。"宣宗内柄无大小，悉下大学士杨士奇等参可否。……自是，内阁权日重"。②

---

①《明史》卷137《安然传》。
②《明史》卷72《职官志一》。

有一些阶段，内阁制度是较能正常运行的，无论在君臣抑或同僚关系上，都尚较协调。诸如在仁、宣时期以至英宗前期正统年间被称为"三杨"的杨士奇、杨荣、杨溥；在英宗后期天顺期间的李贤、吕原、彭时；孝宗弘治时期的刘健、李东阳、谢迁等。甚至到武宗朱厚照正德末年，也形成过以杨廷和、梁储、蒋冕、毛纪诸人的内阁组合，同心合力谏阻正德的荒唐淫乱，在极端艰难困蹶的情况下，勉强维持大局。在维时百年之间，内阁及其大学士承担着重要的国政。本来规定，内阁只能承旨办事，大学士不过是备顾问的辅助人员。但事实上，他们逐渐担任了代替皇帝草拟诏令敕诰的工作，还负责起草批复奏章的"票拟"任务。本来规定，六部及其他国家机关均由皇帝直辖，内阁大学士的品级和权力均远较六部尚书为低（原规定，内阁大学士为正五品官，尚书为正二品官），各单位有事不得关白内阁，但后来的大学士有些兼任尚书之职，有些还享有太保、太傅、少保、少傅等崇高政治称号，官阶又逐渐更定为正一品，六部尚书有事得请示大学士，又演变为实际上是内阁属吏的状况，基本上恢复了中书省统率六部的办法。在内阁大学士中，又按地位的高低顺序，分为元辅、首辅、次辅、群辅，元辅或称首辅的"偃然汉唐宰相，特不居丞相名耳"①。

嘉靖以后，内阁的地位有了更显著的提高，"朝位班次，俱列六部之上"②。可以说，是在体制上对于部应辖属于阁的正式认定。"世宗中叶，夏言、严嵩迭用事，遂赫为真宰相，压制六卿矣。"③

之所以会出现这样的情况，有各方面的原因：

第一，源出于正、嘉交替的特殊历史背景。朱厚熜以外藩世子，

---

①《明史》卷109《宰辅年表一》。
②③《明史》卷72《职官志一》。

在年未弱冠时入继大统，其得位又是由原正德末期的内阁大学士杨廷和、梁储、蒋冕、毛纪等议定册立的。在朱厚熜未抵京前，杨廷和等已以《遗诏》形式推行了一系列重要部署，诸如驱斥番僧，放遣妇女，封撤豹房、收宣府金宝、捕杀江彬等，对前朝政事做了相当彻底的除弊清理。然后，又以《登极诏》名义颁行各方面新政。故此，朱厚熜在最早阶段，基本上是在既定方针之下做一个现成皇帝。以杨廷和为首辅的内阁曾一度掌握过重权。

第二，基于皇帝的崇尚和爱憎，有些人在得宠时往往直线上升，取得高位并拥有过大权。为了清除杨廷和等的势力，嘉靖先是令迎合"大礼议"的张璁入直文渊阁，并特许兼署都察院事，后又相继任命吏部尚书桂萼以本官兼武英殿入参机务，大学士方献夫兼掌吏部，公开打破了阁臣不得兼领铨务或兼掌都察院的传统。张璁恃宠生骄，"颐指百僚，无敢与抗者"①。因一时的偏宠，竟至影响朝局架构，亦为当时的特点。"嘉靖间，上不次用人，朝士多骤贵，往往凌前辈，每出其上。"如初元时，张璁劾杨廷和得志，既而与杨一清、费宏辈同事，又百端侮之，使不安其位。然张"恃圣眷深重，虽屡斥而仍屡召，不及祸也"②。到中后期，又以是否积极参赞玄修作为用人的主要标准，"嘉靖中年，帝专事焚修，词臣率供奉青词。工者立超擢，卒至入阁。时谓李春芳、严讷、郭朴及（袁）炜等为'青词宰相'"③。其实，何止李、严、郭、袁，连先后为首辅、知名度远过于李、严等的夏言、严嵩、徐阶等人，也在他们的政治生涯中，以"精治青词"起家，求帝眷或谋自保。以"素柔媚"、庸碌无能

---

① 《明史》卷196《夏言传》。
② 沈德符：《万历野获编补遗》卷2《后辈侮前辈》。
③ 《明史》卷193《袁炜传》。

为特点的顾鼎臣，亦"以青词结主知"，居然充位为大学士①。这是在反常政局下出现的异常状况。

第三，内阁地位的提高，绝不意味着皇权的被削弱，相反，正是由于它的强化。作为一种辅政制度，内阁地位的发展变化始终是围绕着皇权为核心以进行的。明代是中国古代君主专制集权程度最高的朝代之一。自洪武、永乐以来鲜有大臣弄权而终能得逞的。嘉靖以多疑揽权之人，因长期匿居西苑不上朝，仅以遥控办事，势必不能不将部分权力交付内阁，特别是责成首辅代行。但他绝不害怕这些有时被称为"权臣"的人真能篡夺权力，有绝对的把握可以随时随事，严密控驭内阁及其所有成员。突出的如"豪迈有俊才"，"慷慨以经济自许，思建立不世功"，但"志骄气溢"②的夏言，一旦得罪了皇上，便被斩首于西市。窃政握权二十年，"独承顾问""移帝喜怒，往往不失"的严嵩，只因"积失帝欢"③，便被清算贪诈秽行，诛杀其恶子，查抄其家资，本人终于寄食墓舍以死。"世宗所进用者多不终。"④这足以说明，到嘉靖时期，皇权与以内阁大学士为代表的相权，即使存在矛盾，但相权始终得屈服于皇权的重压之下。此一时期，阁权的相对提高，乃是至尊皇权的附属品，而非它的对立物。

第四，嘉靖朝内阁地位的提高，与当时宦官势力被压抑有关。嘉靖登位后，鉴于正德朝重用阉宦，酿成祸乱，采取了重用儒臣，剥夺宦官在朝势力的措施，撤罢在各省的镇守及监军宦官，禁止内

---

① 《明史》卷193《顾鼎臣传》。
② 《明史》卷196《夏言传》。
③ 《明史》卷308《严嵩传》。
④ 沈德符：《万历野获编补遗》卷2《二胡暴贵不终》。

臣奸贪干政，"以绝壅蔽矫诈之弊"①。在财政上，清理他们多占的土地草场以及军匠人数，诏减岁供内府盐课之数。对于犯禁者惩罚极严，甚至鞭笞暴尸以示众。这在明代诸帝中是独具特点的。嘉靖的大力裁抑内臣当然与他偏信方士有关，但方士在国政朝议的势力和影响绝不能和宦官相比。前此诸帝纵容宦官干政，一直起到制衡内阁、牵制大学士履行职责的作用。宦官势力的消退，便为内阁地位的提高，提供了客观的方便。

隆庆帝上台，沿用了嘉靖时期的内阁体制及其实际职权范围，因为历经数十年形成的既成规模并不是能轻易更动的。而且，对于素以端拱南面不亲朝政为个性特点的隆庆帝，也乐于阁臣们多负责任。加之，当时在内阁人事方面，徐阶在嘉靖中后期，即以拥裕抑景自居，一直是从各方面维护载垕储位的代表人物；李春芳以青词得位，虽无大能耐，但为人一向恭慎，不事操切；至于高拱、陈以勤、张居正、殷士儋四人，都是隆庆帝在藩邸时的王府官，是和他共过患难、忠诚可信、不存在疑猜的近臣。所以隆庆时期的内阁承担国家重务，其责任较之嘉靖时期为更重，主要的阁揆如徐阶、高拱，以及当时尚任一般阁员的张居正均能有所展布，建立事功，均享有"救时良相"的美誉。隆庆帝其人有许多劣根性，登极后更有了充分的暴露，但他有一个突出的优长之处，就是对枢垣大臣比较信任，能放手让他们出谋划策并听任他们部署推行政务，很少阻挠刁难，"穆皇委政台阁"②，能借别人之有为有能以弥补自己的无为无能。终隆庆一朝，一直有一个强势内阁在正常运行主政，有人谓之为"丞相

---

① 《明史》卷196《夏言传》。
② 邹德溥：《舒庄僖公化传》，载《国朝献征录》卷45。

政治","穆宗承世宗之后……其政事倚成于内阁"[①]。隆庆以昏懦之君,但在其前期,却能采纳一系列措施,撤废了"先朝政令不便者";后期更能在人事制度、行政效率、边防和战、赋役改制以及通海运等重大问题上听从建议,进行了大兴大革,并均收到过明显的效果。"即柄臣用事之效"[②]。这是我们在研究隆庆其人的同时,绝不能忽视对隆庆时期政局发展趋向研究的原因。

隆庆内阁"九相"的浮沉

　　上节说到隆庆时期始终有一个强势的内阁在正常运行,以推动政务。但又必须看到,内阁成员的组成和其间的关系又是异常复杂的。融洽与倾轧、协同与争权、政见分歧和意气用事、学术见解与政治的互动连锁都交织在一起,再加上个人恩怨,阁内阁外以门生故吏为基础形成的派系矛盾冲突,遂使内阁成为内讧互斗之场,阳谋与阴谋迭出不穷,波谲云诡,在短短五年半之中,一再进行改组再改组。而在如此混斗的过程中,却又存在着间歇性的相对稳定,不同时期的首辅仍得以展布,未因冲突而过分影响内阁的运转,并取得一定的成就,确实是在政治制度史和政治史中罕见的。

　　嘉靖以后,内阁权力一再加重,而"密勿之地,易生嫌隙",加上首辅与次辅、群辅之间的地位权力相差悬殊,更易引起排挤或

[①][②] 孟森:《明代史·隆庆朝政治》。

取代之心。"嘉靖以来之首辅,莫不由倾轧排挤而得之。"①张璁等之倾陷杨廷和等,严嵩之挤走翟銮,又诬陷夏言至死,徐阶计罢严嵩,又计杀其子。内阁大学士之间的关系,往往是"内相猜若水火",各有防范戒备,又各有制敌致胜之谋。这样的风气传统,到隆庆朝并无少减,"柄臣相轧,门户渐开,而帝未能振肃乾纲,矫除积习"②。

隆庆朝先后入阁任大学士的有徐阶、李春芳、高拱、郭朴、陈以勤、张居正、殷士儋、赵贞吉、高仪共九人,时称"九相"。

这九个人都是进士出身,但入仕后的经历和背景各有不同。其中以徐阶的年资最深,早在嘉靖三十一年(1552)即入,先后任东阁、武英殿、建极殿大学士,且从四十一年(1562)起即任首辅,门生故吏遍天下,对嘉靖末期政治颇多匡救缓解。嘉靖去世,他主持起草《遗诏》,并部署隆庆初政除弊革新诸大事,率领嘉靖原内阁成员转为隆庆的首届内阁,保持了政务的衔接和连续性。徐阶是嘉、隆交替的关键性人物,但亦因为他是两朝元老,"论者翕然推阶为名相"③,晚年颇为专断,不能容人。

原次辅、在徐阶退休后转为首辅的李春芳,高中嘉靖二十六年(1547)丁未科的一甲第一名,即俗称状元。随即简入西苑撰写青词,"大被帝眷",是嘉靖帝御前最受欣赏的文人。他除善作青词外,无甚政绩。其能得跻高位,完全是由于嘉靖帝的格外提拔,"世宗眷侍直诸臣厚,凡迁除皆出特旨。春芳自学士至柄政,凡六迁,未尝一由廷推"④。此人虽缺实际政治历练,亦无大才能,但为人谨

---

① 邓之诚:《中华二千年史》卷5。
② 《明史》卷15《穆宗本纪》赞。
③ 《明史》卷213《徐阶传》。
④ 《明史》卷193《李春芳传》。

慎温和,不以势凌人,且言论持平,不事操切。他精心撰制青词,堆砌辞藻,不过视为职业;一旦宣布撤废青词,亦能随大流,弃之如敝履。他在嘉靖四十四年(1565)入阁,对徐阶唯唯诺诺,"每事必推阶,阶亦雅重之"①。"有所断决,唯唯而已"②的李春芳以平庸模棱、无个性为特点,故当徐阶退位后,在激烈的内阁内讧中难求自保,屡受张居正、高拱的蔑视。张、高均恃才傲物,都看不起李春芳,甚至当面也让他下不了台。徐阶罢职,"春芳叹曰:'徐公尚尔,我安能久?容旦夕乞身耳。'居正遽曰:'如此,庶保令名。'春芳愕然,三疏乞休"③。终于被迫退出了政坛。

高拱、陈以勤、张居正、殷士儋都是东宫官僚。但四人入阁的先后不同。高拱是在嘉靖四十五年(1566)三月,因徐阶的推荐,由礼部尚书升任为文渊阁大学士的。陈以勤和张居正则是在隆庆元年(1567)二月被召入阁。这显然是由于隆庆帝在嗣位后,为巩固帝位,急需在内阁中安排自己的亲信的藩邸旧人。张居正在一年多的时间内,从一个五品的学士经礼部和吏部侍郎,进礼部尚书兼内阁大学士;陈以勤也是从一个侍郎迅速提升为大学士,都可以说是破格的拔擢。殷士儋迟至隆庆四年十一月才入阁,是在裕王府讲官中受柄用最晚的,但维时仅一年,便受高拱等人的排挤而退休,不过是往来阁中一过客而已。

在藩邸旧人中,高拱、张居正都是帅才,非偏裨之器。高拱"练习政体,负经济才"④;张居正则"勇敢任事。豪杰自许"⑤。他们

---

① 《明史》卷193,《李春芳传》。
② 王锡爵:《大学士李春芳传》,载《国朝献征录》卷16。
③ 《明史》卷193《李春芳传》。
④ 《明史》卷213《高拱传》。
⑤ 《明史》卷213《张居正传》。

二人都是有胆识抱负有治理能力的政治家,在隆庆朝都曾叱咤风云,有过重要的建树。两人亦曾互相器重,"以相业相期许",缔建过深厚的友谊。但均因嗜权专擅,导致恩仇易位。对于高、张与徐阶的三角恩怨,以及对隆庆朝政治的影响,当在下节细论。

陈以勤在"九相"中性格最淡泊,为人笃诚朴实,是不争权不卷入党争的"悖儒"。他与隆庆帝的渊源最深,且当年在维护其储位方面曾立有大功,但"深自晦匿"①,从不居功炫耀。他在入阁后,对隆庆称帝后的急遽堕落,"朝讲希御,政无所裁决,近幸多缘内降得厚恩",亦曾痛切疏谏,殷请"励精修政"②。但他在阁三年多,目睹徐、高、张相互钩心斗角,郭、赵、殷亦卷入在内,而"朝士各有所附,交相攻"③,"恐终不能为诸人所容"④,不愿再侧身这一复杂环境,乃一再引疾求罢,辞官归里。"健而引疾,眷而乞休,无却而先遁,朱缺而遽止。"⑤陈以勤是在当时内阁混斗中比较洁身自好的人,连最好斗的高拱在失意落职后,亦叹曰:"南充公,真圣人也。"⑥南充,是陈以勤的故乡,故高拱以之称其人。陈以勤知止恬退,但缺功业。

赵贞吉,是嘉隆时期著名的理学家,恪守王阳明致良知的学说,"为人峭直鲠介,不阿随"⑦,有能力,亦有胆识,但人际关系不好,"动与物迕"⑧,是以难于久居官场。嘉靖二十九年(1550)八月,俺答大军直薄北京,大肆房掠,是所谓"庚戌大变"。当时诸将皆怯敌,或临阵而退,或拥兵不战,时为首辅的严嵩,甚至认为不如任饱房

---

①②③④《明史》卷193《陈以勤传》。
⑤⑥ 许国:《大学士陈以勤传》,载《国朝献征录》卷17。
⑦ 李乐:《续见闻杂记》卷10。
⑧《明史》卷193《赵贞吉传》。

自去。赵贞吉当时为国子监司业,参加廷议,百官惶恐无策,"日中莫有发一言者"①,独贞吉慷慨陈词,力言非战无以求存。主张"开言路,轻损军之令,重赏功之格,饬文武百司为城守。遣官宣谕诸将监督力战,其他无可为奇画者"②。他发言后又盛气去找严嵩说理,严党赵文华等拦劝之,谓国家大事可徐徐商议,赵贞吉面斥他们为"权门犬,何知天下事!"③可谓正气凛然。他在隆庆三年八月入阁,翌年十一月即罢。在任期间,对当时必须整顿吏治,改革军制等,都有积极建议,其奏章铿锵可读,且论据充分。在接纳俺答入塞求封一事,也起到积极推动的作用。最后,因与高拱在考察科道事,爆发出早就积存的矛盾,负气求退。

高仪入阁前长期以来担任礼仪方面的官职,与国家大政较少关联。他在隆庆六年(1572)四月入阁,但一个月之后隆庆帝就去世,他本人随即因急病而卒。在张居正与冯保联手驱逐高拱的事件中,他是同情高拱的。

综合上述,可以看到,在隆庆一朝实际只经历了短短五年半的时光中,内阁先后进退了九个大学士,出现过徐阶、李春芳、高拱三个首辅,但到隆庆帝去世未逾一月,因高拱被逐,高仪猝死,仅剩下张居正一人。这个时期的内阁,既承担着承前启后、革故鼎新的重任,但又在阁内内讧不息,狼烟四起,风波迭涌,成为一个玩弄谋权术的互斗场。几个大学士各有其个性禀赋和个人特点,阁内实不啻一个微型的群英会,纵横捭阖,各尽智数。而所有谋划和手段中,又都集中在如何取得并保持皇帝的宠幸和信任上,因为唯有这一点,才是决定有关人是否能留在阁内以及能否施展抱负的关键。

①② 胡直:《大学士赵贞吉传》,载《国朝献征录》卷17。
③ 谷应泰:《明史纪事本末》卷59《庚戌之变》。

大体说来，隆庆帝对内阁辅臣还比较宽缓，不似他对待言官那么苛酷，对于矛盾尖锐、斗争白热化的双方或各方，大多采取平衡调和的态度；对难以留任的人，一般也赐道里费，给驿传，敕命有司给廪隶如例，总保持着表面的礼遇。终隆庆一朝，未有阁臣被贬斥羞辱而归，更没有被罢官闲住为民，甚至被判刑处死的。有人谓此与隆庆的端拱迟钝有关，但总算是与其父嘉靖帝、及其子万历帝日后的作为有所不同。

徐阶、高拱、张居正的三角恩怨和倾轧

在隆庆时期，内阁"九相"中，各有显赫功业可纪的，必推徐阶、高拱、张居正三人。平心而论，三人均基本上不失为正面人物，且亦足称为当时的大政治家，但三人亦各有其偏颇，都曾为保持和攫取更大的权力而施展权谋术数，"阶、拱、居正更用事，交相轧"①。隆庆一朝政治史，与这三个人物分不开，亦与他们之间的融洽与对立、恩仇中变分不开。

权力使人陶醉。

对权位的追求往往使人，置一切师弟、同僚、契友之谊于不顾，各怀拳经，各结内援，各蓄党羽，不择手段，以合纵连横之术，行倾轧排陷之计。而且，因不同阶段的利害发展，会不断地将亲疏敌

---

① 《明史》卷214《徐阶传》。

友的关系迅速变位。徐、高、张三人间的是非恩怨,所使用过的谋略手段,为隆庆时期上层官僚错综复杂的关系,勾勒出一轴惊心动魄的写实图卷。

徐、高的矛盾揭开了嘉、隆之交内阁内讧的序幕。徐阶自挤迫严嵩下台后继为首辅,一反严嵩的作为,举措以宽大为主,对嘉靖厌恶的言路,如海瑞等,莫不委曲调剂,设法缓解杀机。他标榜三句话,谓"以威福还主上,以政务还诸司,以用舍刑赏还公论"①。其精髓在于协调好皇帝、诸职能衙署官吏,以及言官舆论的关系,将长时期被颠倒打乱的朝政秩序在可能范围内部分恢复正常。"阶当国后,缇骑省减,诏狱渐虚,任事者亦得以功名终。"②由于当时嘉靖帝抱病渐入膏肓了,对政务的干预较为放松,而朝野人心所向,皆热盼宽缓安定,故此,徐阶的主张普遍受到欢迎和支持,"朝士侃侃,得行其意"③,一时被称誉为"良相"。

高拱"负经济才"④,"英锐勃发"⑤。自严嵩败后,地位亦逐步上升。嘉靖四十一年(1562),以礼部左侍郎的身份,偕同国子监司业张居正等,主持重录《永乐大典》的工作。担任史官之职,既可适当地与实际政治保持距离,更可静心观察时局,预测世变,且对如何挽回颓局应兴应革之事做出周详的考虑。四十二年,迁转为吏部左侍郎;四十三年诏授为礼部尚书;四十五年三月,由徐阶推荐,与郭朴同时入阁,时距嘉靖去世仅剩半年多。

徐阶之所以推荐高拱入阁,基本上是从两方面考虑:第一,高

---

①②③《明史》卷213《徐阶传》。
④《明史》卷213《高拱传》。
⑤ 王世贞:《大学士高拱传》,载《国朝献征录》卷17。

拱自在礼部和吏部任职后，表现出卓越的才能，"吏事精核"①，对"科场诸弊，百五十年所不能正者，革之殆尽"②；"每出一语，奸吏股栗，俗弊以清"③。徐阶欣赏其干才，有意延纳之以为臂助。第二，当时嘉靖病势沉重，裕王朱载垕作为唯一的皇位待位人，其继统登极仅为旦夕间事。高拱与朱载垕间的长远渊源和情谊深厚，是众所周知的。及时延用高拱，亦为结好于储君，有利于不久之后到来的新旧帝交替和衔接。

徐阶以晚辈视高拱。以科举言，徐为嘉靖二年（1523）癸未科一甲第三名，即俗说的探花；高则为二十年（1541）进士。以资历言，徐早在三十一年（1552）即入阁，比高早十五年，且已晋任首辅数年，声名卓著。但两人关系却一直存在不协调的因素，嘉靖晚期，原与徐阶同在内阁的李春芳和严讷二人，"事阶谨，侧行伛偻若属吏"④。而高拱则为人骄亢，自视甚高，且禀性直爽，对人对事自有主见，而且经常出言不逊，入阁后既不屑师事徐阶，又不肯如李春芳、严讷等一样唯唯诺诺，反而诸多议论，"每谓阶太假言路，为非大臣体，言路亦闻之"⑤。在一些微妙而关键的问题上，高拱亦有使徐阶尴尬之处，如：

> 阁臣入直西苑，自世皇中年始。有事在直，无事在阁。世皇谕群臣曰："阁中政本，可轮一人往。"徐文贞（按，文贞是徐阶的谥号）竟不往，曰："不能离陛下也。"袁文荣（按，文荣为袁炜的谥号）亦不往，曰："不能离陛下也。"公正色问文贞曰："公元老，常直可矣。不才与

---

① ② ③ 郭正域：《大学士高拱墓志铭》，载《国朝献征录》卷17。
④ ⑤ 王世贞：《大学士高拱传》。载《国朝献征录》卷17。

李(春芳)郭(朴)两公愿日轮一人诣阁中,习故事。"文贞拂然不乐。①

为什么徐阶和袁炜均借口"不能离陛下"而赖在西苑御前呢?这是在一种反常政治状况下,为保宠固位和必要的自我防卫而采取的行动。早在夏言与严嵩斗争激烈之时,其后在严、徐相猜若水火之际,其胜败关键之一,就是谁仍能经常亲近在皇帝左右,既保持便于窥测喜怒、随时进官的地位,又便于封杀对己攻讦弹劾的反对意见。严嵩、徐阶、袁炜三人都非常重视在西苑值班,正因为它与本人的政治命运密切相关。李春芳较少树敌,且无大野心,故未因在直抑或在阁问题过分系怀。而高拱与郭朴是内阁新人,且仅居群辅之位,与历史上的恩怨是非关联不大,无虞因未在直而受摧覆,是以并未以"离陛下"为忧。问题在于,似高拱这样锋芒毕露,并不回避徐阶深层心理中敏感之处,反而当面抢白,当然令徐阶"拂然不乐"。

诸如此类的问题,就促使徐、高关系急剧恶化,"阶独柄国,拱心不平"②。而每逢主要大臣闹大矛盾时,势必有一些嗅觉灵敏而图借此以谋侥幸的人活动煽动于其间。嘉靖四十五年(1566)十一月,即在嘉靖帝去世前不久,吏科都给事中胡应嘉"劾高拱不忠二事:一、拜命之初,隘其直卢,携家西安门外潜归;二、皇上小违豫,私运直卢器具于外,为无君"③。根据以上两事,而加以"不忠"和"无君"的大罪名,显然是小题大造,别有用心的。对于此一事件,《明史》

---

① 郭正域:《大学士高拱墓志铭》,载《国朝献征录》卷17。
② 《明史》卷213《徐阶传》。
③ 谈迁:《国榷》卷64,世宗嘉靖四十五年十一月乙亥。

的作者认为是出于胡应嘉本人,因"睚阶方与拱郤"①,企图借此以媚徐阶。而曾为高拱作传的郭正域则认为胡的劾高,是"有所授旨。遂以是劾公。……盖以此激怒世皇,为倾公计"②。"有所授旨"的当然是隐指徐阶,并咬定此乃嘉靖末期政治阴谋的一部分。对此两说,似不必过费笔墨加以辨析,但可肯定一点,即"应嘉本倾危之士"③,"倾险好讦"④,起码是利用了徐、高间的矛盾。不论是否出于徐阶的授意,胡应嘉劾高一事,虽并未给高拱造成实质性损害,但对徐、高关系实已布上一重大阴影。两人的嫌隙更深。

嘉靖去世,徐阶起草《遗诏》,只请其门生、时任礼部左侍郎的张居正密商计议,而内阁阁员们却未得与闻,高拱以及郭朴对此的反感特甚。公平地说,《遗诏》的内容是正确而且洽合舆情的,但高、郭却将《遗诏》尽反先政与徐阶在嘉靖末期的表现联系起来,谓:"紫皇殿事谁为之?而皆为先帝罪乎?土木之事,一丈一尺皆彼父子视方略,而尽为先帝罪乎?诡随于生前而诋罢于身后,吾不忍也。"⑤二人"相视泪下,语稍闻外廷,而忌者侧目矣"⑥。这是指徐阶在嘉靖四十年(1561)十二月因迎合嘉靖帝而力主修建宫殿,并由其子徐璠参与工程事,因而有利于夺严嵩宠的事⑦。但将这些问

---

① 《明史》卷213《高拱传》。
② 郭正域:《大学士高拱墓志铭》,载《国朝献征录》卷17。按《国朝献征录》除收载有郭正域撰的一铭外,又收有王世贞所撰另一传。两传对一些关键性问题的看法和评价,间有歧异之处。
③ 谈迁:《国榷》卷64,嘉靖四十五年十一月乙亥。
④ 《明穆宗实录》卷3,隆庆元年正月辛巳。
⑤⑥ 郭正域:《大学士高拱墓志铭》,载《国朝献征录》卷17。
⑦ 据《国榷》卷63,世宗嘉靖四十年丁巳条载:"工部尚书雷礼言,玉熙宫湫隘,请及时修万寿宫。上是之。严嵩以大朝殿方急,惧繁费,欲上还大内则不敢,乃请徙南城之离宫。南城,英宗故称太上皇时所居也。上问徐阶,阶为规画营万寿宫甚详,三殿有余材,其小而不中程者,可当万寿宫,且省费而力易。上大悦。专责雷礼提督,阶子尚宝司丞璠兼工部主事,同阅视。"

题与否定《遗诏》混淆在一起，高、郭确有借题发挥，意气用事处。

隆庆改元，高拱因与新帝渊源深远，实际的影响力更有提高，甚至连年号隆庆两字，也是采纳他拟定的建议。在一些政见问题上，他和郭朴联合起来，数与徐阶对抗。隆庆初元头几天，双方矛盾即急遽激化：

> ……议登极赏军事，公曰："祖宗无此，自正统元年始也。先帝以亲藩入继，时尚殷富，遂信之，今第如正统事行，则四百万之中可省二百万矣。"当事者竟如嘉靖事行，而司农苦不支。会有言大臣某者，其人实有望。不当拟去，而首揆重违言者意，乃以揭请上裁。公曰："此端不可开。先帝历年多，通达国体，故请上裁，今上即位甫数日，安得遍知群下贤否？而使上自裁，上或难于裁，有所旁寄，天下事去矣。"乃竟请上裁，两人嫌益开。①

可见，在对待财政经费以及人事等问题上，因徐拒不采纳高的意见，两方关系更是火上浇油。当此之时，又发生了胡应嘉作为吏科都给事中，与吏部、都察院官员一起考察众官，事将结案，而应嘉又提出异议，攻击吏部尚书杨博考察失公，但查无实据，因而受到隆庆帝斥责并议罚之事。高拱与郭朴均主重罚，给事中欧阳一敬、辛自修、御史陈联芳等俱交章论救胡应嘉，有些奏章直接点名攻击

---

① 郭正域：《大学士高拱墓志铭》，载《国朝献征录》卷17。又，《国榷》卷65亦讲到徐阶在处理人事问题上有偏颇之处，言："华亭当国，好结言路，而于先朝遗直不无褊心焉。魏良弼、冯恩齿发未衰，遽在引年之例，盖意有所嗛也。朝廷优老之德，乃为政府行其私耶？"此即高拱所官大臣某之事也。

高拱,言:"今辅臣高拱奸险横恶,无异蔡京,将来必为国巨蠹"①,语极尖刻。高、郭等认为,这些奏疏的背后指使人乃是徐阶。高的门生,御史齐康遂亦上疏指徐阶"专权蠹国",并指控其诸子在京干请及横行乡里,大肆聚敛等事②。对方的御史庞尚鹏、凌儒等又将矛头指向郭朴,说他"负才使气,无相臣体",甚至诬及隐私③。欧阳一敬、凌儒、张价、陈瓒等更直接指劾齐康是受高拱指使以攻徐④。一场以给事中、御史等作为前哨的奏疏混战遂成为揭开隆庆初政的一件大事。继此之后,弹劾锋芒更集中在高拱身上,拥徐的言官发动了大攻势,连南京的科道官亦纷纷响应,"丑诋拱无所不极,乃至白简无虚日"⑤。"三月之间言者三十余疏,公亦力请去十二疏"⑥。在当时压力下,高拱不得不称病求去,隆庆帝亦不得已而准高拱暂时罢职,郭朴在不久后亦引去。在这场混战中,徐阶胜了一回合,但本人一直不露声色,"华亭元宰,初不出一语,阴饵拱于丛棘之上,诚智老而猾矣"⑦。"人颇以阶为甚。"⑧徐阶巧妙地驱逐掉高拱,但亦播种下非议和潜在反对的种子。隆庆帝对徐的信任,"意亦渐移"⑨。

风云多变。徐阶的地位亦逐渐不稳。一因驱高逐郭之事颇令群僚寒心,而特别是当时在宫内的得力宦官以及朝中的大臣多为裕邸

---

① 《明穆宗实录》卷3,隆庆元年正月辛巳。
②④ 沈朝阳:《皇明嘉隆两朝闻见录》卷12。
③ 《明穆宗实录》卷12,隆庆元年九月甲戌。
⑤ 王世贞:《大学士高拱传》,载《国朝献征录》卷17。
⑥ 郭正域:《大学士高拱墓志铭》,载《国朝献征录》卷17。
⑦ 谈迁:《国榷》,穆宗隆庆元年正月辛巳,谈迁曰。
⑧ 尹守衡:《明史窃》卷49《徐阶传》。
⑨ 《明史》卷213《徐阶传》。

旧人，对高屈辱下台多有不平；二因徐阶"所持诤，多宫禁事，行者十八九，中官多侧目"，得罪了不少有势力的太监；三因徐阶在嘉靖中晚期曲附严嵩，结姻严世蕃和陆炳，虽然是迫于形势的逶迤，目的在于等待拨乱反正的时机，但宫中朝中仍有一部分人未予谅解，"恶严嵩奸而薄，阶不能救正"①。经常被作为反徐的口实，御史张齐即揭劾徐阶不忠不正的所谓六大问题，徐阶只好上疏乞休；四因在内阁中亦存在反侧的力量，与暂时下野的高拱密相配合。正当张齐猛攻徐阶之时，"张居正意不欲阶久居上，且与高拱有宿约，以密旨报李芳，阶欲不任矣，遂许之"②。这个李芳，是从裕王府随从入宫的得力太监，"颇好读书自负"③，在隆庆初年是说话有分量的人，他在倒徐一役，是起了重大作用的。

徐阶罢归，曾由李春芳担任首辅以为过渡，又补充詹事府詹事赵贞吉为大学士。贞吉性格亢直而多主张，与阁部诸人的关系都很紧张，张居正难以与之协调合作。他知道"拱去而上时时齿及之"④，"思公不置"⑤，对高拱存在着近乎绝对的信任和深厚的感情，乃"与

---

① 王世贞，《大学士高拱传》，载《国朝献征录》卷17。又，对于徐阶与严嵩的关系，是出于一种在特殊情况下被迫采取的策略手段，当时的人和后代史家多数是表示能够理解和谅解的。《明史》本传的结论意见是："阶立朝有相度，保全善类。嘉、隆之政多所匡救。间有委蛇，亦不失大节。"明末崇祯朝任右副都御史的林时对，曾通过其著作《荷牐丛谈》，对明季史事进行反思，全力对徐阶这方面的所作所为予以辩解，言："人谓华亭徐文贞公，于分宜盛则柔之，卑巽太甚，然非此必不能一日安其位，将以事明主拨乱反正，厚其终也。假富贵自污，悠然若蜕，所全者大也，非此必不能除奸矣。如林中蟒、穴中蛇，速之则受伤，纵之则贻害，不疾不除，因物付物。以人巧凑天，则从来君子待小人，未有得德中肯如此者。盖宽而实严，恶而实不恶。青天中雷轰电闪无留害，至今可以想见。"（《荷牐丛谈》卷2《徐华亭饶干济》）。
②③ 王世贞：《大学士高拱传》，载《国朝献征录》卷17。
④ 尹守衡：《明史窃》卷49《徐阶传》。
⑤ 郭正域：《大学士高拱墓志铭》，载《国朝献征录》卷17。

上左右合起拱于家"①。隆庆三年（1569）十二月，诏命高拱复出任武英殿大学士兼吏部尚书。按照当时的规制，"阁臣不理部事，理部事不复予阁务"②。高拱身兼两要职，实为例外。自此之后，高拱内恃皇帝的殊眷，外用本身的识见和魄力，叱咤风云于隆庆中期以后的政坛，进行了重要的整顿和改革，为其后的万历朝十年大改革奠下基础。

但高拱此人"性迫急不能容物，又不能藏蓄需忍，有所忤，触之立碎'③。他浅狭偏颇，最快恩怨，是一个有仇必报的人。虽下野乡居，但对徐阶等一直耿耿于怀。在重新上台之后，即着手进行报复。首先，他通过主持考察科道工作，对曾带头攻击他的人一一予以劣考贬调，一时"物情汹汹"，"胡汝（应）嘉以参议，方忧居，一夕自恨死，而最右阶而攻拱者欧阳一敬、陈赞皆以给事中为太仆、太常少卿，皆移疾归。一敬至在道忧死"④。与此同时，则大力重用其门人韩楫、程文、宋之韩等人，用以垄断言路，便于进行搏击。

很快，他便集中火力以指向徐阶，其中又分为两条战线：一为以部分否定徐阶所拟《嘉靖遗诏》的内容，以加给徐阶"欺谤先帝，假托诏旨"⑤的大罪；二为针对徐阶三个儿子俱在故乡横行肆恶，子弟奴仆霸道一方，徐家兼并田亩达数万顷，高息放贷以取暴利虐民等事，命巡按御史逮捕其三子，又委任素与徐家有隙的原苏州知府蔡国熙为苏松兵备副使以穷治其事。

为发动攻势，高拱本人在十天之内，连上《正纲常定国是以仰神圣政疏》及《辩大冤明大义以正国法疏》两道奏疏。前疏的中心内容是为嘉靖议大礼兴大狱等事辩护，否定《遗诏》追恤和起用原

---

①③④⑤ 王世贞：《大学士高拱传》，载《国朝献征录》卷17。
② 谈迁：《国榷》卷66，穆宗隆庆三年十二月庚申。

有被贬斥杀戮诸臣的意见,认为有辱先帝圣明。他说:"至于大狱及建言诸臣,岂无一人当其罪者,而乃不论有罪无罪,贤与不肖,但系先帝所去悉褒显之,则无以雠视先帝欤?则无以反商政待皇上乎?"①"皇上,先帝之亲子也;议事者固先帝之臣遗诸皇上者也。乃明于皇上前所为如此,是自悖君臣之义而伤皇上父子之恩,非所以为训于天下也。"②后一疏的中心内容是否定嘉靖帝是因方士王金等人进药弑君以至横死暴卒的说法,用以落实徐阶"非君诬上"之罪。谓:"先帝临御四十五年,享年六十,寿考令终,盖自古所罕有者,末年抱病经岁,从容上宾,曾无暴遽。……乃假先帝为辞,诬以不得正终,其将谓先帝为何如?且陛下父子之间,而明于陛下前诬先帝以不得正终,其将谓陛下为何如?"③

高拱这两道疏文极有煽动性。他针对隆庆帝已在位数年,坐稳了江山,以朱明皇统当然继承人自居的心理特点,摸清楚当今皇帝虽有积怨于嘉靖,但是对于绍承自嘉靖的皇统尊严却是决不肯轻弃的。尽反其父之道,恶谥之为非命暴卒,其实也是对本身的玷辱。保持哪怕是表面的父子正常关系,维护既死父皇起码的声誉,终究是有利于本身在位威望和便于统驭臣民。事实上,当年依子杀父律,以弑君罪判处王金死刑,也确有牵强之处,当时即有刑官提出过异议。但现在高拱是从另一角度,即从皇统皇威、特别是从当今皇帝威望得失着眼来立论,"意实欲置阶死。所谓欺谤先帝,假托诏旨,皆死法也"④。隆庆帝对高拱两疏均批示同意,认为是他"忠悃"之言,但对于高拱意在杀徐以泄愤,隆庆帝却未意识到。"赖上不甚解,

---

① ② 高拱:《正纲常定国是以仰禆圣政疏》,载《掌铨题要》卷1。
③ 高拱:《辩大冤明大义以正国法疏》,载《掌铨题要》卷1。
④ 王世贞:《大学士高拱传》,载《国朝献征录》卷17。

不及阶"①。徐阶本人有幸未罹法网。

但是，高拱这样两线夹攻、上下相制的策略，确实也使徐阶陷于完全被动、极为困窘危殆的境地。一则朝议沸腾，官场势利，本人祸福难卜。当年趋附奉迎之辈纷纷反噬以自保，"喜事干进之徒益务纵迹阶事为奇货"②。二则三子被囚，蔡国熙曾有俱处以极刑之议，南京都御史海瑞又在催促他退田清债。凡此，都迫使徐阶一度有自杀以求解脱之意。以两朝元勋的身份，不得不修书以卑词向当年被己计倾驱斥的高拱乞求宽假。高既取得完全胜利，亦有不忍过分、适可而止之意。此事拖到隆庆去世，高拱又被张居正和冯保联合赶下台之后，才不了了之。"有明中叶以后，宰相以相倾为事"③，徐、高恩怨，亦一显例。

在徐、高两巨头反复攻防较量，形势多变之际，也充分暴露出在庙廊之下，许多大小官僚的炎凉丑态，其中尤以御史、给事中这一类被推誉为"风宪"的科道官为甚。原来自正德、嘉靖以来，科道官又称言官，一直是朝中最活跃的政治力量。由于当时的体制，科道官享有言事和弹劾官邪、进谏君上的职权，所以科道官是在各官中干预全面性政治最深入的。科道官的论议往往是各个不同阶段朝纲国政的指风标。必须承认，相当一部分科道官目睹昏君败政、朝纲不振，曾经拍案而起，不畏囹圄之灾，无惧廷杖谪戍。甚至在绞索屠刀面前临危不惧，愿以身殉以尽诤谏之言，反映出臣民之间对荒唐腐败的愤懑和企盼改弦更张的强烈愿望。这部分科道官及其言论代表着当时的社会凛然正气，永垂青史。但也必须看到，亦有不少科道官总是追随不同时期拥有权势的人，甘为权门吠犬，勇于

---

①② 谭希思：《明大政纂要》卷63，隆庆五年五月。
③ 全祖望：《鲒埼亭集外编》卷34。

为维护某一权贵势力充当前锋打手。而自夏言、严嵩、徐阶、高拱以至日后的张居正等，亦各笼络有一批以门生故吏或政见接近者为基干的科道官，充当内己利益的代理者兼代言人，用以作为搏击异己、倾陷政敌的工具。"任为腹心，资为角距。"每当两派对垒或关捩转折之时，代表不同权门利益的科道官便出来叫阵骂战，煽风扬焰。但每当胜负已成定局之际，也会有一些人赶紧易帜转舵，急忙表态抛弃原来的恩师座主，甚或落井下石，以献媚于暂居胜利的一方。在隆庆前期，当徐、高交讧，这样的丑剧曾不止一次上演：

  新郑（按，新郑为高拱的故乡，时人多以新郑称之）将去，为南北科道及大小臣工所聚劾，以为皆迎合时情，而参高保徐，尤属谄媚，况上未尝有意弃徐，纷纷保之何为？①

及至徐阶倒台而高拱复出，舆情顿时大变："宦途真市道哉！阶柄用皆助以逐拱，拱复起而反刃攻徐矣"②。

著名清官海瑞曾尖锐地抨击这样的情况：

  近日科道诸臣，奉公建言者固有其人，其不公者往往逞己邪思，点污善类，不为鹰鹯以报国，过为蝇口以行私。营营止樊，人增惧惮。③

---

① 沈德符：《万历野获编》卷2《实录纪事》。
② 谈迁：《国榷》卷65，引支大纶语。
③ 海瑞：《海瑞集》上编《被论自陈不职疏》。

在自然界，有一种叫作豺的野兽，又有一种叫作鬣狗的动物，它们有一个共同的特点，就是总追随在狮虎豹这些猛兽的身后，每当猛兽恶斗或捕食较小猎物之时，它们便去分食被杀者的残骸碎骨肉以自肥，甚至对于紧紧追随的狮虎豹因伤致死以后，豺和鬣狗也争先恐后地抢食其血肉。嘉隆时期某些科道的作为，正与此等兽类类似。

在上层官僚是不是也有这类人物呢？有的。当徐、高斗争，高一度处于劣势、举朝集劾之时，六部亦各上公疏攻揭，户部尚书葛守礼不肯签署，不愿随声附和，宁肯弃官归里；而受高拱向相提掖、一向依傍高拱以在朝的左侍郎刘自强，为洗刷与高的密切关系，并为献媚于徐，不但出面给葛守礼施加压力，并带头送上弹劾高拱的奏章，其攻揭齐康与张齐，及挽留徐阶，在当时亦为最尖刻凌厉的，及至徐阶颓倒而高拱复出，刘自强却又写出劾徐捧高之文，并以刑部尚书的身份，为当年被自己奏请下狱的劾徐御史张齐"亟为昭雪"，"乃为张齐白冤状，谓（都御史）王廷阿当事意，比附成狱"①。将陷害张齐的责任全推给别人。"复奏（张）齐所犯绝无事实"②。"保新郑如初元之于华亭"③。高拱再出后，对刘自强曾"面数其罪，诟厉甚至，久而释之"④。而这个先附高后反高既而又保高以倒徐的反复小人，却能唾面自干，但以能再混迹官场、仍能冠戴乌纱为最大的满足。什么诟厉面斥，什么舆论鄙视，都是不在乎的。官场中这类风派人物当然不少，刘自强仅为一典型而已。这一类人物本谈不到有什么政见，亦缺乏应有的政治道德和品质，"易涨易退山溪水，

---

① ③ ④ 沈德符：《万历野获编补遗》卷2《参高新郑疏反复》。
② 谭希思：《明大政纂要》卷63，隆庆五年六月。

随风摆动墙头草"①。每当政局发生重大变动的时候，往往就是此类人物更换脸谱、改变腔调之时，他们总是力求依附新的得势者，不惜带头噬咬落败者，哪怕本来是他们原来的靠山和恩主，企图借此表现以乞宠于新的权势。

在研究隆庆朝政事以及内阁中诸般复杂关系时，必须充分重视张居正的作用。居正在隆庆朝虽然尚未出任最重要的职务，但作为内阁成员之一，已因其才识卓越而崭露头角，且在时事发展的重大关头起过决定性的作用。

张居正，字叔大，号太岳，湖广江陵人。嘉靖二十六年（1547）丁未科进士，入翰林院为庶吉士，散馆后留院当编修等官。他胸怀大志，关心时政，与翰林院其他侍讲、侍读、编修等自居为文苑之官的人员有所不同：

> 是时为嘉靖之丁未、戊申间（1547—1549，嘉靖二十六、二十八年），诸进士多谈诗为古文，以两京、开元相砥砺，而居正独夷然不屑也。与人多默默潜求国家典故与政务之要切者。②

> 官翰苑日，即已志在公辅，户口阨塞，山川形势，人民强弱，一一条列。③

张居正自青年时代开始，即关心国运。操切民瘼，并厚自蕴蓄，充分准备，以为未来的事业奠定基础。他勇于任事，以豪杰自许，

---

① 民谚。
② 王世贞：《大学士张居正传》，载《国朝献征录》卷17。
③ 林潞：《江陵救时之相论》，载光绪《荆州府志》卷79。

然劲气内敛,沉深有城府,对人对事谋定然后动。一切都表明,他是一个务实型政治家的材料。故此,他一直受到徐阶和高拱的器重。

张居正与徐阶、高拱均存在着长远的渊源。他当庶吉士时,徐兼为教官,故张居正一直尊称徐为老师,自称为受业。他出翰林院入国子监为司业(类似现代学校教务长之类的职务),而顶头上司国子监祭酒(类似现代学校校长的职务)就是高拱,"拱亟称居正才"①。当时他们二人互相推崇,"相期以相业"②。其后到隆庆时期,继拱之后,张居正亦入阁,高拱仆而又起,"拱为首辅,居正肩随之"③。高、张在隆庆朝中后期,曾经有过一段密切配合、同心辅政,并创造出重大业绩的阶段。

但是,权位的交错和冲突,往往会无情地冲击以至摧毁一切师弟和亲密同僚间的情谊。人际关系往往有反复,人间恩怨往往会异位。相契相知会且夕间翻作为相疾视和相忌恨。

徐、高、张关系的波谲云诡,微妙多变,乃是隆庆时期上层官僚政治生活中的重大事件,它影响着隆庆朝的政策取向,并关系着其后万历朝的政治。

在隆庆朝内阁的混战中,能始终保位、并能持续上升的,只有张居正一人。沈德符论曰:

> 穆宗初政,在揆地者凡六人:江陵张公为末相。次揆新郑高公(拱),既与首揆华亭徐公(阶)失欢,南北言路连章攻之,张故徐门生。为之调停其间,怂恿高避位。三揆安阳郭公(朴),为(高)公同乡厚善,亦非徐所喜,

---

①③《明史》卷213《高拱传》。
②《明史》卷213《张居正传》。

张亦佐徐逐之。未几，徐首揆被言，张又与大珰李芳合谋令归里。兴化李公（春芳）代徐为政，益为张所轻，乃市恩于高，起之家，且兼掌吏部。而次揆南充陈公（以勤）与兴化俱为张与高所厌，相继逐矣。其最后入者为内江赵公（贞吉）、历城殷公（士儋）。赵有时誉，时时凌高、张二公出其上。殷人在下中，且与高隙，张既乘间挤去。赵亦与高争权，张合策排之行。至穆宗凭几，仅高、张二公受遗，而仁和高公（仪）入不两月，悒悒不得志，卒于位。盖隆庆一朝，与江陵同事者凡八人，皆以计次第见逐。新郑公初为刎颈交，究不免严谴，此公才术，故非前后诸公所及。①

于慎行亦曰：

隆庆（三年）己巳，上特旨相内江赵公贞吉。内江素豪直自用，又为上所识拔。江陵恐其逼己也，谋召新郑，而内监陈洪者，又新郑里人，于是以太宰召还。庚午，新郑入，其年，罢内江。已而，南充陈公以勤自去。其明年辛未，罢淮南李公春芳，又罢历下殷公士儋。于是，新郑以首相行太宰事，江陵并相，有诏不再卜云。②

沈、于二氏的记述，与《明史》《明史稿》所载各人间的关系大体相同，其各人的去就先后，亦与《明穆宗实录》的记录符合。

---

① 沈德符：《万历野获编补遗》卷2《隆庆七相之去》。
② 于慎行：《谷山笔麈》卷4。

首先可以肯定，隆庆朝内阁之内风潮激荡、兴替频繁，其中的关系是极其错综复杂的。其次，又可肯定在"九相"中始终屹立未动者，唯张居正一人而已。其他人或寂然知止，或落败归里，甚至郁郁以终，都难以持盈保泰、保位固宠。最后，在迭次风潮中，张居正一直未卷入正面的冲突，却善于估算形势变幻，妥为斟酌得失，以本身利害为准绳，操必胜之券，毅然做出纵横捭阖的措置。应该说，隆庆期的阁潮，唯有张居正是最大的赢家，此亦为他顺利地在万历朝独裁柄政铺垫好道路。

但总的来说，直到隆庆末期为止，高、张在工作关系上还是基本协调的，他们组成内阁的轴心，曾有力地推动全副国家机器的运行；在个人关系上，虽逐渐产生嫌隙，但还保持着表面的一致。究其原因，实因他们二人在政见和学术上确有共通之处。

高、张虽都以儒臣自诩，口头上未尝悖离孔孟之道，但他们实际服膺和执行的乃是申商法家的学说。他们的政纲都是立足在改旧辙、行新政之上，坚信"治世不一道，便国不法古"①，"世异则事变，时移则俗易"②。因此认为，为政必应随形势和社会矛盾的发展，根据时、地、人等条件的变化而更动，制度必应"与时变，与俗化"③。高拱强调，"事以位异，则易事以当位；法以时迁，则更法以趋时"④。凡事必须根据实际情况出发。高拱认为，"今有百锁焉，亦有百匙焉，各寻其匙而投之，无不利者"⑤。他严厉指斥那些固守儒家教义语句，不敢触动成法旧矩的人，"囿焉安焉，锢其神悟，非善学孔

---

① 《商君书·更法》。
② 《淮南子·齐俗》。
③ 《管子·正世》。
④ 高拱：《问辨录·论语》。
⑤ 《本语》。

子者也"①。张居正说得更浅明一些："法制无常，近民为要；古今异势，便俗为宜。"②正是在主张有因有循，不法古，不守旧，不师常法，敢于部分突破二千年儒家教义，坚定更动二百年"祖宗成法"的思想基础上，奠立了他们在隆庆朝中后期合作共事的基础，为隆、万大变革取得第一阶段的成就。高拱和张居正都是继商鞅、韩非、王安石之后务实型的重要改革家。有关他们在这一阶段的事功，是隆庆时期最为重要的史事，我们将在下一讲论述。

与徐阶相比，高、张有显著的不同。当然，历史条件也大有不同。不同的时代背景和主要社会矛盾的焦点所在，召唤着不同类型的历史人物披挂出台。

徐阶的政治生涯主要活跃于嘉靖末叶和隆庆初元。当嘉靖之中后期，他虽逐步取得皇帝青睐，不次迁升，但上有多疑擅权、修玄执拗、喜怒无常之帝；中有恃宠营私、虎视眈眈之权奸如严氏父子等监伺于旁；侧有善钻缝隙、各有不同背景、而又敢于搏击的御史、给事中等呼风唤雨于旁；下有城乡涂炭、啼寒号哭之民。当此之时，徐阶处嫌疑之地，怀忧危之心，不得不谨于应制笔札以乞宠于皇上，又不得不逶迤以敷衍权奸，小心谨慎而出之于隐蔽，不敢稍露锋芒，不敢树敌招怨，唯忍惟耐以待时。计败严嵩之后，仍益加恭谨。故在其执政后，但仍能在尽可能的条件内，减缇骑，虚诏狱，谏捕杀，保全善类，适当减轻社会额外负担而已。徐阶是不可能在这一大限内再逾越寸步的。及至嘉、隆交替，主持起草的《嘉靖遗诏》，实亦为反映徐氏政治思想的代表作，一切废斋醮、逐方士、停止土木珠宝之索、昭雪建言得罪诸臣等，无疑都是必要和正确的。但审观

---

① 高拱：《问辨录》序言。
② 张居正：《辛未会试程策三问》，载《张太岳集》卷16。

徐氏在公在私的言论，他只限于除秽去弊，只企求追逐前圣，恢复祖宗成法，从不敢言改制言变革，绝不敢突破原有政治体制的框架，绝不敢轻易触动社会经济的结构，是故被人谑称之为"一味甘草"。徐阶以柔济刚，饶有权谋，但终究只是较为卓越的传统儒生官僚的代表而已。嘉、隆交替，明代社会实已接近爆破溃解的边缘，明皇朝的统治实已面临存亡断续的告急线上，徐阶以其素质和气魄、识见和学养，都是难以负荷扶危振颓、扭转乾坤重任的。

在学术思想上，高、张与徐阶也是泾渭分明的。徐阶笃信儒学，早年在翰林院任编修时，即因张璁建议欲去孔子"大成至圣文宣王"的王号、易像为木主并降损葬仪，毅然出面反对，与张璁抗辩不屈，为此，被贬斥为延平府推官。经此挫折，但他信念不改，在延平创办社学，自己担任讲官，其后迁黄州同知、浙江按察佥事、江西按察副使，他都是在所到之处办书院，召集当地儒生讲学。回翰林院及入阁后，仍以讲学为本身职业，以理学家自居。他在延平讲学时编写的讲义和与同道师友的论学通讯，取名为《学则》。《学则》一书是徐阶崇尚宋代理学的代表作。他推崇程颐、朱熹等官方哲学代表人物的言论，学着朱熹的腔调，说什么"天理人欲消长之几，不敢不着力"①。"近看孟子见人即道性善，称尧舜，此是第一义。若于此看得透，信得及，直下便是圣贤，更无一毫人欲之私。"② 其实这都是自欺欺人之谈，徐阶本人宦海沉浮数十年，也从来未真正做到去"人欲之私"。与此相反，高拱和张居正却都是反对侈言理学、虚夸哲理的。高拱写了《春秋正旨》一卷，是针对宋代理学宗师程颐、胡安国等人对《春秋》经义的穿凿附会，推原经意，订其谬误，

---

① 徐阶：《学则》卷1《答何叔京》。
② 徐阶：《学则》卷1《答梁文叔》。

表现了他对宋代理学持否定批判的态度。又写了《问辨录》五卷，是针对朱熹《四书章句集注》中的疑义，逐条辩驳。张居正在隆庆二年（1568）上的《陈六事疏》，指的是简议论、振纪纲、重诏令、核名实、固邦本、饬武备六大问题，这是他一生议政柄政的纲领性文献。其中第一项说的"简议论"，就是坚决主张"扫无用之虚词，求躬行之实效"[①]。其中当然也包括当时遍及全国的书院讲学在内。居正柄政后，查封了全国的书院，即为他深恶痛恨讲学的表现。万历时人沈德符曾论述徐阶和张居正在这方面的明显分歧，曰：

> 宰相以功名著者，自嘉靖末年至今上初年，无过华亭、江陵二公。徐文贞素称姚江（按，指王守仁）弟子，极喜良知之学。一时附丽之者，竞依坛坫，旁畅其说，因借以把持郡邑，需索金钱，海内为之侧目。张文忠为徐受业弟子，极恨其事而诽议之。比及当国，遂欲尽灭讲学诸圣，不无矫枉之过。[②]

哲学流派与政治之间，认识与实践之间总有着千丝万缕的联系。从徐与高、张对宋明理学截然不同的态度，对他们不同的政治抱负和政策取向，似亦可寻觅到意识形态的根源。

综合上述，不难看到，在短短五年半的隆庆朝中，有徐、高、张三位重要的人物各领风骚，各在政治舞台上做过淋漓尽致的表演。他们三人各有自己的人品个性、学养和从政理想，以至于权术策略和手段，但彼此之间又恩仇反复、风云多变，且又都直接影响于朝局。

---

① 张居正：《陈六事议》，载《张太岳集》卷36。
② 沈德符：《万历野获编》卷8《嫉诏》。

有史家认为，徐、高、张之争基本上是正人之争。如果认为，他们三人俱不失为历史上的正面人物，谓为正人之争，似尚可首肯。

但亦应看到人和人际关系内在的复杂性、多面性。在历史上赫赫有名、足可彪炳青史的人物，其中亦有私心私欲，亦有权术阴谋，甚至竟是玩弄权谋的高手。封建政坛的人物往往缺乏纯洁高尚，这是由官场的污浊大环境大气候所决定的。愚智贤不肖，往往集中于一身；龙蛇虎鼠，有时体现于一人。任何单凭爱憎的推理或简单化的脸谱化描述，都是会悖离实际的。承认瑜瑕互见，又区分瑜瑕所在，未因一眦而否定全体，未因一斑而代替全豹，未因支流而混淆主流，似是辨析诸如徐、高、张这类历史人物的方法。

为夺取或保有权位的欲望往往会调动起人们最隐蔽和最卑鄙的情操。徐与高、张的矛盾当然首先表现在权位问题上，但也存在政见和学术倾向的歧异和冲突。至于高拱和张居正之间，本来在政见和学术上均保持一致，则可认为，其由恩而怨以至成仇，基本上是由于权位利害矛盾所致。

第九讲 隆庆时期进行的重大改革

隆庆改革的起点

言隆庆帝其人，当然不能脱离开隆庆时期，因为隆庆帝作为一代君主、朝廷的首脑，其人与其时期是密不可分的，但两者之间又不能作等同的评估。我们在以上的章节中历述隆庆皇帝的庸碌猥琐、贪财好色，具有双重人格和复杂心态等，但又必须正视一个重要的事实，即当隆庆帝在位期间，在朝政、边防、财政赋役、水利、海运等诸方面，又确实进行过一系列重要的改革，并取得过一时性的正面效果。隆庆时期是一个诸般矛盾交错、处在兴衰断续的时期，又是一个一度略有起色、稍露辉煌的时期，它是当之无愧的隆、万大改革的第一阶段，为万历早期十年大改革奠定了相当坚实的基础。为隆庆帝写传，对此实不能忽视。

或有论者认为，以隆庆皇帝这样的一个昏懦而多秽行之君，焉有可能在其在位期间，竟创造出如此的业绩？焉有可能让如此大规模的改革得以冲破重重阻难而顺利进行？但是，历史的洪流往往会迂回以行进，其间虽有险阻曲折，但亦常有间隙以通流。当历史发展到一定阶段，某些业已成熟或接近成熟的社会要求便必然会被提出来。当然，这样的要求成败难卜，能否持久继续，仍有待于总的形势是否有利，倡导者的才能素质，包括君臣关系在内的诸种人际关系、力量对比等因素来决定。

隆庆帝"端拱寡营"，不亲政事，久已受史家的谴责，他是一个不称职的懒皇帝。但在这样的负面评价中却又潜藏着某些有利于进行重大改革的因素,由于他虽很少问政,"临朝无所事事"①,却能信任阁臣。前期对于徐阶,后期对于高拱,均能保持持久稳定的倚重,能让他们放手办事,他不疑不猜,不设阻碍,乐得逍遥受成。本人的无能无为在客观上却为辅臣们有能有为地展布提供出极为重要的条件。

隆庆朝的改革就是在这样带着畸形的格局下开始的。

当然,嘉、隆之际社会政治危机激化,统治不稳,崩解前景堪虞,也是促使改革出台的重要客观因素。

隆庆改元,朱载垕披上龙袍。但继承过来的却是经过正、嘉长期乱政以后遗留下来的烂摊子。形势动荡已极,动乱因素潜滋暗长,且多已表面化。当时,河南、湖广、山东、延绥、榆林、南畿诸郡,均连年"大饥",甚至相继发生饥民自食其幼子、亲子鬻卖其母、弟杀兄、子杀父、"无复人道"②、"城隅出滋,僵尸枕藉"③的惨剧。究其原因,实由于朝廷搜刮过甚,官贪吏渎,整套国家机器似一架绞肉机,以人民的骨血作为唯一的原料。亦因此,社会上的贫富分化悬殊。赋役负担严重不均,隆庆初元,蓟辽总督谭纶疏陈:"今民贫吏慢,而催征之令太数。夫良民奉法,而供赋以为常;敝民梗法,而逋赋亦以为常。"④更加以"时胡虏寇掠,士伍空虚"⑤,铁骑蹂躏及于内地、边防警报频传。似此内忧外患交相煎迫,全面性的危机已接近爆破的边缘。

---

① 谈迁:《国榷》卷67,引李维贞语。
②③ 王圻:《续文献通考》卷221《物异考》。
④ 俞继登:《典故纪闻》卷18。
⑤《明穆宗实录》卷37,隆庆三年九月甲戌。

贪官酷吏的肆虐，更促使矛盾激化。大小官吏但能执掌一定权柄，便可以作威作福，殃害庶民。隆庆三年（1569），刑部尚书毛恺奏报，当时冤滥刑狱遍布于全国，"曰滥词，曰滥拘，曰滥禁，曰滥刑，曰滥拟[①]"。贫弱小民在此数滥之下，焉有据理抗争的可能？横被诬诟而难以自明，身陷囹圄难以自脱，屈打成招而难以申白，铸成冤狱而难以平反。堂皇法司，不过是金钱与权势的特种交易场所，是维护权门豪户既得利益的暴力机关而已。翌年七月，继任的刑部尚书葛守礼又进一步揭论这方面的黑暗，言："凡有讯鞫，不论轻重，动用酷刑。有问一事未竟而已毙一二命；到甫期年，而拷死十人者。轻视人命，有若草介，如汾州府知州齐宗尧，三年致死五十人；荣河县知县吴朝，一年致死十七人，甚可骇也。"[②] 草根群黎，即或幸逃于饥馑，但终又难免辗转呻吟于笞杖鞭枷以及屠刀之下。既难苟存性命，于是被迫铤而走险，四方皆有揭竿斩木而起者，抢库夺粮，劫狱戕官，民变蜂起，被称为"盗贼成行"。

当此危急之时，隆庆初期的官场官风，实质上仍是正、嘉时期的继续。上下大小各级衙门，仍然是由一些只知贪婪固宠、桀骜不驯的官棍当道。这些人久厕官场，利欲熏心，擅长逢迎钻营。素不以民瘼枉心，既不畏公议，又不知廉耻，但以本人的宦况和财运作为处人办事的权衡，"以言不出口为淳厚，推奸避事为老成，圆巧委曲为善处，迁就苟容为行志，柔媚卑逊为谦谨，虚默高谈为清流，论及时事为沽名，忧及民隐为越分。居上位以矫亢刻削为风裁，官下位以逢迎希合为称职，趋爵位以奔竞，辨谀为才能；纵货贿以侈

[①]《明穆宗实录》卷37，隆庆三年九月甲戌。
[②]《明穆宗实录》卷47，隆庆四年七月己巳。

大延纳为豪俊"①。在这样混沌不清、是非不明的政坛中，偶有一二清廉持正、骨鲠敢言、不屑同流合污的官员，亦必被视为"异类"，多受到排挤压抑，有被诬加罪名而斥退者，有长期被屈置于冷曹闲职，对之"晾干"，使之无法展布，赍志以殁者。嘉、隆之际，有一著名清官龚起凤，其节操清廉，敢于为民请命，"天下莫不闻"。他在县令任内，抑豪强，平赋役，释冤狱，拒贿赂，制裁不法胥吏，占有政绩，却因不善体会上峰意图，敢于坚持意见，被指为"无堂属礼"，屡受谪斥，开始斥而病，困病而死，死而几不能棺殓，"棺十余年而弗克葬，里之人致相戒曰：'欲为清，视龚卿！'"②这样的感慨，与其谓为对龚某人的同情哀惜，不如谓为对当时麻木浑噩、漆黑污浊朝局官场的谴责和控诉！

如果不纠转这样的风气，不从基层统治机构入手采取措施，不刹住歪风，不认真切问病源和审慎讲求扶元治本的方案，隆庆的时局必将更趋恶化。明室之祚，或不能拖延到17世纪中叶。

必须注意到，在中国历史上，凡当国势危殆，民生多艰之时，几乎总有一些志士仁人义愤填膺，拍案而起，他们侃侃而论，而且身体力行，志图挽回世运，"勇敢任事，豪杰自许"③，愿意献身以"任天下之重"④。他们虽然大都出自统治集团内部，矢志为本朝廷和为"当今圣上"竭尽忠忱，但仍不失为统治集团中比较清醒而富胆识有毅力才能的分子。历朝历代中后期，这种类型的人物数出，各人的是非成败不一，但敢于正视忧危，勤于分析形势，勇于提出

---

① 赵贞吉：《三几九弊三势疏》，载《明经世文编》卷204。
② 王世懋：《杞县令龚君起凤墓志铭》，载《国朝献征录》卷93。
③ 《明史》卷213《张居正传》。
④ 郭正域：《大学士高拱墓志铭》，载《国朝献征录》卷17。

并贯彻执行革弊趋利以扶危振颓的对策,热切企望通过一系列的改革,以谋取政权的中兴和社会民生的改善,则是一致的。他们坚信,"法与时转则治,治与世宜则功"①。认为必须不墨守"祖宗成法",必须突破某些传统观念和体制规章的框架,必须务实而有针对性地进行大兴大改,有因有循,有革有化,才可能摆脱当时的困境,重新开拓出发展的道路。所谓"治世不一道,便国不法古"②。适时提出并推行改革,是中国政治史中的大事,亦是中国士人的优良传统。

隆庆中期,由于客观的社会需求殷切和主观的条件具备,一场由上而下,遍及全国,包括纠转政风、整顿吏治、提高行政效率、改革人事制度和赋税制度、加强边防、兴修水利,实行海运诸方面的重大改革运动轰轰烈烈地被推上历史的前台。这是中国历史上改革思潮和活动的继承和发展,又是切合16世纪中后期中国社会政治现状和特点,关系明中后期历史一度转折的重大事件。

高拱和张居正主持改革的纲领

主持隆庆朝重大改革的主要人物,是在隆庆三年(1569)年底重新被召回内阁、继又提任首辅兼署吏部事的高拱;另一大学士张居正是他的主要副手。

早在嘉靖四十一年至四十四年(1562—1565),高拱职任礼部

---

① 《韩非子·心度》。
② 《商君书·更法》。

左侍郎和礼部尚书时,他即上了一道名为《挽颓习以崇圣治疏》,全面分析当时国政朝事的积弊所在,力言非荡涤陋垢,则难以抢救沉疴。但又强调,事态仍有可为,端在实行整顿改革。言:

> 臣窃闻之人言,方今时势,内则吏治之不修,外则诸边之不靖,以兵则不强,而以财则不充,此天下之大患也。而臣则以为不然。夫吏治不修非不可以饬也;诸边不靖非不可以攘也;兵不强而财不充,非不可以振且理也。然所以为之寡效者,乃由于积习之不善。则夫积习之不善者,是固夫天下之大患也。何则?彼者,此之鉴;彼为之而不禁,则此得据之以为辞。前者,后之因;前行之而无疑,则后即袭之以为例。及其耳目纯熟,上下相安,则反以为理所当然,虽辩说之无以喻其意,虽刑禁之无以挽其靡,有难于卒变者矣。①

这一段话表明,高拱认为不论在吏治、边防、军备、财政等各方面存在的弊端,都是由于"积习之不善"。而所谓"积习之不善",无非是二百年来淤积下来的,诸如脱离实际的过时规章制度,陈陈相因,习惯成自然的陋规恶俗。他痛切地指出,此正是"天下之大患"之所在。他明确指出,种种痼疾植根深厚,徒恃辩说、刑禁,实不能彻底革除,非寻根探源、施用大手术以割治之,绝不足奏效。他将当时"积习之不善",分列为"八弊"。认为"八弊流习于下,非惟不可以救患,而患之所起,实乃由之"②。

---

①② 高拱:《南宫奏牍》卷1。

高拱所说的"八弊",是指官场中"执法不公""贪贿,不恤名节""深文刻薄""争妒""无效率""党比掣肘""因循塞责""浮言议论"等八个方面而言。他坚定认为,只有摆脱传统的羁绊,铲除诸种不善的积习,才可以推行认真的改革。强调"事以位异,则易事以当位;法以时迁,则更法以趋时"①。

由兹八者。士气以之不振,公论以之不明。其习既成于下,则良法美意必为之淤;遏于上,如霡之遇风飚,虽为惠甚溥,而得以泽于田;如水之遇障,虽激之使溢,而不得以济于渠。若是,而徒诿曰修攘强裕之无策,岂不谬哉!

今也恬熙已久,而巧伪滋;巧伪久而趋向忒。始既以人移俗,既乃以俗移人。转相渐摩,沦胥以靡,以沿袭为圣法,以诬诳为恒谈。父诏其子,兄勉诸弟,惟恐不能化而入也,其染无迹,其变无穷,遂使天下之病,寻之莫识其端,而言之不得其故,此则甚可忧者矣。何则?人之受病有形。则可循方而理;若乃膏肓之痼,难以语人,则起居之常,犹若其旧,则是积之甚久,受之甚深,此卢扁所以惶惶,而夫人犹以为无恙者。也是以医者有抉肠涤胃之方,而善治者有剔蠹厘奸之术②。

他并未因社会政治危机的深重而气馁,反而信心十足地提出调整救治之方,认为大事犹有可为,端在下决心进行改革:

---

① 高拱:《问辨录》。
② 高拱:《南宫奏牍》卷1。

夫舞文无赦，所以一法守也；贪婪无赦，所以清污俗也。于是崇忠厚则刻薄者消；奖公直则争妒者息；核课程则推诿者黜；公用舍则党比者除；审功罪则苟且无所容；核事实则浮言无所售。譬诸人之一身荣卫自足，苟除其大蠹，而徐调其元气，则不惟弱可使强，而调之既久，延长之道因在斯矣。建议："有能自立而脱去旧习者，必赏必进；其仍旧习者，必罚必退。使人皆回心向道而不敢有梗化者奸乎其间，则八弊庶乎其可除矣。八弊既除，百事自举。"①

高拱在这篇疏议中，对形势的分析有本有源，既指出沉疴积瘤的所在，又有针对性地提出纠正的方法，实为他在不久后主持内阁的施政纲领的雏型，为隆庆朝重大的改革奠定方针理论的基础。

隆庆二年（1568）八月，时已任内阁大学士的张居正也上了份名为《陈六事议》的奏章。这份奏章的主要内容是吁请隆庆励精图治，运用皇权以大振乾纲，下决心清除积弊陋风，着手进行必要的整顿和改革。力言："近来风俗人情，积习生弊，有颓靡不振之渐，有积重难返之几，若不稍加改易，恐无以新天下之耳目，一天下之心志"，"审几度势，更化宜民者，救时之急务也"②。张居正将所谓"改易"、所谓"更化"，作为指导全局的"急务"，实在表明，时局败坏至此，势必须改弦复转，否则，将无从摆脱困窘已极的危局。

张居正的所陈六事，乃是针对当时盛行的空论浮议，"徒知哗众取宠，不切实际的言论，因而提出'省议论'；针对当时纪纲不肃、法度不行，因而提出'振纪纲'；针对隆庆登极之后未能亲裁政事，

---

① 高拱：《南宫奏牍》卷1。
② 张居正：《陈六事议》，载《张太岳文集》卷36。

群臣对谕旨采取敷衍应付的态度,因而提出"重诏令";针对当时赏罚用舍予夺不公,因而提出"核名实";针对当时各省库藏空虚,水旱灾伤频仍,正当民穷财尽之时,要求节财耗、尚俭朴,因而提出"固邦本";针对当时边防告警,虏患日深,因而提出"饬武备"①。这六个方面综合起来,就是要求集中权力、统一认识,实行各方面的整顿,旨在裕民富国强兵。

高、张两疏的基本精神是高度一致的,都是立足于除旧布新,将国家的前途寄托于改革上。他们上疏的时间虽然很接近,但具体所处的地位,特别是一在嘉靖末叶,一在隆庆初元,基于客观背景不同,因而立论的角度当然略有不同,但却起到前后呼应,振聋发聩,统筹全局的作用。两疏不但对于隆庆朝,而且对于其后的万历元年至万历十年(1573—1582)的大改革,实际上一直起着指导性的积极作用。高、张两人均为明代中后期最有识见最有才能和魄力的大政治家。两人均能高瞻远瞩,继之以敬业勤奋,能够较好地控驭全局,为隆庆朝的重大改革创造出丰硕政绩,其功业均应垂诸不朽。还应充分估计到,高、张之间确曾存在过一段相互倾心钦仰,同心协力,共襄大计的时期,这也是改革得以一度取得辉煌成就的原因之一。

---

① 张居正:《陈六事议》,载《张太岳文集》卷36。

改革人事制度，整饬吏治

严格说来，隆庆朝的改革，应该说是从隆庆三年（1569）十二月，高拱复出为武英殿大学士兼署吏部事才正式开始的。因为在此之前，徐阶、李春芳等的工作重点仅是放在纠正嘉靖朝的严重偏失上。他们对于社会上、朝政上存在的陋弊，虽然也就事论事地做过一些缓解调处，但从来没有过敢于在重大体制问题上触动"祖宗成法"，一切都是"恪遵旧章"而行，遇到矛盾绕着走，从不敢对全局性问题做出重大改革的试探。

从隆庆三年年底到六年（1572）五月朱载垕去世之前，实际进行改革的时间只有两年半，但因推行力度很大，故亦取得不小的成绩。

高拱成为事实上的首辅后，他每天上午到内阁办公，下午到吏部视事，做到事必躬亲，案无留牍，遇事均亲手拟稿，以专题形式奏报给隆庆。今存《政府书答》二卷，是他在此期间给各地巡抚等写的公文书信；《掌铨题稿》二十四卷，是他在兼掌吏部事期间，为改革官吏人事制度写的疏稿；《边略纪事》三卷，是他任首辅期间，针对当时对沿边各省调兵遣将、加强防务的奏疏和公文，可见工作量是很大的。而隆庆对高拱上的奏章，又无不是照拟批准，使高拱能放开手脚展布方略。

当时的情势也迫使高拱和张居正必须雷厉风行、威严果断以推行改革，纠之以猛。"今承平二百余年，当重熙累洽之后，士大夫一切行姑息之政，而祖宗之法已荡然无遗。苟不重典肃之，天下必致丛脞而不可为矣。"①

高、张都认为，能否进行改革，改革能否奏效，成败的关键首先在于用人，因之将整顿人事工作放在最重要的地位，要求自中央六部以至地方各级文武官员，处事办案均定有程限，必须按期准确办完上报，而且必须卷牍清楚、册档登载详细，以备检阅查核。"要见钱粮比上年积下若干，险隘比上年增修若干，兵马比上年添补若干，器械比上年整造若干，其他屯田、盐法以及诸事，俱比上年拓广若干，明白开报。若果著有成绩，当与擒斩同功；若果仍袭故常，当与失机同罪，而必不可赦。"②

高拱又严厉批评二百年来实行的徒具形式的人事考绩制度，认为三年一考，三考才论黜陟，而九年之间，官员有因死亡、丁忧、事故而去职晋级的，亦有因在宦途顺畅而一再升职晋级的，既难久任，如何可以在原职九年而待三考？因此，所谓考绩云云，便成为"止有升而无黜，是考绩黜幽之典废"③。更荒谬的是，"每考察时，所去之人，前后不相上下，其数未足则必取盈，其数已足即不复问，天下间岂有六年之间，不肖者皆有定数，其为苟且了事可知"④，"乃其称为不肖者，又多苛求隐细，虚应故事；而所谓大奸大恶者。或有所不敢问而佯若不知，或有所小能识而反称高品，纵豺狼于当路，觅孤鼠以塞责，此人心所为不服也"⑤。

针对以上情况，他在兼署吏部事时，强调因事用人，不能因人

---

① 何良俊：《四友斋丛说》卷13。
② 高拱：《乞及时大修边政以永图治安疏》，载《掌铨题稿》卷4。
③④ 高拱：《本语》。
⑤ 高拱：《掌铨题稿》卷4。

设职；强调唯才是举，因才酌用，不许庸碌贪婪者滥竽充数，浑噩官场；强调严功罪以定迁黜，提倡以实心行实政，办实事。不以科目等级名次作为用人的主要标准，根据业绩破格用人，"他官不得与之同论俸资"①。为此，还严申人事纪律，诸如：凡领凭而不到任之官，一律免职降用；对经查实有据的贪婪官员不许再朦胧复职；而对于虽被科道弹劾之员，仍必须核实证据然后再作处置；对冒牌伪官一律拿解严惩；对冗官冗吏一律裁革；等等。甚至对于历朝历代以来受钦准世袭山东曲阜县知县的孔氏后人，亦予革免世职特权。另一方面，他又多次专疏奏荐贤能，如请起用已休致的原吏部尚书杨博、原礼部尚书高仪、原工部尚书朱衡，重用名将谭纶、戚继光、王崇古等，均授予要职。他身为首辅，荐牍中甚至包括有蕞尔七品的卓异州县官在内。

对原有人事制度做出突破的，是高拱在军事边防编制和人选方面的改革。按，明朝自洪（武）、永（乐）以来，在中央设立吏、户、礼、兵、刑、工六部，以分管人事、民政、财政、礼仪、军事、法律和工程等方面的政务。规定各部设尚书一人为本部的正首长，再设左、右侍郎各一人，为副首长。一尚二侍的编制久已成为定制，二百年来亦从未有人提出过修改。但高拱认为，针对英宗朱祁镇正统年间土木堡之变以来，北虏南倭侵扰日亟，必宜对军事边防的领导体制进行大胆的改变，他在隆庆四年（1570），先后上了名为《议处本兵及边方督抚兵备之臣以裨安攘大计疏》②《边情紧急议处当事大臣疏》③《推补兵部右侍郎并分布事宜疏》④等，在人事制度上具

---

① 高拱：《议处本兵及边方督抚兵备之臣以裨安攘大计疏》，载《掌铨题稿》卷2。
② 高拱：《掌铨题稿》卷2。参见高拱另一著作《防边纪事》。
③④ 高拱：《掌铨题稿》卷3。

有战略意义的奏章。这些奏章的中心内容有两个方面:

第一方面,是鉴于百数十年来,边关多事,调度为难,内乏熟悉边情战况的部官,外缺指挥若定的将帅,而部臣与边帅往往又存在隔阂,难收臂指贯通之效,故建议打破传统的"一尚二侍"的旧有体制,请特准在兵部内加设侍郎二人,即改为"一尚四侍",用以因应事机,满足军事防务的需要:

> 臣观兵部侍郎,止如别部额设二员,盖边关无事之时则然也。近年既称边关多事、而官则如旧……门庭紧急之时,无人为御。国家如此大事,而乃苟且以处至此也。臣愚,诚中夜以思。谓宜于兵部添设侍郎二员。同额设侍郎协理部事,平日则练习本兵政务或欲巡阅边务,即以一人往,既便于行事,又不烦假借。或遇边方总督员缺,即以一人往,既可朝发夕至,又不费于那移。迨其出入中外,阅历既深,凡本兵政务与夫边关险隘、虏情缓急、将领贤否、士马强弱,皆已晓畅谙熟,方略素定。遇有尚书员缺,即以其尤深者补之。如此,而犹称乏用,必不然也。①

这一方案的提出,在当时确实是一创举。它的优越之处是很明显的,不但适时充实了军事边防的领导力量,而且作为兵部的副长官,要求他熟知边关部署、防务、战况、敌我军事力量对比以及边将的人品素质和实在指挥能力,一改过去兵部与边帅互相扯皮埋怨,军事行政部门与前线指挥官各说各话,以至临战的仓皇、信息不灵、

---

① 高拱:《议处本兵及边方督抚兵备之臣以裨安攘大计疏》,载《掌铨题稿》卷2。

令出多门的情况。此一建议被隆庆批准,确使当时的边防有所起色。《明经世文编》的编者在选载此一奏章时,加旁注说:"文襄留心戎务如此,真勘定之才也。"①评价是很高的。第二方面,是着意培养兵部中级官员和边疆军事人才的建议。高拱认为,军事和边政俱为专学,必须长期培养,严其选,允其任,"特示优厚,有功则加以不测之思,有缺则进以不次之擢"②,始足以稳定地保持着一支能攻善战、通晓韬略,而又熟悉边情的队伍。他特别注意在兵部司官一级官员中培养和选拔将帅之才。

> 臣愚谓,储养本兵大臣,即当自兵部司属始。盖兵部司属,皆与闻军旅之事,而乃不择其人,泛然以用,又往往迁为他官,则人无固志,视为传舍,不肯专心于所职。如此,非谓无以备他日之用,而目下承行,亦有不当者矣。今宜高其选,而以有智谋才力者充之,使其专官于此。练习事务,不复他迁。而又议事升格。如边方兵备缺,即以兵部司属补;边方巡抚缺,即以边方兵备补;边方总督缺,即以边方巡抚补。而总督与在部侍郎时出时入,以候尚书之缺……如此,而犹称乏用,必不然也。③

经过内外互调,精选再加以历练培养,然后按才使用,有关官员既熟悉部中典章和办事规程,又知边塞兵机,具有实战能力,当然会大大提高明军各级将佐的素质,加强防御力量。

高拱继又提出,应有意选拔生长于边塞地区的人士进入兵部工

---

① 陈子龙等:《明经世文编》卷301《高文襄集》卷1注。
②③ 高拱:《议处本兵及边方督抚兵备之臣以裨安攘大计疏》,载《掌铨题稿》卷2。

作,俾能熟悉临战地区的风土人情,易于准确判断情况,做出正确指挥。此亦为从来武选制度闻所未闻者。他说:

> 方今边徼用兵之处,惟是蓟辽、宣大、延绥、宁夏、甘肃,南则闽广。是数处者风土不一,事体各异,每遇有事,本兵处分,止凭奏报之词,别无据证,以故常不得其的确。
>
> 臣愚谓,于是数处之人,择其有才力知兵事者,每处多则二人,少则一人,使为本兵司属。彼生于其地,身家之虑既无不周。至如山川之险易、将领之贤否、士马之强弱,与夫奏报之虚实、功罪之真伪,皆其所知,便可一问而得。以是为参伍之资。处分或无不当。……伏望圣明裁定,敕下臣等施行,仍乞著为令甲,永远遵守。俾是数处之人,在兵部者后先继续,不至间断,其于边务。所裨必多矣。①

综上所述,可见隆庆中后期对全国官吏的任免和使用,特别在对军事部门边镇将领的选拔和考察标准等,都作了很大幅度的改革调整。高拱认为,"要得天下治,只在用人"②。其所以首先在人事制度改革上加大力度,正是为了以之作为推动全面改革的动力。

---

① 高拱:《议处本兵司属从裨边务疏》,载《掌铨题稿》卷2。
② 高拱:《本语》。

取得俺答封贡、擒斩汉奸赵全、"款市事成、西北弛备"①的胜利

与对军事边防进行的改革同步，高拱和张居正又大力着手九边建设，任用得力有才能的边关将领，执行"外示羁縻，内修战守"②的政策，再加以周密部署，做到"列阵有人，随兵督饷有人，防卫山陵有人，护守通粮有人，俾各镇督抚诸臣专御扃剿杀，不得牵于内顾"③。早在隆庆四年（1570）元月，高拱就奏调名将王崇古（字鉴川）总督宣大、山西军务，以对付兵力最强悍、数十年来入侵最频最深的鞑靼俺答部，"念宣大尤紧要锁钥，非王鉴川不可"④。果然，王崇古一到边关，立即便改变了前此执行的一字长蛇列阵、单纯防御等待挨打的被动局面，他采取不阑战，并对鞑靼诸部分化的策略："禁边卒阑出，而纵其素通寇者深入为间。又檄劳番汉陷寇军民率众降及自拔者，悉存抚之。归者接踵，西番、瓦剌、黄毛诸种，一岁中降者逾二千人"⑤。又在沿线有重点地乘障设险，集中使用兵力，各要塞间随时可以互相支援，鞑靼诸部来犯的多被击退。

同年九月，鞑靼上层爆发了重大的矛盾，俺答汗与其孙把汉那

---

① 沈德符：《万历野获编》卷17《武臣好文》。
② 张居正：《答宣大巡抚计处黄把二房》，载《张太岳集》卷24。
③④ 高拱：《边略序》，载《纪录汇编》卷52。
⑤ 王鸿绪：《明史稿·谭纶传》。

吉因争夺"三娘子"为妻而火并。三娘子原为把汉那吉之妻,"貌美,俺答夺之"①,把汉那吉气愤已极,遂于九月十九日率领其奶公及数骑归顺明朝。王崇古和大同巡抚方逢时认为此是利用鞑靼内部矛盾,促使其分化的良好时机,共同上疏极力主张纳把汉之降,并破格优待之。不但物资供应超过所期望,且请赐予名号封赏,"因与为市"②,并以此胁迫俺答汗亦来封贡以作为释还其孙的条件。王、方的建议在朝廷中引起了激烈的争论,"奏至,朝议纷然,御史饶仁侃、武尚贤、叶梦熊皆言敌情叵测……兵部尚书郭乾不能决"③。高拱和张居正经过慎重权衡之后,毅然决定采纳王、方的建议,并在原建议的基础上再有所发展和具体化。高、张都为此给前线督抚等写寄了多封机要密函,指示机宜④,一方面答应赐以绯袍金带等高级官式冠服,同意立即恢复开市,以正常进行互利的经济交往等示好于鞑靼;另一方面,建议全面议和,明朝封俺答汗为顺义王,封把汉那吉为昭勇将军,其他诸首领如黄台吉等也各被封为将军、都督同知、千户、百户等职,在政治上均予以一定的尊荣。但又坚持俺答汗必须逮捕交还已长期窜入鞑靼为谋主、为他们策划内侵的汉奸赵全等人,才答应释回把汉。俺答最后遣使来请复封贡,收捕了赵全、李自馨、吕老祖等多人押解交来,并表示"愿世为外臣,贡方物"⑤。明朝将赵全、李自馨、吕老祖等押解到北京,一一磔死枭首。

　　高拱、张居正利用经济、政治、军事与心理综合作战的策略,

---

①《明史》卷327《鞑靼传》。

②③《明史》卷222《王崇古传》。

④ 如高拱写的《与王鉴川论受把汉那吉》第一第二书、《答三边藏总督》,均载《纶扉》卷1;《伏戎纪事》,载《纪录汇编》卷53,张居正写的《答王鉴川策俺答之始》《与王鉴川言制俺酋款贡事》第一第二书等,均载《张太岳文集》卷22。

⑤ 谈迁:《国榷》卷66,隆庆四年十一月癸未。

达成"和好可久，华夷兼利"①的良好效果，确实是运筹帷幄得宜，有声有色，成果显著，而且影响深远，古今史家对此的高度肯定，都是一致的。"自隆庆来，款市事成，西北弛备"②"隆、万间中土安平，不见兵革"③。"高拱以招致俺答一事为最有功，虽成于王崇古，而主持者，则拱也。隆、万以后，鞑靼扰边之患遂减"④

又按，赵全、李自馨、吕老祖等早在嘉靖晚期即投奔俺答，俺答以所掳掠来的明朝余庆郡主给赵全为妻，并分别授给赵、李、吕等以官爵，赵等给俺答提供中原地区各方面情报，战时充当参谋，平时则为俺答拟定朝仪制度，为他日进占内地，建立政权作准备。《国榷》卷64，嘉靖四十四年十二月壬辰载："叛人赵全、李自馨等采大木，复起朝殿及寝殿各七重，城上楼五层，绘龙凤，丽甚。又，土堡作大第一区。门曰石青开化府，仪门曰'威震华夷'，东蟾宫，西凤阁，城楼曰'沧海蛟腾'。"可见野心不小，已成为明朝的大患。高拱等计擒赵全等，是切除了一个毒瘤。

但应指出，其所以能从实力地位加以谋略，迅速取得封贡和议的成功，是与刚进行过的军事边防人事制度的重大改革分不开的，因为能改然后能战，能战然后才能和！

---

① 谈迁：《国榷》卷66，隆庆四年十一月癸未。
② 沈德符：《万历野获编》卷17《武臣好文》。
③ 查继佐：《罪惟录》列传卷11下《梁梦龙传》。
④ 邓之诚：《中华二千年史》卷5，第139页。

以清丈土地和推行一条鞭税制为中心的赋役改革

明代自中叶以来,因负担严重不均,要求对赋役制度进行改革的呼声日高。改革的焦点逐渐集中到清丈土地和推行一条鞭法。因为土地是当时最主要的生产资料,而以一条鞭代替沿袭自唐以来奉行的两税法,被认为是解决财政困窘的可行方案。

清丈土地和试行一条鞭,早在嘉靖初年即由一些地方官在局部地区进行过,隆庆时期在此基础上又取得过较为明显的阶段性成果。

高拱十分重视财政经济问题。他认为,生财"此正圣贤有用之学",一再批评那些"徒以不言利为高"的迂腐见解[①]。为此,由他主持的内阁对于清丈土地和推行一条鞭法一直采取积极推进的态度。

清丈土地的工作是在豪门势家极力刁难反对的情况下进行的:

> 富者置产,累在贫人。买者宁多其价而少其粮,卖者甘图空户,而愿厚价。承平日久,田连阡陌者,赋止走勺;地无立锥者,赋且钧石。催科者无可奈何,但令里老四六包赔而已。隆庆之初,乃议均丈,立金、银、铜、铁,以等其第,按高下肥瘠,以酌其宜。册籍烂然,里巷引领,

---

① 高拱:《问辨录》。

而一二豪右恶其碍已，切齿蹙眉，捏词控诉。①

只有驳回这些所谓"控诉"，排除既得利益者的无理干扰，均丈才可能真正进行。从隆庆初年起，对赋役不均最为严重的苏、松、常、镇地区，均官民田粮轻重的工作初步取得成果。海瑞说："丈田之举，无一人不喜曰：'二百年来复睹朝廷今日均平之美矣。②'"

隆庆二年（1568），江西巡抚刘光霁奏行一条鞭法；三年，应天巡抚海瑞将均徭均费等银，不分银力二差，俱一条鞭征银，在官听候支解，使苏、松等地早已实施的一条鞭法更趋完备。其他各地试行者亦有多处。

关于一条鞭法的征收方法，比较两税法远为简便，且亦注意平均，"无他科扰，民力不大绌"③，当然是比较优越的。《明史》卷78《食货志》有概括的叙述：

> 一条鞭法者，总括一州县之赋役，量地计丁，丁粮毕输于官。一岁之役，官为佥募。力差，则计其工食之贵，量为增减；银差，则计其交纳之费，加以增耗。凡额办、派办、京库岁需与存留、供亿诸费，以及土贡方物，悉并为一条，皆计亩征银，折办于官，故谓之一条鞭。

一条鞭法除繁就简，将诸多名目的各种差徭、土贡等合并起来，取消力役。一律征银，并由官府统一雇人服役，所有役银则在田亩

---

① 孙澜：《均粮碑记》，载《汉南续郡志》卷25。
② 海瑞：《海瑞集》下编《复唐敬亭第三函》。
③ 《明史》卷78《食货志二》。

中摊派。除苏、松、杭、嘉、湖等负担供应宫廷"上方玉食"的漕粮外,全国的旧赋均一律改收折色银两,且由民收民解改为以州县为单位的官收官解。它简化了赋役的项目和征收手续,出现了摊丁入亩和赋役货币化的趋向,体现了当时经济发展的要求。凡此,都是应该肯定的进步。

有关恤商惠商的建议和措施

嘉、隆时期,国内外的贸易相当活跃,商品交换跨地区跨行业在进行,不论生产资料抑或生活资料的产、运、销都扩大了规模。当时商人的足迹,北至塞外,南达两粤,东及齐鲁闽越,西到巴蜀滇贵,"多贾治生不待危身取给,若岁时无丰,食饮被服不足自通"①。按地区或按行业的商帮行会等也相继组建起来。这是符合当时社会商品经济的发展要求,也是与当时农业、手工业生产力的提高相一致的。

但亦必须看到,当时的商业经济要冲决千百年来形成的自然经济樊篱,商人要摆脱"轻商贬末"的久远习惯传统,特别是要抗拒官府长官及其吏役辈的欺压盘剥、种种陋规的敲诈勒索,绝不是容易的事。在隆庆时期,确实有一部分商人来往湖海,买贱售贵,籴粜取利,因而成为富户的,但亦有其正当贸易生理备受摧残,倾家

---

① 张瀚:《松窗梦语》卷4。

荡产，血本无归的。高拱于隆庆三年（1569）十二月回京入阁，四年二月即疏陈他本人的所见、所闻。

> 臣奉召至京两月有余，见得里巷小民十分凋敝，有素称数万之家而至于卖子女者；有房屋盈街拆毁一空者；有潜身于此，旋复逃躲于彼者；有散之四方，转徙沟壑者；有丧家无归，号哭于道者；有剃发为僧者；有计无所出，自缢投井而死者；而富室不复有矣。
>
> 臣又问："朝廷买物，俱照时估，商人不过领银代纳，如何辄致贫累？"则曰："非朝廷之价值亏人也。商人使用甚大，如上纳钱粮，该是百两者，使用即有六七十两，少亦不下四五十两，是已有四、五、六、七分之赔矣。即得领银，亦既受累，乃经年累岁不得关支，小民家无余赀，所上钱粮，多是借贷势豪之物。一年不得还，则有一年之利。积至数年，何可纪算？及至领银之时，又不能便得，但系管衙门一应胥役人等，必须打点周匝，才得领出，所得未及一两，而先有十余两之费，小民如何支撑？所以派及一家即倾一家，其未派及者，各为辗转避逃之计，人心汹汹，不得以宁居矣。"①

高拱反映的情况十分具体和令人震撼。他似乎偏重于论述在辇毂之下北京的情况，又着重于反映商民与官府交接中存在的情弊。其实，此亦是当时大多数商人的处境，官僚政治下卵育的大大小小

---

① 高拱：《议处商人钱法以苏京邑民困疏》，载《纶扉稿》卷1。

官员、吏胥、衙役及其爪牙们，实际都在极力咀嚼商人，摧残商业以自肥。所谓"使用"、所谓"打点"等，无非都是吮吸民间膏血的通用名式。从高拱此一奏疏中，不难看到因贪官污吏恶役的逞虐，受其祸害的不仅限于商人，且直接促使整个社会民生的凋敝。正是基于此，高拱奏请隆庆必宜采取措施，言：

> 臣愿陛下特敕各该衙门，备查先朝官民如何两便，其法安在，题请而行。其商人上纳钱粮，便当给与价值，即使银两不敷，亦须那移处给，不得迟延，更须痛厘夙弊，不得仍有使用、打点之费，就中尚有隐情，亦须明言一切惩革，不得复尔含糊，则庶乎商人无苦，而京邑之民，可有宁居之望也。①

高拱在恤商惠商方面是做了一些实事的。他在兼署吏部尚书任内，确实曾严肃执行法纪，对于各衙门中收取"使用""打点"各种陋规的人员，一律拘捕送刑部问罪，枷号发遣，"乃一向有无籍光棍，号为走空之人，专一指称各衙门打点，诓骗人财……"②他甚至亲自访获，饬将查捕的犯人解交法司严惩。又奏准颁行经过修订的《考察论劾事例》，"凡官员贪酷异常者提问，才力不及者分别等第或词简僻，或调闲散，或降级或改教，二次不及者以罢软论"③，这些规定比原来的处分均有加重。对于寄生于各衙门的冗官冗吏大

---

① 高拱：《议处商人钱法以苏京邑民困疏》，载《纶扉稿》卷1。
② 高拱：《禁奸伪以肃政体疏》，载《掌铨题稿》卷10。
③ 高拱：《明事例以定考核疏》，载《掌铨题稿》卷4。

力裁斥,对于衰疲老迈之员,分别安排退休①,凡此种种措施,当然也迫使苛扰商业、敲剥商人的官痞衙蠹等有所收敛。

隆庆四年(1570)六月,他又进一步奏请照顾商业,言:

> 工部覆大学士高拱所陈恤商事,言:"贫商困累,惟多给予支银可以拯之,乞将年例钱粮办纳之数,以难易定其多寡,以迟速定其先后,多者预支十分之四,递减至一分,半年之内全给,一年以外给其半。"诏可。②

从拖延若干年仍未易领得,改为予支货款之若干以承办,又因革除了"使用""打点"诸费,商人的处境当然有了很大的改善,商业和社会的安定繁荣,亦必然得到裨益。此一恤商惠商的改革,大体延续执行到万历朝的早期。

兴修水利与恢复海运方面的措施

隆庆时期,曾较大规模地开河修水利,这主要出于两个目的:一为缓解多年为患的水灾,二为解决南粮北运的严重堵塞问题。

在缓解水灾方面,当以海瑞任应天巡抚时,大力修浚吴淞江、白茆河,引水入海的工程为最重要,且他将赈饥与修水利相结合,

---

① 高拱:《查处年老官员疏》,载《掌铨题稿》卷9。
② 《明穆宗实录》卷46,隆庆四年六月庚申。

亦对稳定东南地区社会秩序有良好效果。在吴淞江工程开始之时，他疏言：

>……浙江杭、嘉、湖三府与苏、松、常三府，共此太湖之水，吴淞江开，则六府均蒙其利，塞则六府同受其害。其库藏银亦如应天府等一例取用，彼处饥民亦听上工就食，吴淞借饥民之力而故道可通，民借银米之需而荒歉有济，一举两利，地方不胜幸甚。①

在白茆河方面，他亦主张仿照开吴淞江的办法推行，曰："臣思与其宅行济饥而无益于治，不若仍照吴淞江事例，兴工之中，兼行赈济。"②

海瑞开河修水利具有良好效果，时人对之多予肯定的评价，"吴沃洲旧为苏松巡按……自谓巡按时，以为苏、松急务莫重于水利……前年海刚峰来巡抚，遂一力开吴淞江，隆庆四年五年皆有大水，不至病农，即开吴淞江之力也"③。

但是，对明王朝具有全局性影响的是在此一时期内，部分废除了海禁，部分恢复了海运。

原来元代既开凿会通河，使运河由长江直达北京，作为南北交通的河运通道，然又保持自江淮入海北上的海运畅通。河运与海运相结合，不但有保证地每年由南往北输送粮食近四百万石，其他各种物资搭配齐全。"元都于燕，去江南极远，而百司庶府之繁、卫

---

① 海瑞：《开吴淞江疏》，载《海瑞集》上编卷6。
② 海瑞：《开白茆河疏》，载《海瑞集》上编卷6。
③ 何良俊：《四友斋丛说》卷14。

士编民之众，无不仰给于江南"①。两大管道负责起源源输送供应的责任，遂使作为政治军事统治中心的北京，无虞于匮乏。

但是，明初为了防倭，严中海运之禁，而会通河及运河全线虽屡经修浚，却日见淤塞，黄河又水患频仍，再加上人为破坏，官吏的贪婪，漕运无法保证。"嘉隆以来，秋风瓠子，璧不胜投，河之为患，古时有之，未有侵陵侵漕侵民之田亩庐舍者。"②"隆庆之初，京、通二仓，无积已甚。"③漕粮不能如期如额到达，军政的供应自然不足，京畿的粮价必然暴涨，危机日益严重。

嘉靖时期，不少有识之士，如兵部右侍郎王以旂、湖广布政使司右参议方远等已一再建议在浚河的同时准开海运，但每次都受到嘉靖的驳回，认为此等建议是"多言乱谋"，申斥"海运迂远难行，不必妄议生扰"④。开海运之议遂胎死腹中。

隆庆改元，接受给事中宋良佐的建议，先行恢复从遮洋总到蓟州一段短距离的海运，然后再逐步恢复从江淮径达北京通州，以至辽东全线的航程。有人认为，隆庆元年(1567)在海运问题的政策改变，是明代海运的新起点，具有里程碑的意义。

高拱主持内阁时，对于加强河运与恢复海运，都下过不少功夫进行研究，并采取过不少措施。他曾经考虑过，经山东开胶莱河以疏通漕运的办法，因"运道不通，修治已久，劳赞无算，而绩效茫然，京师且坐困矣。忧无所出，故有新河之议"⑤。但后来经派官查勘，知道此举难行，一因工程浩大，因开通后运力有限，且无保障，遂

---

① 《元史》卷93《食货志一》。
② 宋健：《古今治平略》，《国朝漕运》。
③ 何乔远：《名山藏》，《漕运记》。
④ 参见《明世宗实录》卷249，《明史》卷199《王以旂传》。
⑤ 陈子龙等：《与梁巡抚论开河》，载《明经世文编》卷302。

将此议停止。"至于海有可通之路,闻之甚喜。……若能谐此,则于国有万分之利,而又无一毫之劳费,纵使新河可开亦不及此,而况云不可耶?"① 遂决定大力行海运。经奏请隆庆批准后,修造海舟,编组船队,配备官员水手,定期启航。于是,漕粮百货,俱能径达北京。高拱下野后,曾回忆此一过程,曰:

> 国家财赋仰给东南,漕粮不至,则京师坐困。然漕河甚可虑,年年淤塞,年年修筑,为功促迫,劳费既多,又不的当,而挽运犹阻,此其一也。且一衣带之水,筑之甚难,决之甚易;通之甚难,塞之甚易,意外之防,犹不可忽,此又其一也。
>
> 予昔当国时,念此至深,乃计通海运。非远之海洋中运也,乃边海一道,商贩私往来者,自淮直达京师,一风之便,数日可至,既不患于迟延,而较诸漕河挽运,且省无穷之力。况海运既通,则漕河自可安心修筑。不至迫促而罔功。奏功之后,二路并运,脱有一路之阻,亦自有一路之通,京师可以坐俟无忧。且国计即不专恃漕河,则意外之防可弭,所以伐谋者,既此而往,此万年之计也。
>
> 先是,预议开胶河,盖前人曾为而未成者。开此则自淮入海,直达天津,甚近。乃差科官往勘,有司者胥谓难成。……于是梁巡抚梦龙、王布政宗沐,胥以揭帖报予曰:"海边一道,乃商贩私通往来者,自淮抵京更捷,且边海不险,又不费,修筑甚便,可行。"予闻甚喜,即令奏上,予力

---

① 陈子龙等:《答胡给事》,载《明经世文编》卷302。

主持行之。二君区划周详，措处停妥，造船坚好，诸事完备，海运遂通，刻日而至，人皆快之。①

这一段回忆措词平实，而且叙述清楚，将隆庆朝部分恢复海运的迫切性和可行性，开河与开海的难易优劣比较，地方官的建议和皇帝的批准，内阁大臣的大力支持，才终抵于成，并收有良好效果的过程，都作了交代。海运与河运并用，它不但为其后从万历到崇祯近百年的京储提供基本的保证，满足这个日趋衰落的政权最必要的物资需求，支撑其存在；而且，随着官方船队的定期放洋，私人的国内外海上贸易也得到更迅速的开拓，东南沿海商品经济的发展被注入了新的活力。隆庆朝开海运，是有着深远影响的。

综合本章各节的叙述，不难清晰地看到，在隆庆朝短短的五年半，特别是从高拱于隆庆三年（1569）年底回朝，以至六年（1572）五月朱载垕猝死之前，仅在两年半的时期中，由高拱主持，并得到张居正协助，建立起强有力的内阁，曾有重点地和有效率有成效地推行了一系列的重大改革。本章披露的仅是改革运动中的荦荦大端。但仅就此数点而言，整顿吏治、改革人事制度，是旨在扶元固本。因为如不对政权机构本身进行必要的调整，则一切改革设想将缺乏任何可以依借或运用的推动力量。对于当时的各项改革似又可再分为已完成的和仍在进行中的两大部类进行分析。在已完成的项目中，当以加强战备，巧妙利用鞑靼俺答内部矛盾，综合运用军事、政治、经济、心理诸因素，以达成封贡，设计擒杀汉奸赵全等为最显赫，

---

① 《本语》。又《罪惟录》列传卷11下《梁梦龙传》，具体说到他在通海运方面的贡献："梁梦龙……隆庆中，为金都御史，镇抚山东。……河塞宿边口，覆运艘数百，议通海运，属梦龙，加俸一级。"可参考。

它保证了西北边陲数十年的安谧,部分恢复海运亦为明代中后期中央粮食供应开拓一新局面。至于恤商惠商、均丈田地、试行一条鞭、平赋役等财政经济的改革,本来就是一个从嘉靖到万历,在长达半个世纪过程中逐步酝酿、逐步探索、逐步成熟的问题。短促的隆庆朝夹在嘉、万中间,未因其转瞬即逝而有所停滞或阻遏,反而在各有关方面均做出了较有力的促进,都是应该肯定的。撰写隆庆皇帝本人的传记时,由于他是一代君主,国之首脑,故极有必要将他纳入隆庆时期社会经济政治的总体中进行研究,对其人和其时代的内在联系和影响,对其起到过的正面和负面作用,存在的反差及其原因,隆庆时期之所以能进行若干重大改革的主客观因素,等等,都有必要收入本书的视野之内。这可能是隆庆皇帝大传所不应欠缺的。

附录

隆庆皇帝大事年表

嘉靖十六年（1537）元月二十三日出生，是嘉靖皇帝第三子，取名载垕，生母杜康嫔，因生育载垕，晋为康妃。

嘉靖十七年（1538）　1岁

朱载垕出生之时，上有比他年长四岁的异母兄皇二子朱载壑；一个多月后，异母弟皇四子朱载圳亦出生。载圳为靖妃卢氏所生。

朱载垕出生之时，正当嘉靖朝多事之秋，宣大、延绥、甘、凉等地均有边警。嘉靖皇帝坚持的"大礼议"已取得基本的表面的胜利，先为其父原兴献王朱祐杬建立世庙为献皇帝庙，继又上谥号为睿宗，跻武宗正德皇帝朱厚照之上。皇帝修玄的规模日益扩大，且与国家政治更加紧密地联系在一起。数上天寿山为自己选择陵茔地点。礼部尚书夏言入阁，予机务。

嘉靖十八年（1539）　2岁

二月，立皇二子朱载壑为皇太子，封载垕为裕王、载圳为景王。决定南巡故土承天（原湖广安陆州），命六岁的载壑监国。吏部尚书许赞，左都御史王廷相及御史、给事中多人谏阻，均不听，"乘舆甫驾，劳扰半天下"。致一真人邵元节死，荐陶仲文为代，不久被钦命总领道教。

嘉靖十九年（1540）　3岁

正月，皇帝有病不视朝。八月，曾谕令太子监国，自己专事玄修。

十月，皇太子疾，皇帝祷于上玄。

十二月，翰林院编修唐顺之、左赞善罗洪先、司经局校书赵时春，各请在二十年元旦朝贺礼成，皇太子出御文华殿。嘉靖皇帝大怒，认为本人有疾未愈，而让储贰临朝，是谓君父必不起，夺唐、罗、赵之官。

嘉靖二十一年（1542）　　5岁

八月，礼部尚书严嵩入内阁，予机务。

十月，宫女杨金英等十六人谋勒死嘉靖，事败，诛连端妃曹氏、宁嫔王氏，均被磔死。自此之后，嘉靖皇帝移居西苑，不复入大内。

嘉靖二十七年（1548）　　11岁

十月，诏杀原大学士夏言，指控他支持原总督陕西三边侍郎曾铣收复河套之议，妻子流三千里。严嵩因谗杀夏言而更受宠。

嘉靖二十八年（1549）　　12岁

三月，皇太子朱载壑猝死，朱载坖的地位亦因之急变，从原来一个普通皇庶子，转为现存最年长的皇子，按照宗法顺序，应法定为皇位的第一待位人，是储贰的首选。

陶仲文因朱载壑之死而炮制出"二龙不相见"之说，此说对朱载坖的处境产生过重大影响。

八月，俺答大举入犯，一度迫近北京，是谓"庚戌之变"。

嘉靖三十一年（1552）　　15岁

元月，礼部尚书徐阶入阁，予机务。

二月，建裕王、景王府。三月，裕王、景王行冠礼。徐阶力请分长幼先后，俾将裕王朱载坖与景王朱载圳的地位区别开来，便于册立储贰，嘉靖均不准。同月，礼科给事中张适请二王出阁就学，遭驳斥。七月，同意二王出阁，但不分先后。

八月，翰林院编修高拱、检讨陈以勤任裕王讲官，自此与朱载垕建立密切关系。

十月，裕王、景王同时选婚，谕示在外府行礼。

嘉靖三十二年（1553）　　16岁

正月，兵部武选司员外郎杨继盛，疏劾大学士严嵩十大罪五大奸，其中有请"召问二王，令其面陈嵩恶"语。嘉靖大怒，指斥何以牵引二王，将杨继盛下镇抚司狱，杖之百，以诈传亲王令旨律，判处死刑。

二月，裕、景二王均出宫就邸。

十二月，内阁辅臣请立太子，不听。

嘉靖三十三年（1554）　　17岁

朱载垕的生母杜康妃去世，礼部尚书欧阳德等援照前例，请照孝宗弘治皇帝朱祐樘未被立为太子时，其母纪淑妃身死，因朱祐樘伦序居长，故礼仪从降，宪宗成化皇帝朱见深辍朝五日，朱祐樘斩衰三年的做法。请著朱载垕遵礼成服，嘉靖皇帝不许。又引明太祖朱元璋孙贵妃去世，因无子主丧，命吴王橚认为慈母，发丧治后事，服斩衰三年，请准朱载垕照此办理，亦不许。朱载垕自就邸后，与其母生不得见，死不得诀，实人情之痛事。

七月，除严嵩、徐阶等以外，又命驸马都尉邬景和、安平伯方承裕、吏部尚书李默等入值西内，供撰青词。邬景和不屑撰玄荣进，辞以此非素习，嘉靖将之削籍。

嘉靖三十四年（1555）　18岁

朱载坖第一子生，取名翊鈝，是为嘉靖皇帝的皇长孙，朱载坖出告奉先玄极宝殿，嘉靖制止称贺，不颁诒。

嘉靖三十五至三十九年（1556—1560）　19岁—23岁

此数年是嘉靖皇帝仅存二子，即裕王朱载坖与景王朱载圳争立最关键的时期，朝臣中亦隐然分为拥裕、拥景两派。拥裕派以大学士徐阶为首，千方百计为朱载坖正名分、释嫌疑；拥景派以大学士严嵩及其子世蕃为首，无所不至地为朱载圳提供夺位的方便。嘉靖亦一度有废长立幼之议，经徐阶等设法转寰，方化危为安。

景王朱载圳聪明外露，反应灵敏，较得父皇欢心。而裕王朱载坖则较为迟钝，不受宠爱，当时裕王府连日用经费亦常不足，府邸周围常有由大特务头子陆炳派来的侦探监视，朱载坖的处境危殆，幸得藩府之内的侍讲官员高拱、陈以勤等敦劝其恪尽子职孝道，增加恭谨，坚忍检点言行，切不可轻露锋芒，坚忍韬晦以待时日，故当时赢得朝野的好评，目之为"好皇子"，增加了拥裕派的力量。

嘉靖三十七年四月，裕王朱载坖元妃李氏去世，嘉靖皇帝手订其葬仪，不许称薨，仅准称故。

三十九年二月，前中允郭希颜上疏请立皇太子，触犯了嘉靖之怒，下诏立斩希颜于其家，并传首天下。郭希颜为此而伏诛，但亦促使嘉靖重视此一关系国事的问题必有宜处置。

嘉靖四十年（1561）　24岁

二月，诏景王朱载圳就藩安陆，亦有人认为，此非出嘉靖皇帝的本意。朱载坖仍恪持恭谨。

朱载圳抵安陆，即上书请赐荆州沙市，又兼并邻近土地数百万亩，引起当地民愤，汹汹不平。

嘉靖四十一年（1562）　　25岁

嘉靖健康日坏，修玄益虔，各地献瑞龟、白兔、神鹿、嘉禾、灵芝不断，皆告太庙，群臣表贺。

三月和四月，玉兔产子，嘉靖认为"玄恩重示延生之祥，特为罕遇，命谢玄、告庙，表贺"。瑞龟生卵，亦如之。

五月，大学士严嵩免。较长期以来，徐阶与严嵩的矛盾冲突激化，徐阶一方面迎合嘉靖精撰青词，大力规划营建万寿宫以保持恩宠；另一方面，又以诎节卑礼，甚至与严嵩结成姻亲以麻痹之，然后又利用方士蓝道行用扶箕之法以揭露严嵩的奸恶，指使御史等正面弹劾，终将严嵩击败。严嵩被罢职，下其子世蕃于锦衣卫狱。

徐阶当国，榜三语于直卢，曰："以威福还主上，以政务还诸司，以用舍刑赏还公论。"至是尽反嵩政，务收人心，用物望。于是，朝士侃侃，得行其意。

时，原裕王府侍讲高拱已升任礼部右侍郎，兼国子监祭酒；翰林院编修张居正因高拱的荐引，任国子监司业，不久亦入值裕府，此二人为日后朱载垕称帝后的主要辅弼。

八月，载垕又生一子，即日后的明神宗万历皇帝朱翊钧。但因嘉靖仍迷溺于"二龙不相见"之说，翊钧出生，载垕不敢奏闻，两月之久不敢剪发。有宫女平日最受宠者乘间以闻，嘉靖怒而遣之，宫中股栗。朱翊钧的名字是在朱载垕登极、改元隆庆之后才起的。终嘉靖之朝，他不过是匿养在宫中的"厌物"。

嘉靖四十三年（1564） 27岁

嘉靖健康情况继续恶化，前派出到全国采访秘法的访仙御史及方士等纷纷奏上法术之书。

十一月，逮捕遣戍雷州而藏匿故乡继续暴横乡里、阴图再起的严世蕃父子及其党罗龙文入京，指控为大逆。

嘉靖四十四年（1565） 28岁

正月，景王朱载圳死于安陆，无子。嘉靖闻讣，对徐阶说："此子素谋夺嫡，今死矣。"朱载圳去世，朱载坖成为唯一的皇位待位人。但终嘉靖之世，从未明正其储贰之位。

二月，嘉靖病重，大办斋醮以求上仙延寿。

三月，诏诛严世蕃，抄严嵩家。

六月，任高拱为礼部尚书。

七月，任陈以勤为礼部右侍郎。陈与高拱均曾为裕王载坖府的主要讲官。

十月，户部主事海瑞上《治安疏》，坦率批评嘉靖一意玄修、大兴土木、长期不视朝、滥授名爵、以猜疑诽谤臣下诸事，并指出，"二龙不相见，人以为薄于父子"。嘉靖大怒，欲杀之，因徐阶力救，暂缓其刑。

嘉靖四十五年（1566） 29岁

正月，嘉靖病愈重，大封真人府诸方士官职，继续大修斋醮。

二月，嘉靖一再提出："欲南幸承天，拜陵取药"，甚至想用卧辇长行，认为回到原出生地，督促修理龙飞等殿，必可恢复健康，得遂长生。经徐阶等力劝，暂缓，但意犹不释。

三月，礼部尚书高拱入阁。

四月，张居正为礼部右侍郎兼翰林院侍读学士，署院。

五月，陈以勤为吏部左侍郎。

高、张、陈俱为裕邸中人，他们地位的上升，实与载垕继承皇位的前景已逐渐明朗有关。

自入十月以来，嘉靖因疾笃，"宸札不复出"。

十一月，吏科都给事中胡应嘉，奏劾高拱二事：一为拜命之初，嫌直庐狭隘，常潜归私宅；二为知道皇上有病，私运直庐器具出外。据此，指责高拱为"不忠""无君"。高拱奏辩。因胡应嘉为徐阶同乡，高拱怀疑徐阶指使胡应嘉攻己，对徐产生隔阂。

十二月，嘉靖疾笃，从西内抬回乾清官，去世。急召裕王朱载垕入主丧事，继皇帝位。

由徐阶主持，并由徐邀请张居正参与商议，颁布了嘉靖皇帝的《遗诏》，主要是以大行皇帝本人的名义，对自己数十年来过求长生、祷祠日举、土木岁兴、郊庙不亲、朝讲久废等表永引疚。明确了以裕王朱载垕继承皇帝位。再宣布，"自即位至今，建言得罪诸臣，存者召用，没者恤录，在系者即先释放复职。方士人等，论厥情罪，各正典刑。斋醮工作、采办诸劳民事，即行停止"，这一道《遗诏》将四十余年来许多被颠倒了的是非重新再颠倒过来，是得人心的，也为新皇帝登基奠定了基础。但由于徐阶在准备《遗诏》时，未与内阁内的其他大学士高拱、郭朴等相商，亦导致双方矛盾的激化。

朱载垕即皇帝位当天，亦颁布了《登极诏》。这一道诏书其实是《嘉靖遗诏》的具体化。宣布遵照《遗诏》召用恤录建言得罪诸臣，逮捕方士王金、陶仿等入狱，停革因斋醮的加派，停止额外采买，召回织造内臣，蠲免部分赋税及积欠等。

释放户部主事海瑞。

隆庆元年（1567）　　30岁

正月，罢睿宗明堂配享，追尊生母杜康妃为孝恪皇太后。

录用建言得罪者诸臣，分三等抚恤死难诸臣。

赐年已四岁的皇子名为翊钧，并颁示中外。

二月，重用藩邸旧人高拱为少保兼太子太保武英殿大学士，陈以勤为礼部尚书兼文渊阁大学士，张居正为吏部侍郎兼东阁大学士，殷士儋为礼部右侍郎。

四月，徐阶与高拱正面冲突。御史李复聘、给事中李贞元等弹劾高拱刚愎褊急，无大臣礼。

五月，御史齐康奏劾徐阶险邪贪秽，专权蠹国。徐、高均以亲近言官作为攻击对方的前锋打手。当时，朝臣及言官多倾向于亲徐反高，"倾朝攻之"，高拱被迫乞休，隆庆帝无奈批准。

六月，兵部郎中邓洪震首先上疏，指出隆庆帝登极以后的怠懒放纵："陛下临朝靖拱，未尝清问民情，奏章少览。闻后宫游幸，嫔御充斥左右；近习恩荫，徇情赐予颇滥；号令非一，前后背驰。"等等。

六月，御史王得春、凌儒请释放宫女，不报。

七月，隆庆谕内阁，指斥"科道欺肆"，"妄言失实"。

九月，命太监吕用、高相、陶金监团营。又命修内教场，敕宦官习骑射。兵部尚书郭乾谏止，不听。

十二月，户部尚书马森奏报财政状况不佳，太仓存银仅一百三十五万余两，而每年度岁禄、边饷等共需五百五十三万余两，入不敷支。今存银仅足三月之需。京仓见存粮食六百七十余万石。而年度岁饷即需二百六十余万石，遇闰再加二十二万石，仅够二年之支用。银数粮数均匮缺至此，请必注意节俭。

户科都给事中魏时亮请恢复山东至辽东的海运。

隆庆二年（1568）　　31岁

正月，吏科都给事中石星疏谏六事，谓"陛下清心寡欲，渐不如初，今为鳌山之乐，必纵欲，必耽声色"，"经筵屡请，未见慨谕"，"稍倦于勤"，臣下章奏请"速谕允"，"勿以言为戒。少卿周怡触忌讳出外。给事中陆凤仪诖误削籍，若更有批鳞引据之臣，将何以处之？""一二内臣，专作威福。"疏入，隆庆帝大怒，指石星轻讪。杖六十，削籍。

二月，隆庆在山陵，欲出游，徐阶谏止。

三月，仍命太监李佑往苏、杭织造，工部以《登极诏》曾言撤除，再派即违背前诏，隆庆帝命李佑速去。科道力谏，不听。

隆庆帝驾至南苑，因有宦官进言该处景物优胜。

四月，命内承运库太监崔敏以户部银六万两买黄金一万两进内，户部尚书马森疏言难以备办，言嘉靖时曾买黄金二千两存库，隆庆帝命进之。

五月，派太监赵玢往南京织造，工部止之，不听。兵科给事中陈邦颜上疏，夺俸二月。

七月，户科左给事中张齐劾大学士徐阶不职，指其当嘉靖在位时参与神仙土木之事，及草《遗诏》，则历数其过：与严嵩长期交往连姻，严嵩败即攻之，养交固宠，大节亏欠。徐阶疏辨乞休。隆庆帝下张齐于狱，而同意徐阶致仕。

八月，大学士张居正上《论六事议》，提出以"省议论""振纪纲""重诏令""核名实""固邦本""饬武备"等六个方面问题,认为是解决当前政局的急要。此六事是张居正一生相业的纲领。

十二月,谕户部,急购宝石,期三日。尚书马森认为办不到,隆庆帝紧催。科道上章,并不报。

是年,巡抚应天右佥都御史林润在江南丈田均粮,凡上乡等米一石,准田二亩七分三厘;中乡米一石,准田三亩一分二厘;下乡米一石,准田三亩六分三厘。其不时加派,俱论粮加耗,当时便之。

隆庆三年（1569）　　32岁

正月,总理蓟昌保定都督同知戚继光请调浙兵来蓟,加强战备,严格训练营伍。

户部尚书马森屡次顶撞,着其致仕。

二月,蓟辽总督谭纶请筑墩台三千座,配备大炮,沿线防边。

催苏、杭织造太监李佑新织八千六百匹,工部言民力不堪,不听。

四月,命选宫女三百人。

五月,云南道监察御史詹仰庇言,内官监钱粮一切糜费,且多阴入私囊,乞请严核。又谏阻取户部金尽用以造鳌山、修宫苑、造龙凤船等奢侈用途,请加改正。被指斥为忤旨,杖百,削籍。

七月,征光禄寺二十万两,寺卿言倾库只有十五万两,命以十万两进。部科各争之,不听。

河决沛县,阻漕艘二千余于邳州,京师粮价飞涨。

九月,隆庆帝阅兵于校场,阅将领及勋臣、锦衣卫官骑射,按等第赐金币。时人以为徒具形式,无补军备。

十二月,谕内阁辅臣:灾异频仍,因部院营私伤和,令厂卫侦之。起高拱为少傅兼太子太傅、吏部尚书、武英殿大学士,署吏部事。

高拱乞休后，隆庆帝经常思之。

隆庆四年（1570）　　33岁

正月，调动大同总兵官赵岢、宣府总兵官马芳、大同巡抚李秋、辽东巡抚方逢时，各换防。任命总督京营戎政镇远侯顾寰为提督漕运总兵官，驻淮安。

任总督陕西右都御史兼兵部右侍郎王崇古改督宣大、山西。王崇古上言练兵及节约边费之策。

二月，应天巡抚海瑞治苏、松水利，开吴淞江，并行均丈。

大学士高拱请改变兵部体制，加设兵部右侍郎二人，将传统的"一尚二侍"，改为"一尚四侍"，侍郎平日则练习本兵政务，不时巡阅边防；战时亦可出任将领。又请在兵部酌用边塞人士，利其了解边情，准确指挥。

本月，隆庆帝传制连册六妃，"与初在裕邸，姬御甚稀，自即位以来，稍好内，掖廷充斥矣"。

三月，内阁传谕，禁提学宪臣聚徒讲学。

传谕南京织造加织十万匹，又命市丝绵二万五千斤。

高拱言，必应惠商恤商，严禁勒索商人"使费""打点"诸陋规。

四月，俺答大举来犯，王崇古遣马芳以精卒击退之。

谕户部，催促贡金及搜购珠宝，户部尚书刘体乾言诸珠宝不易致，不听。

五月，户科都给事中李己、给事中陈吾德言，搜购黄金珠宝，与《登极诏》失信，且各省饥荒，奈何以玩好费数十万之资。隆庆大怒，杖己百，下刑部，吾德削籍。

六月，高拱上言，择年富力强兼通武事之员配备边方，不宜以病弱谪戍之人充数。

七月，云南贡金不至，诏责户部尚书刘体乾抗旨，勒罢。

九月，高拱对徐阶起草的《嘉靖遗诏》提出异议，不同意无区别地为议大礼大狱之人全部平反。又提出，方士王金错用丹药，自有当诛之罪，但不宜以弑君定罪，谓嘉靖死于非命。"拱议虽可采，意指徐阶也。"

鞑靼俺答汗与其孙把汉那吉因争夺"三娘子"而火并，把汉来降，王崇古及大同巡抚方逢时建议利用俺答内部矛盾，优待把汉，促使俺答内部分化。内阁大学士高拱、张居正纳其议，并具体指示机宜，促成封贡成功。俺答汗收捕长期为患的汉奸赵全、李自馨、吕老祖等以献。西北边陲安谧者数十年。

隆庆五年（1571） 34岁

正月，又册四妃。

四月，命饶州作陶器十万。工科给事中龙光等请减十之三四，且宽其程，不听。

应天、江西进一步试行一条鞭法。

六月，高拱言，在人事制度上应改变偏重进士之制。"宜破拘挛之见，开功名之路"，用人唯才，勿拘出身。隆庆以为然。

九月，恢复山东参政一职，专理苏、松、常、镇税粮；浙江分巡佥事，兼苏、松水利。

十月，从淮安出发到北京的海运通航。

是年，内阁内讧加剧，高拱与赵贞吉互指对方为"横臣"；殷士儋甚至对高拱差一点在阁内挥拳；陈以勤知情况复杂，早已自请求退。张居正与高拱潜在猜忌矛盾亦在滋长。

隆庆六年（1572） 35岁

正月，命云南、广东岁进宝石二万枚，珍珠八千两。科道谏阻。不听。

二月，征太仓银十万两，续遣宦官苏、杭织造。

隆庆帝一度重病，召高拱、张居正、朱希忠入乾清宫门，执高拱之手叹曰："甚事，不是内臣坏了"；"朕身后事，卿等详计之。"翌日，转危为安。

又册四妃。

五月下旬，隆庆帝病笃。召大学士高拱、张居正、高仪入乾清宫，陈皇后、李贵妃及皇太子朱翊钧等侍立，太监冯保宣读顾命，高拱等泣拜而出。二十六日，隆庆帝去世，发丧，颁《遗诏》。